実戦CBRNeテロ・災害対処
事故・事件・テロでのよりよき現場対応のために

事態対処研究会　編著

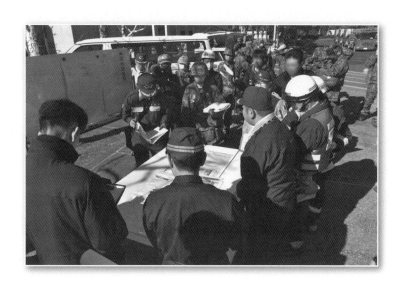

東京法令出版

発刊に寄せて

　近年、イスラム過激派によるテロ災害、とりわけ一般市民を狙った無差別テロが世界各地で発生しており、我が国においても、いつこうしたテロ災害が発生しないとも限らない情勢となっている。

　我が国では、2020年に東京オリンピック・パラリンピック、その前年の2019年にはラグビーワールドカップ2019大会を控えており、こうした世界中のメディアの注目の的であるビッグスポーツイベントが、テロリストにとっても自らの政治的あるいは宗教的立場をアピールする格好の場ともなっている。過去のオリンピックの歴史を見ても、ミュンヘンオリンピックでの選手団を人質としたテロ事件やアトランタオリンピックでの爆弾破裂事件の発生など、オリンピック等のビッグスポーツイベントを舞台としたテロ事件発生の蓋然性は高いといえよう。我が国ではイスラム過激派によるテロ事件はいまだ発生していないものの、海外では既に邦人を標的としたテロ事件は何件も発生しており、また、イスラム過激派も我が国を名指しでテロの対象国としている。

　これらに加え、北朝鮮は、度重なるミサイルの発射実験や核実験を重ねており、その言動とも相まって我が国の安全にとって重大な脅威となっている。

　こうした情勢下において、我が国においてもCBRNe（化学兵器、生物兵器、放射性物質、核兵器、爆発物）による事案発生のリスクは高まっており、いつ起こるか予断を許さないCBRNe事態の発生に備えて不断の努力を続けていくことは極めて重要である。

　我が国は、既に世界に先駆けて化学兵器を使用したテロである松本サリン事件及び東京地下鉄サリン事件を経験した。事件発生時の混乱と体制、装備面での遅れの反省から、爾来、警察、消防、自衛隊、地方公共団体、医療機関などの関係機関の努力により、装備面、運用面での体制の強化が行われてきた。また、国民保護法の制定や国がリードしてのCBRNeの脅威を想定した国民保護訓練が地方公共団体や関係機関とともに行われてきたが、その訓練での課題の一つが関係機関の連携の鍵となる現地調整所である。

CBRNe事態の発生を受けて、一刻も早く事態を掌握し、関係機関の迅速な初動活動や連携を効率的に行うためには、現地調整所がどのような役割を果たすべきなのか、現地調整所では関係各機関は何をなすべきなのか、現地調整所の運営はどうあるべきなのか、現地調整所と国の危機管理センターとの関係はどうあるべきなのかを知るとともに、その適切な活動を実現できるかどうかは、国及び現地で迅速かつ効率的な事態対処活動を行うためにも避けて通ることのできない課題である。

　いつ起こるか分からない未経験の緊急事態が発生した場合に、適切に対処することは極めて困難なことのように思えるが、唯一この困難な事態に立ち向かう方法がある。その一つは、未経験の緊急事態であっても、それに遭遇したときには自らが何をなすべきかをあらかじめ学んで知ることであり、もう一つは、緊急事態が発生したことを想定して実際に訓練を行うことである。

　本書は、CBRNeの脅威を知るとともに、事態発生に際してそれぞれの関係機関が行うべき役割、そして、関係機関の連携と効率的活動を実現するための現地調整所のあり方を学ぶ上で極めて有益かつ有意義な書である。

　読者各位が、本書から、CBRNeの脅威発生時に自らが行うべき役割を確認するとともに、現地調整所の役割を理解し、実際の訓練の場で反復実践して、いつ起こるとも知れないCBRNeの脅威に備えていただくことを切に願うものである。そして、訓練は実戦のごとく、実戦は訓練のごとく行われることを心から期待するものである。

　平成30年4月

元内閣危機管理監・東京大学客員教授

伊藤哲朗

執筆者一覧 （五十音順）

◎：代表者

岩熊　真司（量子科学技術研究開発機構放射線医学研究所客員研究員、
　　　　　　元陸上自衛隊化学学校副校長）

◎　**奥村　徹**（法務省矯正局、国際警察協会日本支部会員、
　　　　　　公共ネットワーク機構理事）

勝間　基彦（徳島県）

金坂　裕樹（千葉市消防局）

河本　志朗（元日本大学危機管理学部教授）

高坂　哲郎（日本経済新聞編集委員）

國府田洋明（帝京大学教授、元内閣官房参事官補佐）

鈴木　澄男（東京消防庁OB）

冨尾　淳（国立保健医療科学院健康危機管理研究部部長）

富永　隆子（量子科学技術研究開発機構放射線医学研究所
　　　　　　被ばく医療部次長）

中島　一敏（大東文化大学スポーツ・健康科学部健康科学科教授）

中村　勝美（陸上自衛隊OB）

村上　典子（神戸赤十字病院心療内科部長）

本村あゆみ（国際医療福祉大学）

吉永　和正（医療法人協和会）

海上保安庁

目　次　i

目　次

序　章 テロ災害と多機関連携〜本書の意図するところ〜 ·························*1*

第1章 テロ災害の本質 ···*3*

第2章 現地調整所から見たテロ災害発生時の各機関の役割 ···········*13*

　第1節　総　論 ··*13*
　第2節　警　察 ··*19*
　第3節　海上保安庁 ··*25*
　第4節　消　防 ··*30*
　第5節　地方公共団体 ··*40*
　第6節　保健所 ··*49*
　第7節　医療機関 ··*56*
　第8節　事業者 ··*60*
　第9節　自衛隊 ··*69*
　第10節　専門機関 ··*78*

第3章 テロ災害対応とメディア ···································*84*

第4章 CBRNe テロ災害の基本的形態と対処要領 ···················*95*

　第1節　総　論 ··*95*
　第2節　Cテロ災害 ··*103*
　第3節　Bテロ災害 ··*117*
　第4節　Rテロ災害 ··*131*
　第5節　Nテロ災害 ··*140*

第6節　Eテロ災害 ……………………………………………………………………*147*

第5章　**現地調整所の運営**〜現地調整所的な機能、現地合同調
整所からのつなぎ目なき運営とは〜 ……………………………*153*

第6章　**テロ災害での死者とその家族への対応**……………………*167*
第1節　災害時の検案、身元確認作業のために各機関が配慮
すべきポイント ……………………………………………………*168*
第2節　DMORT（災害死亡者家族支援チーム） …………………*173*

第7章　**テロ災害の訓練手法** ……………………………………………*179*

第8章　**テロ等の災害時における国民保護と関連法令** ……………*191*

第9章　**用語解説** ………………………………………………………………*201*

序　章　テロ災害と多機関連携
～本書の意図するところ～

　昨今の日本では、外国人観光客が増えたことによりいわゆるインバウンド消費も増え、国内消費を支える存在となっている。この意味でも、世界の人々に安心・安全な環境を提供することは日本の国際的責務である。しかも、昨今、朝鮮半島情勢はいつ何が起こるか分からない状況にあり、最悪の場合には、NBC兵器を積んだミサイルが我が国に着弾する可能性が出てきた。このように日本を取り巻く情勢は、かつてないほどに緊張が高まっている。

　日本は、松本サリン事件、東京地下鉄サリン事件を経験し、NBC災害対応では、初動機関の装備、対応機器、訓練において格段の進歩を見せてきた。しかし、各初動機関のつなぎ目の部分や連携、情報共有にはまだまだ課題を残している。それらの鍵となるのが、現地調整所である。現地調整所は、もともと、平成13年に内閣官房の取りまとめで関係各省庁が集まったNBCテロ対策会議幹事会名で出された「NBCテロ対処現地関係機関連携モデル」で初出した概念である。現地調整所は国民保護訓練等では必須の構成要素ではあるが、まだまだ十分な理解が進んでいるとは言い難い。しかし、現地調整所的な機能は、NBCテロのみならず、広く局地災害に応用可能な概念である。その意味で、現地調整所は多機関連携において極めて重要な概念であるといえる。

　本書では、現地調整所機能を中心に、事故であろうが、事件であろうが、テロであろうが、あるいは戦争であろうが、いかなる状況でも大過なく、致命的な失敗をすることなく初動対応するために、いわゆるAll Hazard Approach（各論や細かな点に入り込みすぎず、あらゆる危険性に対して、最低でも合格点を取れるようなアプローチ）で関係機関の連携の要である現地調整所のあり方、活動方法を示した。本書はその現地調整所やAll Hazard Approachにスポットを当てた本邦初の書となる。

　本書は、現地調整所でいかに多機関連携を円滑に行うかを目的にしていることから、現地調整所で必要な項目を網羅しているが、必要性の低い内容は潔く割愛している。例えば、これまでの成書では、テロの定義から書き起こすのが通常であろうが、本書では触れていない。テロの定義は、様々な議論があり、学術的には興味深いのかもしれないが、現地では、事態が事故なのか、事件なのか、災害なのか、テロなのか、あるいは戦争なのかも分からない状況から対応せざるを得ず、テロであるかどうかの議論は役に立たないからである。国民保護法制における事態認定も、テロと判断されていても事態が収束に向かい、国が緊急に対処する必要がないと判断されれば認定されないこともある。同じ理由で、初動機関の技術的な各論の細部にも踏み込んでいない。しかし、現地調整所で交わされる可能

性のある重要用語に関しては網羅、解説した。

　このように、読者として行政機関や初動対応機関、公共機関、事業所など現地調整所に関わる全ての人を想定している。しかし、今まで危機管理から縁遠い職場であった人でも、理系であった人でも、文系であった人でも、ひとたび、緊急事態に対応すべき部署に着任したその日からすぐにでも現地調整所で役に立つようにと、平易で具体的な記載を旨とした。

　また、現場では、救助救命に全力が注がれることは言うまでもないが、全力を尽くしても死者が出てしまうこともまたテロ災害の現実である。今まで、テロ災害対応の領域で語られてこなかった検視、検死、被害者家族支援であるDMORT活動についても解説する。このような視点もこれまでの成書にはない試みである。

　読者には、面倒でも、本書の全ての項目に目を通していただき、ボロボロになるまで繰り返し通読いただきたい。本書は、事が起きた際の資料集ではなく、事態が起きた場合に、現場に駆けつける段階で、既に身に付けておかねばならないテクニック集である。机上訓練、実動訓練においては本書を傍らに、現地調整所機能の演練に努められたい。

　本書が、最終的に一人でも多くの被災者を救い、一人でも多くの被害者家族の役に立てることを祈っている。

　なお、本書は一般に販売するほか、国立研究開発法人量子科学技術研究開発機構放射線医学研究所で毎年開催している「国民保護CRテロ初動セミナー」の副読本としても使用する。

〔改訂にあたって〕

　初版が出てからテロを取り巻く国際情勢も変化し、テロもますます多様化しており、その変化を踏まえて改訂を行うとともに、関係機関において海上保安庁及び保健所の記載を厚くした。また、令和元年11月厚生労働省の化学災害・テロ対策に関する検討会により「化学災害・テロ時における医師・看護職員以外の現場対応者による解毒剤自動注射器の使用に関する報告書」が取りまとめられたことから、「NBCテロその他大量殺傷型テロ対処現地関係機関連携モデル」にこれらに関する項目が追加されたため、その内容を加筆した。なお、連携モデルの最新版は、下記の二次元コードから閲覧可能としているため参考とされたい。さらには、令和6年3月総務省消防庁の令和5年度救助技術の高度化等検討会により「消防機関におけるNBC災害時の対応能力の高度化に関する検討会報告書」が取りまとめられ、より実際的な対応ができ、より早く事態に対処できるように改訂されたため、これについても加筆した。

　これらの改訂により、より現場に即した記載となり、本書の活用が広がるものと自負している。

（奥村　徹／法務省矯正局、国際警察協会日本支部会員、公共ネットワーク機構理事）

第1章 テロ災害の本質

　テロ災害は、一言で言うと、「何でもあり」である。したがって、例えば、テロの定義を学んだとしても、学問的にはそれが興味深いテーマであっても、現場では役に立たない。そのような、変幻自在のテロ災害に対して、どう向き合うべきかを河本志朗先生にご解説いただく。テロ災害は、変幻自在であるがゆえに、流行というか、とられる手段にも時代的な変遷が見られる。その中で、テロ災害に関する最新の傾向を知るための情報源に関してもご解説いただく。極言すれば、自らをテロリストの立場に置き換えて、テロリストの気持ちにならなければ、対策も立てようがない。机上訓練においては、「こんなことが起こっては困る」という設定にあえて挑戦すべきである。ともすれば、「こんなことが起きては困るので、これくらいにしておこう」と、自分たちにとって都合の良いシナリオに落ち着きがちであるが、それではテロリストに追いつけない。このように、いかに自由な発想でテロ災害を想定できるかのヒントが、本章である。

（奥村　徹／法務省矯正局、国際警察協会日本支部会員、公共ネットワーク機構理事）

1　テロリストの狙いと CBRNe

　2022年に始まったロシアによるウクライナ侵攻や、翌年以降のイスラエルとハマスの戦闘をめぐる報道の陰に隠れてしまった感があるが、相変わらず世界各地でテロが発生し続けている。テロが発生しているのは、シリア、アフガニスタン、パキスタン、ナイジェリアといったテロ組織が跋扈している地域だけではない。あこがれの観光地として日本人にも人気の高い、フランスのパリの街角やニースのホテルが立ち並ぶ海岸沿い、英国ロンドンのビッグベンのすぐそばやロンドン橋、ベルギーのブリュッセルの街角などでも何の罪もない人々がテロの犠牲になっている。テロリストは一体なんのために、こうした罪のない一般市民を狙って多くの死傷者を出すようなテロを実行するのだろうか。テロ研究の世界的な権威として知られる英国のポール・ウィルキンソン（Paul Wilkinson）は、「テロリズムは、通例として政治的目的に資するための威圧的脅迫の組織的な使用である。それは暴力の直接の被害者を超えた、より広いグループを標的として恐怖を作り出し利用するために使用される」と述べている。研究者だけに難しい言い回しになっているが、分かりやすく言えば、「テロの目的は、標的となった人々や施設などに暴力を加えて人々を殺傷し物を破壊するだけでなく、それがテレビや新聞などの報道やインターネット上のソーシャルメディアによって広く伝えられ、できるだけ多くの人々に恐怖を与えることにある。そして、そうした人々の恐怖を利用して自らの政治的な目的を達成しようとするものである」

ということになるだろう。

　実際に、2001年9月11日の米国同時多発テロを実行したとされる「アル・カイダ」や、かつてシリアとイラクの広大な地域を支配したいわゆる「イスラム国」は共にイスラム過激派テロ組織であるが、インターネット上の動画、ネットマガジン、掲示板、そしてエックス、フェイスブック、ユーチューブなどのソーシャルメディアを活用して、自らの主義主張や活動状況を宣伝し世界中から戦闘員をリクルートするだけではなく、人質や敵側戦闘員の残虐な殺害場面を撮影した動画を流布することによって世界中に恐怖を拡散していることはよく知られている。「アル・カイダ」系組織が発行していた『インスパイア』、「イスラム国」が発行していた『ダービク』『ルーミヤ』といったネットマガジンは、写真を多用してビジュアルな編集となっており非常に洗練されている。それはまるでファッション誌のようだ。あるいはネット上に投稿された動画も同様に完成度が高く、こちらもまるでハリウッド映画の予告編、あるいはテレビコマーシャルを見ているかのようである。これらの組織は、メディア業界や広報の専門家をリクルートして、そうしたネットマガジンや動画を制作させているともいわれ、彼らにとってメディア活動がいかに重要な取組であるかが分かる。

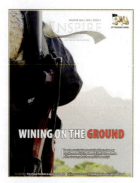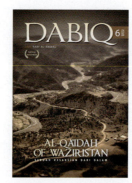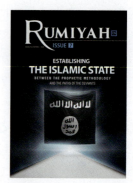

図1-1　『インスパイア』、『ダービク』、『ルーミヤ』

　テロの本質がそうしたものであるとすれば、彼らがテロの目的を達成する上で必要になるのは、①より多くの人々が見てくれる世界からの注目度の高さ、②ニュースを瞬時に世界に届けてくれる大規模なメディアの存在、そして、③人々の恐怖をあおるコンテンツ、ということになる。この観点からみると、まず①の注目度については、大規模イベント、例えば、半年間にわたって開催され世界から2千万人を超える人々が来場する国際博覧会（万博）は、国際的な大規模イベントとして世界中の注目を浴びることになろう。②のメディアの存在では、2025年に開催が予定されている大阪・関西万博では161の国・地域や9の国際機関などが出展を予定しているとされ、その模様は各国からやってきた報道陣により各種メディアを使って、全世界に伝えられるだろう。もしも万博開催中にテロ事件を起こせば、そのニュースはテロリストの主張、存在感、そして恐怖とともに瞬時に世界中を駆け巡ることとなり、テロリストにとってはプロパガンダを行う格好の舞台となる。そして、最後に③の恐怖をあおるためのコンテンツだ。テロリストにとってのコンテンツの選択とは、つまりどのようなテロを実行するのかということになる。本書のテーマでもあ

る CBRNe テロは、はたして恐怖をあおるコンテンツとなるのだろうか。この点で参考になりそうな研究がある。人々のリスク認知、つまり人々が何をリスクと感じるのかについて研究を行った心理学者のポール・スロヴィック（Paul Slovic）は、人々のリスクに対するイメージは「直感的に恐ろしい」、「世界的な大惨事」、「結末が致命的」、「リスクが増大傾向にある」、「リスクの軽減が困難」、「将来の世代にリスクが大きい」といったイメージで構成される「恐ろしさ因子」と「観察が不可能」、「接触している人が危険性を知らない」、「科学的に不明」、「新しい」、「悪影響が遅れて現れる」などのイメージで構成される「未知性因子」により主に表現されることを明らかにしている。この「恐ろしさ因子」と「未知性因子」に当たるイメージが強ければ強いほど、人々はそのリスクを実際よりも過大に感じる。つまり強い不安を感じるといわれている。これに当てはめてみると、CBRNe を使ったテロはいずれも、人に強い不安を与えるものだといえそうだ。核爆弾はもちろんこれらのイメージのほとんどに当てはまるが、それ以外でも例えば放射線への曝露は、直感的に恐ろしく、リスクの軽減が困難で、将来の世代にリスクが大きく、観察が不可能で、科学的に不明な点が多く、悪影響が遅れて現れる典型的なものであり、まさに強い不安を生み出すものといえよう。生物剤や化学剤の使用も、これらのイメージの多くを含んでいる。実際に、1995年3月の東京地下鉄サリン事件や2001年9月から10月にかけて米国で発生した炭疽菌事件は、世界中の人々の心に大きな衝撃と恐怖を与えることになった。

　こうしたことを考え合わせると、万博、オリンピック、サミットなどの大規模なイベントは、テロリストにとってみればテロを実行するまたとない機会であり、CBRNe は人々の恐怖をあおる格好の手段になり得るということになる。

2　無差別大量殺傷テロの手段としての CBRNe

　テロリストにとって CBRNe は恐怖をあおる格好の手段となるだけでなく、実際に無差別大量殺傷テロを実行するための有効な手段とみなされる可能性もある。1990年代以降、イスラム過激派テロ組織「アル・カイダ」によるケニアとタンザニアの米国大使館を狙った爆破テロ事件（1998年）や米国同時多発テロ事件（2001年）、オウム真理教による東京地下鉄サリン事件（1995年）など、なんらかの宗教的な信条を背景とした組織による大規模なテロ事件が続いた。これらのテロ事件はいずれも一般市民を無差別に狙い、多数の死傷者を出すことを意図したものであった。こうした無差別大量殺傷テロ事件が出現するようになった背景としては、テロを実行する主体が共産主義や民族独立運動といった具体的で、かつ、交渉することが可能な政治目標を掲げたものから、自身が信じる「宗教的な信条」に基づくものへと変化したことがあると指摘されている。「宗教的な信条」に基づくテロは、具体的な政治目標を達成するために政府、軍、警察など権力機関を標的としたテロを行って自らの主張の正しさを人々に訴えるというよりも、自らの宗教的な信条に敵対する勢力を「背教者」や「十字軍」などと名指しして、容赦なく攻撃する傾向があるからだ。こうした傾向は、近年、欧米など各国で劇場、レストラン、ナイトクラブ、ショッピングセンター、市場など警備が手薄で不特定多数の一般市民が利用する、いわゆる「ソフ

トターゲット」が「イスラム国」メンバーやこれに触発されたとみられる人物によって攻撃される事件にも顕著にみられるものだ。2015年11月のパリ同時多発テロ事件では、劇場、サッカー場、レストランなどのソフトターゲットが標的とされ、130人が殺害された。また、2024年3月にモスクワ郊外のコンサートホールが標的となった銃撃テロ事件では、約140人が殺害された。そうしたことを考えると、世界中からやってくる多くの来場者で混雑する万博の会場やその周辺は、まさに無差別大量殺傷を狙うテロリストにとっては格好の標的となるおそれがあり、CBRNeもまたそのための格好の手段とみなされる可能性がある。

写真1-1 2015年11月のパリ同時多発テロ事件（突入作戦で集合する警官隊（2015年11月18日サン＝ドニ）／Chris93／CC BY-SA 4.0 from Wikimedia Commons）

1990年代以降、東京地下鉄サリン事件や米国同時多発テロ事件などを受けて、特に米国を中心として安全保障の専門家や治安関係者などの間でCBRNeテロの脅威が強調され、またそれに対する対策の必要性が叫ばれてきた。しかしその一方で、実際に化学剤、生物剤、放射性物質を使用したテロが計画されたり実行されたりした例は少ない。現在発生しているテロ事件のほとんどは、依然として爆弾や銃の乱射といった従来の手法に頼っているのが現実である。2023年11月30日に公表された米国務省の「テロに関する国別報告書2022（Country Reports on Terrorism 2022）」に付属する統計報告を見ても、2022年中に全世界で発生したテロ事件の手段として最も多いのは銃器を使用したものであった。「はたしてテロリストは大量破壊兵器を使用するのか」という問いに対しては、過去に研究者によって長い論争が行われてきた。テロ研究の権威の一人である米国のブライアン・ジェンキンス（Brian Jenkins）は、「テロリズムは劇場である」、「テロリストは多くの人々に見られたいのであり、多くの人々を殺したいのではない……」という、テロ研究者の間ではあまりにも有名な言葉によってこの論争に一定の結論を示した。しかし、地下鉄3路線を標的として猛毒のサリンを使用し、14人を殺害し6,000人以上を負傷させた東京地下鉄サリン事件は、このジェンキンスの結論に疑問を投げかけるものとなったのである。

とはいえ、現実に発生したり計画されたりした例は少ないため、CBRNeテロの脅威は正確なデータに基づいた合理的な分析が十分になされないままに過度に主張されているとする批判もある。しかしながら、そうした批判もCBRNeテロが発生する可能性自体を否定しているわけではもちろんない。例は少ないとはいえ、テロ組織がCBRNeテロを示唆し、計画し、実行したことはある。例えば「アル・カイダ」の初代の指導者であり2011年5月に米国により殺害されたウサマ・ビンラディンは、1998年のタイム紙とのインタビューの中でCBRNを使用する可能性について聞かれ、「ムスリムの防衛のために武器を入手するのは宗教的な義務である」と答え、CBRN使用のテロを否定しなかった。2003年にCIA

が公表した文書によれば、2002年にアフガニスタンで発見された文書により「アル・カイダ」がマスタード剤、サリン、VX製造の初期段階にあったことが明らかになったとされる。「イスラム国」の前身組織である「イラクのイスラム国」は2007年に、複数回にわたりイラクの住民に対して塩素ガスを使用したことが知られている。最近では、2016年8月に公開された化学兵器禁止機関（OPCW）と国連による報告書によって、「イスラム国」が2015年8月にシリア北部のアレッポにおいてマスタードガスを使用したことが確認されている。CBRNeテロはその特性から、対処するためには極めて専門的な科学的知識、検知器や防護衣などの特殊な装備、被害者や被害箇所に対する除染や被ばく医療など特殊な措置を必要とする。その上、もしも万一の発生時に初動対処を誤ってしまうと、さらに二次被害が発生するなど被害が大きく拡大するおそれがあり、対応が非常に困難であることを考えるならば、たとえ発生の可能性が低いとしても十分な準備をしておかなければならない。

3　テロリストは悪意を持って最悪を狙う

　ここまで説明してきたように、日本においても万博やサミットなど大規模なイベント開催時にはテロが発生する脅威が高まることは間違いない。そう説明をすると、多くの場合「どこを標的にして、どのようなテロが起こるのか」という質問を受ける。そんなときは決まって、「それは分かりません。なにしろそれを決めるのは私ではなくテロリストですから」とお答えしている。テロリストは恐怖を広く拡散する上で最大の効果を発揮することのできる手法を選ぶだろう。しかし、各国ではテロの標的となる可能性のある場所や施設の警戒警備を強化し、テロの手段となる爆発物やその製造材料、銃器などを厳しく取り締まるなど対策を強化している。そうした中で、テロリストはテロの成功率を少しでも高めるために都合のよい時間、場所、標的、手段を選ぼうとする。もしも当局が鉄道施設の警備を強化すれば、テロリストは鉄道以外の標的を選ぶし、ラッシュアワーに警備が強化されれば、それ以外の時間を狙うだろう。大規模イベントの会場やその周辺の警備が厳しければ、他の都市などを狙ってもいいのだ。実際に2005年7月のロンドン同時多発テロは、スコットランドでG8サミットが開催されている最中に、厳戒警備されたサミット会場ではなく首都ロンドンが狙われたのである。爆弾や銃器の入手が困難であれば、容易に入手できる自動車を運転して群衆に突入したり、同様に入手可能なナイフで人々を殺傷したりする。そうしたテロ事件が実際にニース、ベルリン、ロンドン、ニューヨークなどで発生したことは記憶に新しい。テロの主導権は常にテロリストの側にあり、それに対して我々はあらゆる可能性を想定して守らなければならないのであって、始めから不利な戦いを強いられているともいえる。

　テロによる災害と一般的な災害の違いは、「悪意を持って」起こされるのかどうかということに尽きる。国民の生命、身体、財産を様々な危害から守る、つまり「安全を確保する」取組にはセーフティとセキュリティの二つがある。セーフティとは原子力発電所の運転、鉄道や航空機の運行、自動車の運転、化学工場の操業など一定のリスクを伴う活動に

ついて、人為的なミス、設備機器の欠陥や故障、安全管理システムの不備などによって生じる危害から安全を確保する取組だといえよう。一方でセキュリティとは、テロや犯罪など悪意を持った人間によって引き起こされる人の殺傷、物の破壊、業務の妨害などにより生じる危害から安全を確保する取組ということになる。例えば、化学工場における作業員の操作ミスが原因となって工場内の施設から塩素ガスが漏出することを防止するのはセーフティの取組である。こうした事故を防止するためには、設備や機器が常に正常に作動するように定期的に点検し、事故の原因となる可能性の高いポイントを綿密に監視・管理し、決められた手順で運転するなどの安全管理を徹底することにより、リスクを下げることができる。万一発生した場合にも、工場内には発生を早期に把握するためのガス検知器が設置され、直ちに漏出を止める措置が行われ、そもそも工場は住宅街から一定の距離を置くことなどにより被害を最小化する取組がなされている。一方で、テロリストが塩素ガスボンベを盗み、混雑した地下鉄構内などで塩素ガスを拡散させるのを防止するのはセキュリティの取組だが、これは事業者が単に決められた安全管理を徹底すれば足りるといった性質のものではない。事業者が盗難防止の措置をとり、盗難発生時には直ちに当局に通報し、当局は積極的な捜査により早期に犯人を検挙し、テロの標的になる可能性のある施設は警戒・警備を強化しなければならない。もし発生した場合は、工場災害と違って発生したことを早期に把握するシステムも、被害を最小化するためのシステムも備わっているわけではないため、結果として大きな被害を出すことになる。

　つまり、テロリストは最大の被害をもたらすテロの成功率を最大にするための日時、場所、標的、手段を選択し、我々の弱点を狙うのである。言い換えれば、対応がより困難になってしまうので、できれば起こってほしくないと我々が思っている日時、場所、標的、手段こそテロリストが選択する可能性が高いのである。そうであれば、我々もそのことを念頭に置いた対応を検討しなければならない。CBRNe テロに備える訓練や演習の想定も、テロリストの立場に立って、考えられる限り最悪の状況を再現する努力をしなければならないだろう。例えば、2025年大阪・関西万博の会場となる大阪の夢洲は、大規模なコンテナターミナル、国内外のフェリーが発着するフェリーターミナル、自動車専用船対応の外貿多目的ターミナルなどを擁する大阪港の一角を占めている。そうした立地を考えると港湾や海上におけるテロの発生を想定し、十分な対策を取っておく必要がある。国際港湾・船舶におけるテロ対策については、SOLAS 条約と法令に基づいて厳格なルールの下で厳しいテロ対策が行われているが、一方で国内船舶についてはそうしたルールが適用されておらず、国際船舶に比べてテロ対策が必ずしも十分でないことが指摘されてきた。こうした現状に対処すべく、2020年東京オリンピックに向けて国土交通省や海上保安庁などの関係機関、港湾や船舶にかかる事業所等が協力してテロ対策を強力に進めてきたところであるが、その取組を更に強化して万全を期すことが求められるだろう。

　実際に計画され、又は発生した CBRNe テロについて詳細に分析した文献として、「テロ対策と大量破壊兵器の不拡散」を特集した『国際安全保障』第44巻第2号（国際安全保障学会、2016年9月）がある。同誌は、CBRNe テロの手法、防止、対処に関する分析、

過去に発生したテロ事件のデータベースを基にしたCBRNeテロの分析、大規模イベントにおけるCBRNeテロ対策の取組と課題などを論じたものであり、CBRNeテロの現実について知る上で非常に有益なものとなっている。

4　CBRNeテロ災害への対処はどうあるべきか

　CBRNeテロによってもたらされる災害は、発生した場合の対処が困難であることが大きな特徴である。第一に、CBRNe物質が人知れず密かに散布・拡散された場合には、犯人からの犯行声明や犯行予告、犯行を示唆するインテリジェンス情報などがない限り、事件の発生そのものを認知することが極めて難しいことである。化学剤の場合、サリンなど人体への影響に即効性があるものなら、人々がその場に倒れこんだりすることから比較的早期に認知される可能性が高いが、それでもCテロなのか他に原因があるのかを直ちに判断することは難しい。爆発物を起爆して放射性物質を周囲に拡散させる「ダーティボム（Dirty Bomb）」も、単なる爆弾テロなのか放射性物質を使用したRテロなのかの判断は、現場の放射線を検知しない限り分からない。Bテロの場合、なんらかの病原体が散布されても、これに曝露した被害者が発症するまでに潜伏期間があるため、現場で認知することは通常不可能である。第二に、首尾よくテロの発生を認知することができたとしても、使用された物質が何であるのか特定できないままであれば、現場で対応する消防、警察、海上保安庁などの部隊は使用すべき防護装備、被害者に施すべき医療処置、市民の避難の方法や方向、被害者の除染方法などを判断することができない。そのため、事件の発生の認知と使用された物質の特定を早期に行うことが、CBRNeテロへの対処における要である。第三に、CBRNeテロは現場だけでは完結せずに、その後、現場以外において被害を拡大させる可能性がある。東京地下鉄サリン事件の際に、救護者や医療従事者などが被害者の衣服などに付着するなどして持ち込まれたサリンに曝露して発症したのと同様に、対応に当たる関係者が化学剤、病原体、放射性物質に曝露して二次被害を生み出す可能性がある。また、ダーティボムにより拡散された放射性物質によって汚染された場所は、場合によっては長期にわたって使用が困難となるおそれがあり、経済的損失や社会不安を引き起こす可能性もある。

　CBRNeテロへの対処においては、テロに使用される可能性のある物質の性質やそれが引き起こす危害に関する知識、各種検知器や防護装備の適切な使用、物質の特定、除染活動、医療処置などに関する専門的な技術が必要であることから、対処能力の構築においては、当然ながらこうした技術の向上が重要となる。一方で、実際にそれらを運用するのは人であり、人の集合体である組織である。CBRNeテロが発生した場

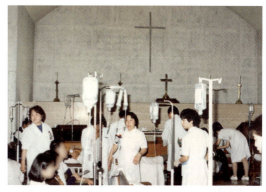

写真1-2　東京地下鉄サリン事件に対応する聖路加国際病院（提供：（学）聖路加国際大学）

合、消防、警察、海上保安庁、自衛隊、地方公共団体、保健所、医療機関など様々な機関が連携して対処に当たることが不可欠であることは言をまたない。多機関連携が重要であることは、今更言われるまでもない、そんなことは百も承知だ。そう多くの関係者は考えているだろう。しかしながら、これらの機関はそれぞれが異なった法的根拠、法的権限、組織文化、目的、手続、装備を持っていることから、そうした様々な違いを持つ組織が緊密に連携することは言うほど容易なことではない。消防や医療機関は人命救助が一義的な目的であるのに対して、警察や海上保安庁は捜査機関として使用されたCBRNe物質などの証拠を保全し、捜査を行って犯人を検挙することも主たる目的であり、自衛隊はといえば、本来は戦場におけるCBRNe環境の下で長時間戦闘を継続することが目的であるため防護装備や防護の考え方も民間機関とは異なるからだ。さらに指揮命令や通信の系統も別々であり、そもそも機関によっては同じものを意味する用語が異なっていることもある。そうした中で真に多機関の連携を構築するためには、まずは互いにそうした差異があることを十分に理解する必要がある。CBRNeテロに適切に対処するという共通の目標を達成するために必要な各機関の役割や違いを互いに十分に理解した上で、それぞれの対応計画を策定し、関係機関が連携した研修、訓練、演習を繰り返すことが不可欠である。連携した研修、訓練、演習を絶えず繰り返す中でこそ、策定された計画の問題点の抽出と改善が可能となり、各機関のキーパーソン同士の良好な関係を構築することができる。

　2013年4月、米国のボストン・マラソンを狙った爆弾テロ事件が発生した。イスラム過激派の扇動によって過激化したとみられるチェチェン系の兄弟2人が、ボストン・マラソンのゴール付近で2個の手製爆弾を爆発させたこの事件では、3人が死亡し、260人以上が負傷した。死亡した3人は現場で既に死亡していたが、直ちに命に危険のあった30人以上を含めた全ての負傷者は、迅速に病院に分散搬送されて全員が救命された。多数傷病者事案対応の成功例として高く評価される事件だが、この成功の背景にはボストン市を中心とした長年にわたる多機関の連携に向けた取組があったことを紹介しておきたい。ボストン市では、10年をかけて多機関の連携を強化するための情報共有システムを整備し、共通の周波数を持つ無線システムを構築し、これを使用するための無線機を調達して配布し、連邦、マサチューセッツ州、隣接の州、周辺の地域、ボストン市、個別の機関など様々なレベルにおいて数多くの訓練や演習を実施していた。事件発生当時の米連邦緊急事態管理庁のリチャード・セリーノ（Richard Serino）次長は、この多数傷病者事案対応の成功について「対応が非常にうまくいったのは偶然ではない。長年の計画と協調の結果だ」と述べ、「現場で名刺交換するような関係では連携などできない」と指摘している。

写真1−3　ボストン・マラソン爆弾テロ事件の現場（2度の爆発後／Aaron "tango" Tang／CC BY 2.0 from Wikimedia Commons／https://www.flickr.com/photos/hahatango/8652831303/in/set-72157633252445135/）

5　2025年に向けて

　2025年の大阪・関西万博におけるCBRNe対策は、我々に課せられた大きな課題である。日本では、1994年のオウム真理教による松本サリン事件と翌年の東京地下鉄サリン事件を受けてCBRNe対策が本格的に始まり、2001年の米国同時多発テロと炭疽菌テロ事件は、さらにそうした取組を加速化させた。消防や警察ではCBRNe対応部隊が創設又は強化され、各種検知器、防護装備、除染器材などの資器材が整備されてきた。また、武力攻撃事態等における国民の保護のための措置に関する法律（以下「国民保護法」という。）に基づいて2005年から始まった国と地方公共団体との共同国民保護訓練においても、CBRNeテロを想定した訓練が多数実施されてきた。放射線医学研究所（放医研）では2013年から、消防、警察、海上保安庁、自衛隊、地方公共団体、保健所、医療機関のCBRNe対応者が参加して、Cテロ及びRテロへの対応に向けた多機関連携の構築を内容とする「国民保護CRテロ初動セミナー」を開催している。放医研ではさらに、2014年度以降、千葉県警察及び千葉市消防局等が参加する合同研修を続けており、実際の放射線源を使用した実動訓練も実施している。このほか、各地方公共団体においても多くの訓練が実施された結果、各機関のCBRNe対処部隊の現場活動能力が向上し、多機関連携の重要性についての認識が高まるなど、一定の成果を上げてきた。最近では、船舶内でのCBRNeテロ発生を想定した海上保安庁と消防や警察などが参加する共同訓練も増えている。しかし、実際にCBRNeテロが発生した場合に十分に連携して対処するにはまだまだ研修、訓練、演習を重ねる必要があり、訓練の手法についても事前にシナリオを提示しないブラインド訓練を取り入れたり、実際に放射線源や化学剤に代わる擬剤を用いたりするなど、より実戦に近い訓練を行う必要があるだろう。

　繰り返すが、テロリストは自分たちに都合のよい日時、場所、標的、手段を選んでテロを実行する。それに対して我々は全方位で守らなければならないことを考えると、関係当局はもちろん全力で未然防止に取り組んでいるところだが、テロを100％防止することは現実には容易ではない。しかし、だからこそ我々は、テロが起こり得ることを前提に、被害の最小化に向けてでき得る限りの準備をしなくてはならない。それは、世界に大きな衝撃を与えたあの東京地下鉄サリン事件から30年目の節目に、大阪・関西万博を迎える日本に課せられた責任だといえよう。

参考・引用文献

- Paul Wilkinson：Terrorism Versus Democracy. Frank Cass. 2000年
- Paul Slovic：Perception of Risk, Science Vol.236. 1987年4月
- 奈良由美子：生活リスクマネジメント. 財団法人放送大学教育振興会. 2011年
- United States Department of State：Country Reports on Terrorism 2022. 2023年11月30日
- Dan Kaszeta：CBRN and Hazmat Incidents at Major Public Events. Wiley. 2013年
- 河本志朗：ボストン・マラソン爆弾テロと多数傷病者事案対応－2020東京オリンピックへの準備に向けて－, 消防研修　第100号. 2016年9月
- 宮坂直史, 野呂尚子, 田中極子, 足達好正, 河本志朗：テロ対策と大量破壊兵器の不拡散, 国際安全保障　第

44巻第2号．2016年9月

（河本志朗／元日本大学危機管理学部）

◆■コラム：略号の変遷

　本書においてCBRNeと記述する略号であるが、これまで様々な変遷を経ている。

　C（Chemical：化学）及びB（Biological：生物）は、化学兵器及び生物兵器の略称として過去から一貫して同一使用されているが、核兵器の略号に関しては過去様々に変化している。

　戦後直後はA（Atomic：原子爆弾）と呼称され、B、C兵器と合わせてABC兵器との略称で使用されていたが、昭和30年代後半頃からはR（Radiological：核兵器）が使用され、CBと組み合わせてCBR兵器と呼称されていた記録がある。筆者が陸上自衛隊に入隊したのは昭和57年であるが、その当時も、CBRを使用していた記憶がある。その後、N（Nuclear：核兵器）が使用されるようになり、NBC兵器という用語が定着した。筆者の手元には1985年版の米軍教範があるが、その教範のタイトルには既にNBCが採用されている（Field Manual 3-5 NBC Decontamination）。

　現在では、核を意味するN（Nuclear）と放射性物質を意味するR（Radioactive）を区分し、CBと組み合わせてCBRN（「シーバーン」と呼称）、これに爆発物を組み合わせてCBRNe（過去には「シーバーネ」と呼称していた時期もあったようであるが、現在は「シーバーニイ」と呼称するようである。）とすることが一般的となっている。

（中村勝美／陸上自衛隊OB）

第2章 現地調整所から見たテロ災害発生時の各機関の役割

この章では、現地調整所での各機関の役割を紹介する。現地調整所は、端的にいうと関係各機関が集まって情報共有する場であるので、それぞれの機関がどのような目的を持って動いているのかが分かっているのと分かっていないのとでは、自ずと情報共有の深さも変わってこようというものである。各項目では用語解説も加えながら、各機関の動きを分かりやすく解説するように努めたので、本章の内容は、ひととおり頭にインプットしていただきたい。各機関の動きが分かれば、現地調整所のやり取りもより理解が進むものと思われる。

しかし、各地域によって各機関の動きの細部は異なる場合もあろうかと思われる。その部分を埋めるのは、各地域においての現地調整所に的を絞った机上訓練に尽きる。本章で基本的な各機関の概要を頭に入れた上で、各地域に特有な事情に対応できるように、顔の見える関係を築きながら、訓練で現地調整所機能を高めていただきたい。

（奥村　徹／法務省矯正局、国際警察協会日本支部会員、公共ネットワーク機構理事）

第1節　総　論

テロ災害時には各機関が共通認識を持って対応することが重要であり、現地調整所はこの共通認識の詳細を再確認し、関係機関が相互の情報を共有し、各機関の活動を調整する場である。現地調整所の関係機関としては、警察、消防、地方公共団体、保健所、医療機関、自衛隊、海上保安庁、事業者、専門機関などがあるが、円滑な現地調整所の運営には、各機関の役割分担と任務を整理しておく必要がある。そして、現地調整所では、単一の機関、組織では解決できないことなどを調整し、現場対応するとともに、地方公共団体の対策本部への要請事項を取りまとめ、現場活動の支援を迅速に行う必要がある。また、各組織の対策本部が必要とする現場の情報等を現地調整所で取りまとめて、適切に報告する。

テロ災害で実施する活動と共有すべき情報、その担当機関を表2-1-1に示す。

表2-1-1　テロ災害での活動、共有すべき情報、担当機関

活　動	共有すべき情報	担当機関※
立入禁止区域等の設定	区域の範囲、規制の方法と範囲、設定の期間（開始と解除の時刻）	警察、消防、地方公共団体
救助・救急搬送	進入と退出の動線、搬送手段、要救助者数とその状態、安全・危険情報	消防、警察

現場医療・救急医療	要救助者数とその状態、搬送傷病者数、医療体制、受入態勢、原因物質の特定・分析結果、収容患者数、収容患者の症状・重症度、備蓄医薬品	医療機関、消防
原因物質の特定・分析	使用した検知器・分析装置、試料採取の方法、試料の種類	警察、消防、専門機関
影響評価	原因物質の特定・分析結果、汚染等の状況、対象者の状況	専門機関、医療機関、地方公共団体
防護	原因物質の特定、分析結果	消防、警察、専門機関
避難	避難場所、避難方法、避難経路、誘導方法、避難者数	地方公共団体、消防、警察
除染、防疫、無害化	原因物質の特定、分析結果、濃度、拡散の範囲、対象物・対象者の人数、汚染の状況など	消防、警察、地方公共団体、医療機関、保健所、自衛隊

※　自衛隊は、CBRNe テロ災害に対して高度な対処能力、圧倒的な人材力、過酷な環境下での活動能力を備えており、テロ災害時には、上記の活動全てを遂行する能力を有しているため、災害派遣後にその保有機能を発揮する。しかし、災害派遣要請と災害派遣には、ある程度の時間を要する。

1　立入禁止区域等の設定

　立入禁止区域等の設定は、各機関の活動場所の確保、搬送等の円滑な通行の確保、一般住民、歩行者等の二次災害の防止のため、発災現場を中心に十分に広い区域において関係者以外の立入りを禁止する。交通規制、立入禁止区域の設定、実施は警察の担当であり、消防警戒区域の設定は消防の担当である。この範囲は、災害の規模、危険性に応じて決定される。また、屋外のみでなく、屋内でのテロ災害の発生時には、当該施設、敷地、建物等への立入りが制限されることにもなる。関係者以外の立入りが制限される区域は、事象の変化、現場対応の状況に応じて変更される。その場合も関係機関での情報共有が重要である。さらに犯罪捜査に関わる場合は、要救助者への対応、除染活動などが行われた後も現場保存の目的で立入りが制限されることもあり、地方公共団体、施設責任者等との調整が必要である。

2　救　助

　救助は、主に消防が実施するが、多数傷病者発生時は警察との連携が必要となることもある。さらに危険区域（ホットゾーン）から、直接、一次トリアージエリアへ救助ができない場合は、危険区域の中でもより安全な場所へのショートピックアップなども実施される。危険区域への進入と退出の動線、搬送の手段、要救助者の人数や状態、原因物質等の安全・危険情報などの情報共有が必要である。特に要救助者の人数や状態は、事件、事故、災害の性質によっては警察が最初に現場到着している場合もあり、消防との情報共有が迅

第1節 総論　15

速な救助活動につながる。

3　救急搬送

　負傷者を医療機関へ搬送する救急搬送は主に消防が担当するが、多数傷病者発生時には、警察等と協力して救急搬送することもある。搬送の手段として救急車、消防防災ヘリ、ドクターヘリなどを使用するが、関係機関とその調整に必要な情報である救急車の集合場所、ヘリポートの位置、ヘリポートまでの移動手段などを現地調整所で共有するべきである。また、搬送先、搬送人数なども地方公共団体から公表される情報の一つであり、現地調整所から地方公共団体の対策本部等へ報告が必要である。さらに、搬送先の医療機関との調整も円滑な救急医療の提供には不可欠である。

4　救急医療

　救急医療は、現場での応急救護・医療活動と医療機関での医療活動がある。現場での応急救護は主に消防の救急隊が実施するが、重要なのはウォームゾーンに設置された一次トリアージエリアでの医学的トリアージである。一次トリアージでは、要救助者の緊急度に応じて、脱衣の乾的除染のみを実施して、被覆などの汚染拡大防止措置を講じてすぐに搬送することや、救急救命士による特定行為などの実施も必要となる場合がある。そのため、エリアの設定、活動方針の調整時に、一次トリアージ、二次トリアージ、救護所での現場医療の連携方針を十分に調整しておく必要がある。さらに、現場医療のために派遣された医療チームの防護装備を確認し、ウォームゾーンあるいはコールドゾーンでの安全に活動できるエリアにおける現場医療の実施を調整する。

　医療機関での救急医療には、救急搬送との連携、近隣医療機関との連携が必要である。また、原因物質が特定された場合は、治療に関わるため、迅速に医療機関へ情報提供することが必要である。医療機関は、収容患者数、状態、原因物質の特定に有益な情報となる症状などを現地調整所あるいは関係機関と共有するべきである。さらに、多数傷病者発生時に広域搬送等を行う場合は、刻一刻と変化する現場医療、搬送、搬送先医療機関の受入れの状況を適宜共有し、適当な搬送方法、搬送先を選定する。

5　原因物質の特定と分析

　原因物質の特定と分析は、危険区域の設定、防護装備の選定、防護措置、治療方針、除染・防疫・無害化を判断するにあたって非常に重要であり、警察あるいは消防が実施した特定、分析の結果は、迅速に現地調整所で地方公共団体、医療機関等を含めた全ての関係機関に共有されるべきである。さらに、原因物質の特定、分析の支援組織として専門機関あるいは地域の専門家ネットワークを有効活用するべきである。また、現地調整所で共有された簡易検知、測定結果等を集約し、専門的な知見等を各機関の活動や安全確保のために活用する。

6 影響評価

影響評価は、急性期及び中長期的影響評価があるが、原因物質ごとに専門家あるいは専門機関による支援が必要である。特に現地調整所では、急性期の影響評価の情報を共有し、避難、防護活動に活用する。

7 防護

原因物質ごとに防護方法が異なるため、原因物質の特定・分析結果を共有し、各機関の活動時の安全確保に活用する必要がある。さらに、周辺住民や一時滞在者等の防護、避難時の防護方法の選定には、専門家、専門機関の支援、助言を活用する。

8 避難

周辺住民、一時滞在者等の避難の必要が生じた場合は、避難の範囲、避難場所、避難方法、避難経路、誘導方法、避難者数を把握し、関係機関で共有し、避難者に適切に広報する必要がある。広報については、広報内容を地方公共団体が調整し、ラジオ、無線、車両等での放送、消防や警察による誘導を調整する。また、時間経過とともに変化する避難者数、避難状況を確認し、適宜、情報を関係機関と共有する。

9 除染・防疫・無害化

除染・防疫・無害化は、原因物質に応じた方法を実施する。そのためには、原因物質の特定、分析結果が必要となる。被害者の状況、原因物質や汚染源に関する状況、汚染された場所、物件、建物などの汚染の状況を共有し、二次被害の防止として、ゾーニングの見直し、自力脱出者の統制、汚染検査、除染等の役割分担など細部の活動について調整が必要である。化学剤の場合は、中和、希釈の無害化が図られる。生物剤の場合は、原因の微生物に対して消毒、殺菌等のほか、感染源の移動制限、隔離など感染拡大防止措置として防疫がなされる。放射性物質の場合は、拭き取り、汚染物の除去などによる除染が行われる。これらの対処には、汚染や感染源となる廃棄物の処分方法、保管方法など地方公共団体、国等との調整が必要となる。それぞれの原因物質の除染、防疫、無害化は第4章で解説する。

（富永隆子／放医研）

付　録　職位・階級表

※　職位・階級は、組織によって異なります。

都道府県・市町村職員	海上保安官		警察官		消防吏員	
職　位	階　級	階級章	階　級	階級章	階　級	階級章
部長	長官		警視総監		消防総監	
次長	次長・海上保安監		警視監		消防司監	
総括課長	一等海上保安監（甲）		警視長		消防正監	
課長	一等海上保安監（乙）		警視正		消防監	
総括課長補佐	二等海上保安監		警視		消防司令長	
課長補佐	三等海上保安監		警部		消防司令	
係長	一等海上保安正		警部補		消防司令補	
係員	二等海上保安正		巡査部長		消防士長	
	三等海上保安正		（巡査長）		消防副士長	
	一等海上保安士		巡査		消防士	
	二等海上保安士					
	三等海上保安士					

陸・海・空自衛官

共通呼称			陸上自衛隊	海上自衛隊	航空自衛隊
幹部	将官	将	陸上幕僚長	海上幕僚長	航空幕僚長
			陸将	海将	空将
		将補	陸将補	海将補	空将補
	佐官	1佐	1等陸佐	1等海佐	1等空佐
		2佐	2等陸佐	2等海佐	2等空佐
		3佐	3等陸佐	3等海佐	3等空佐
	尉官	1尉	1等陸尉	1等海尉	1等空尉
		2尉	2等陸尉	2等海尉	2等空尉
		3尉	3等陸尉	3等海尉	3等空尉
准尉		准尉	准陸尉	准海尉	准空尉
曹士	曹	曹長	陸曹長	海曹長	空曹長
		1曹	1等陸曹	1等海曹	1等空曹
		2曹	2等陸曹	2等海曹	2等空曹
		3曹	3等陸曹	3等海曹	3等空曹
	士	士長	陸士長	海士長	空士長
		1士	1等陸士	1等海士	1等空士
		2士	2等陸士	2等海士	2等空士

第2節　警　察

1　はじめに

　テロ災害の現場において、警察、消防、海上保安庁、地方公共団体、自衛隊をはじめとする関係機関が緊密に連携して対処する上で重要なことの一つは、それぞれの機関の間に様々な違いがあることを互いに理解することだろう。それぞれの機関は、設置の法的根拠、組織の任務、法的権限、組織文化、通信・指揮命令系統、テロ災害対処のための装備、体制、能力などが全く異なっている。それぞれの組織に特有の活動や装備に関する用語が使用されていたり、場合によっては同じ用語でも意味の異なるものすらある。例えば、警察と自衛隊が使用する地図が異なっていたり、同じ「広報」という用語でも両者では意味が違っていたりするという。そうした異なる特性を持った複数の機関が、真に連携してテロ災害に対処するためには、まずはそれぞれの違いを理解し尊重した上で、どう協力、協働、あるいは補完できるかを考えなければならない。本節では、警察の持つ特性とそれに基づいて行われる警察によるテロ災害への対処を概説することにより、現地調整所の円滑な運営と多機関連携の強化に資することを目的とする。

2　捜査としての警察活動

　警察が、共にテロ災害の現場で対処する消防、自衛隊、自治体などの機関と決定的に違うのは、警察は、そして海上保安庁も同様であるが、犯罪を捜査する機関でもあるという点である。警察もいうまでもなく我が国の行政機関の一つであり、その任務は警察法第2条において「警察は、個人の生命、身体及び財産の保護に任じ、犯罪の予防、鎮圧及び捜査、被疑者の逮捕、交通の取締その他公共の安全と秩序の維持に当ることをもつてその責務とする」と規定されている。他方、同じく行政機関の一つである消防の任務について消防組織法第1条は、「消防は、その施設及び人員を活用して、国民の生命、身体及び財産を火災から保護するとともに、水火災又は地震等の災害を防除し、及びこれらの災害による被害を軽減するほか、災害等による傷病者の搬送を適切に行うことを任務とする」と規定している。ここから分かるのは、テロ災害が発生した場合、警察も消防も国民の生命、身体及び財産を保護することは、共通する任務であるということである。一方で警察は、「犯罪としてのテロを捜査する」という、消防とは異なる任務を担っていることが分かる。つまり、警察はCBRNeテロ災害が発生した場合には、消防と同様に被害者の救出救助、原因物質の検知・除去、住民の避難誘導等に当たることによって人々の生命、身体及び財産を保護すると同時に、犯罪捜査としての活動を行わなければならないのである。

　CBRNeテロが発生した場合、警察は必要な捜査を行って証拠を集め、犯人を突き止め、犯人を逮捕し、犯行の状況を明らかにして犯罪を立証することにより、犯人がその罪について裁かれることを目指す。しかし、それだけではない。捜査によってテロを実行した組織の実態やその目的、背景、手口などを明らかにして、テロ組織の壊滅を図ることによっ

て同様のテロが再び実行されるのを防止することができる。テロ事件の捜査は、発生した事件の犯人を突き止めて罪を償わせるだけでなく、将来のテロを防止するという意味においても極めて重要な活動なのである。

そして、犯罪捜査において極めて重要なのは初動捜査、つまり事件発生直後における現場及び周辺における捜査活動だとされる。その成否は、その後の事件解決に大きな影響を与えることになるからである。CBRNeテロ事件発生直後の現場やその周辺には、犯人はもとより、犯人を特定し、又は犯行の様子を明らかにするための証拠物、データ、情報、目撃者などが多数存在しているが、時間の経過とともにそれらは劣化し、あるいは散逸して失われるおそれがある。したがって、早期にそうした証拠を確保し犯人を突き止めるために、現場に臨場した警察官には被害者の救出救助を優先しつつも、迅速かつ適切な初動捜査活動を行うといった他の機関にはない任務があるということを理解する必要がある。

3　警察の CBRNe テロ対応部隊

警察におけるCBRNeテロ対応部隊としては、「NBCテロ対応専門部隊」が、北海道、宮城、警視庁、千葉、神奈川、愛知、大阪、広島及び福岡の9都道府県警察の機動隊等に設置されている。警視庁は過激派などの取締りを行う公安部に設置されているが、それ以外の道府県警察では機動隊を管轄する警備部に設置されている。全国で約200人の体制で、NBCテロ対策車、化学防護服、生物・化学剤検知器、放射線測定器等が配備されており、CBRNeテロが発生した場合には迅速に出動して、関係機関と連携を図りながら、初動措置に当たることを任務としている。各地で実施されているCBRNeテロ対処のための多機関連携訓練にも参加しているが、消防とは違って部隊の装備や体制等の詳細はあまり公にされていない。その他の府県警察の機動隊等には全国で約400人の体制で、NBCテロ対策部隊が設置されている。

また、現場に爆発物容疑物件（未爆発の物件）が存在する場合や、爆破を伴うテロ事件の現場において二次爆発が予測されるような場合には、爆発物対応専門部隊又は爆発物対策部隊が出動して対応することになる。これらの部隊は、全国の機動隊に設置されている。全国で約1,000人の体制で、X線透視装置、爆発物収納筒、防護服、防爆楯、遠隔操作式爆発物処理用具等が配備されており、爆発物使用事案の発生に際し、迅速かつ的確に爆発

写真2−2−1　警察NBCテロ対応専門部隊、爆発物対応専門部隊の様子など

物の現場処理に当たり、爆発による被害の発生を防止するとともに、証拠を保全することを任務とするとされている。CBRNeテロの中でも、特に爆発物に封入した放射性物質を爆発により拡散させるいわゆるダーティボムを使用した事案では、現場に集結した消防や警察などのファーストレスポンダー（初動対応要員）を狙った二次爆発の可能性も考慮しなくてはならない。そうした場合には、こうした部隊の活動が極めて重要なものになってくるだろう。

4　CBRNeテロ現場における捜査活動

現場における警察の捜査活動として、具体的には次のような活動が行われることになるだろう。

① 現場保存

現場には、テロに使用された原因物質のみならず、物質拡散のために使用された機器や容器、爆発物が使用された場合はその破片、さらに、それらに付着した犯人の指紋、現場に落下した犯人の毛髪、犯人の残した足跡といったような物的証拠はもちろん、テロが実行された現場の状況そのものも犯行を立証する重要な証拠として残されている。こうした証拠は時間の経過や人の立入りなどによって劣化し、散逸し、あるいは毀損されるなどして失われてしまうことから、まずは現場を保存することが極めて重要となる。

② 鑑識活動

テロに使用された原因物質を各種検知器により検知すると同時に、その原因物質を採取して警察又は外部の鑑定機関に搬送して特定することが必要になる。こうして採取し特定された原因物質は、犯人を特定する上での手がかりになると同時に、犯罪を立証する上での重要な証拠資料になる。また、上記①で述べた様々な証拠物も採取する。爆発物が使用された場合は、その破片も重要な証拠になる。あるいは爆発物容疑物件が発見された場合は、爆発物の対応に当たる部隊がこれを処理して安全を確保するとともに証拠として保全する。

③ 参考人の確保

事件発生直後の現場又はその周辺には、警察や消防への通報者を含めて、事件の犯人そのものや犯行状況を目撃したり、事件に関する何らかの情報を持ち合わせたりする人物がいる可能性が高い。そうした参考人の持っている様々な情報は、捜査を行う上で大いに役立つことになる。しかしながら、そうした参考人も時間が経過すれば現場を立ち去ってしまうことから、現場に到着した警察官は早期にそうした参考人を探し出して確保する必要がある。

④ 事情聴取

確保された参考人のみならず、先着した消防隊員や現

写真2-2-2　警察NBCテロ対応専門部隊による原因物質検知又は採取の様子

場又は現場周辺にいた多くの人々から事情を聴くことによって、事件の発生前から事件発生にかけての状況をできるだけ明らかにすることが重要である。

5　被害者の救出救助や被害拡大防止の活動

現場に到着した警察官は捜査活動を行うと同時に、当然ながら被害者の救出や被害拡大防止のための活動を行わなければならない。具体的には、①テロの原因物質の検知と除去、②検体の採取と鑑定機関への搬送による原因物質の特定、③爆発物容疑物件の捜索、安全な処理、④立入禁止区域の設定、⑤周辺の住民などの避難誘導、⑥負傷者の救出救助、⑦周辺の交通規制、⑧広報活動、⑨被害者や現場活動部隊の除染、などが主な活動になろう。これらの活動の中には、原因物質の検知、検体の採取と鑑定機関への搬送による原因物質の特定、爆発物の処理と証拠としての保全など、警察自身の初動捜査活動と重複する活動も含まれている。また、他の機関との関係では、原因物質の検知、立入禁止区域の設定、避難誘導、負傷者の救出救助、広報などは消防機関や地方公共団体の行う活動と重複するものである。一方で、爆発物容疑物件の捜索や安全な処理など警察の爆発物の対応に当たる部隊でなければ行えない活動もある。いずれにしても、これら被害者の救出救助や被害拡大防止の活動は、消防や地方公共団体など現場に臨場した様々な機関との間で相互に緊密な情報共有と連携を確保しながら実施することが求められる。

写真2－2－3　警察官による住民の避難誘導やパトカーによる広報活動の様子

6　現地調整所における連携

CBRNeテロ現場における関係機関の連携や情報共有のあり方については、「NBCテロその他大量殺傷型テロ対処現地関係機関連携モデル」に詳細に記述されているところである。その中でも特に警察が重要な役割を担っている活動としては、①原因物質の検知、②検体の採取と鑑定機関への搬送による原因物質の特定、③現場の安全確保、④交通規制などがある。①の現場における原因物質の検知については、警察のみならず消防や海上保安庁も同様に実施することになるが、それぞれが実施した検知結果について共有することによって、より確度の高い検知結果が得られるだろう。得られた検知結果は最終鑑定の結果が出る前であっても、被害者の処置の参考とするために医療機関や保健所に情報提供されなくてはならない。さらに、②の警察が検体を搬送した鑑定機関における原因物質の特定

に当たっては、現場に臨場した消防や海上保安庁等の関係機関は、鑑定の参考とするために被害者の病状等に関する情報を警察に提供する必要がある。鑑定の結果、原因物質が特定された場合は被害者に対する適切な医療処置を行うために警察から消防と保健所に連絡することになっているが、当然ながら現場にも伝えられなくてはならないだろう。③の現場の安全確保については、警察と消防において原因物質の検知を行った結果に基づき、相互に連携してゾーニングや立入禁止区域を設定することになる。現場に爆発物が存在する可能性がある場合については後述する。④の交通規制は、このゾーニングや立入禁止区域の設定に基づき、現場に集結する警察や消防の車両、救急車などの動線の確保、道路の交通状況などを勘案して、警察と消防など関係機関が連携して適切な規制を行う必要がある。

7 連携における今後の課題

　警察と他の機関との間における連携や情報共有に関して二つの課題を指摘しておきたい。一つは、CBRNeテロの手段として爆発物が使用された場合である。例えば、ダーティボムを使用したテロ事件の場合、最初の爆発に対応するために現場に集まった消防や警察などのファーストレスポンダーを狙った二次爆発が発生する可能性がある。現場に爆発物容疑物件がないかを確認し、容疑物件があった場合には警察の爆発物の対応に当たる部隊がこれを処理して安全を確保しなければならない。その場合、救助隊員が現場に進入して要救助者の救出救助を行うことができるかどうか、安全が確保されているかどうかについての判断は、爆発物に関する専門的知識を有する警察と緊密な情報共有を行った上で消防の指揮官が判断する必要がある。この点については、平成28年度「消防機関におけるNBC等大規模テロ災害時における対応能力の高度化に関する検討会」において新たに取りまとめられた「爆弾テロ災害時における消防機関が行う活動マニュアル」にも、警察機関と災害の実態や二次攻撃の危険性等の情報を早期に共有し、活動に当たっては警察機関と連携し活動することが盛り込まれたところである。今後は、具体的な連携のあり方や情報共有の内容や方法について、双方で協議を重ね、合同での訓練や演習を繰り返す中で構築していく必要がある。

　二つめは、CBRNeテロの犯人や事件の背景に関するものなど、警察が保有する捜査情報の共有のあり方が課題になるだろう。例えば、2008年6月に発生した秋葉原無差別殺傷事件では、犯人は事件発生から比較的短時間で確保されたが、その情報が現場に伝えられるまでに時間を要したため、現場の消防、救急、DMATの隊員は、犯人がまだ周辺にいる可能性を考慮しながらの活動を余儀なくされた。放射線医学総合研究所（現：放射線医学研究所）が主催し、千葉県警察、千葉市消防局、千葉県、千葉市などが参加した平成28年度のCBRNe災害に関する千葉連携訓練での図上演習のシナリオは、病院から放射性物質を盗み出した男が自宅で爆発物を作るという想定であった。犯人はその事実を突き止めた警察から追われ、駅で警察官に発見されると爆発物1個を爆発させて通行人を負傷させ、さらにもう1個の爆発物容疑物件を投げ捨てた後、警察官によって逮捕される。この想定では、警察は犯人が放射性物質を所持していたことや爆発物を作った可能性を突き止めて

いる。こうした情報を現場で共有することができれば、消防など関係機関は爆発したのは
ダーティボムである可能性があり、投げ捨てられた物件もダーティボムであることを想定
して対処することが可能になる。ただし、捜査情報を公にすることによって以後の捜査に
支障を来すことがあってはならない。現場での安全確保や適切な対処の必要性と捜査への
支障を避ける必要性を勘案しながら、どこまで情報が共有できるか慎重な検討が必要だろ
う。そのためには、警察とそれ以外の機関との間で、現場対処のためにどのような情報の
共有が必要なのか、警察はどこまで情報共有ができるのか、共有するとすればどのような
方法が適切なのかについて協議することが求められよう。

参考・引用文献

- 防衛庁：平成16年版防衛白書
- 国家公安委員会・警察庁：令和5年版警察白書
- NBC テロ対策会議幹事会：NBC テロその他大量殺傷型テロ対処現地関係機関連携モデル　平成13年11月22日（令和3年3月5日改訂2版）
- 中澤宏之：殺人事件等を始めとする重要事件発生時における初動捜査要領，警察公論　第71巻第12号．2016年12月
- 東大阪市消防局警防部警備課：「ラグビーワールドカップ2019」に向けた関係機関との NBC 等大量殺傷型テロ対処実働訓練について，消防研修　第101号．2017年3月
- 千葉市消防局警防部警防課：CBRNE（NBC）災害における関係機関との合同研修会等の実施について，消防研修　第101号．2017年3月
- NBC テロ対応部隊の装備と戦略．イカロス出版．2007年5月
- 三浦潔：NBC テロに対する関係機関と連携した取組み，警察学論集　第58巻第4号．2005年4月
- 消防庁国民保護・防災部参事官付：消防機関における NBC 等大規模テロ災害時における対応能力の高度化に関する検討会報告書．平成29年3月
- 河本志朗：警察における国民保護措置，救急医学　第42巻第1号．2018年1月

（河本志朗／元日本大学危機管理学部）

第3節　海上保安庁

1　海上保安庁の組織について

　海上保安庁は、「海上の安全及び治安の確保を図ること」を任務としており、警備救難業務・水路業務・交通業務等を行っている。

　国土交通省の外局として設置されており、東京都にある本庁の下、日本全国を11の管区に分け、一元的な組織運用が行われている。

　それぞれの管区海上保安本部には、海上保安部、海上保安署、航空基地等の事務所を配置し、巡視船艇や航空機を配備しており、これらの事務所や巡視船艇・航空機等により、治安の確保や人命救助等の現場第一線の業務に当たっている。詳細については以下のとおりである。

①　船艇

　　巡視船　146隻

　　巡視艇　239隻

　　特殊警備救難艇　67隻

　　その他　23隻

　　計　475隻

②　航空機

　　飛行機　34機

　　回転翼機　60機

　　無操縦者航空機　3機

③　定員

　　14,681人

　　（令和6年4月1日現在）

2　海上保安庁の災害への備え

　海上での災害には、船舶の火災、衝突、乗揚げ、転覆、沈没等に加え、それに伴う油や有害液体物質の排出といった事故災害と、地震、津波、台風、火山噴火等により被害が発生する自然災害がある。

　海上保安庁では、このような災害が発生した場合に、迅速かつ的確な対応ができるよう、資機材の整備や訓練等を通じて万全の準備を整えているほか、事故災害の未然防止のための取組や自然災害に関する情報の整備・提供等も実施している。

3　海上保安庁における災害への対応について

(1)　事故災害への対応

　ひとたび船舶の火災、衝突、沈没等の事故が発生すると、人命、財産が脅かされるだ

けでなく、事故に伴って油や有害液体物質が海に排出されることにより、自然環境や付近住民の生活にも甚大な悪影響を及ぼす。

海上保安庁では、事故災害の未然防止に取り組むとともに、災害が発生した場合には関係機関とも連携して、迅速に対処し、被害が最小限になるよう取り組んでいる。

【対馬沖火災船への対応】

令和4年8月31日、午後10時42分頃、「長崎県対馬市伊奈沖で底引き網漁船の機関室から火災が発生した」旨の118番通報があった。

直ちに第七管区海上保安本部対馬海上保安部から巡視船らいざん及び比田勝海上保安署の巡視艇あきぐもが現場へ急行、あきぐもが火災船に接舷し乗組員9名を救助した。

救助した火災船の乗組員9名のうち、機関室内で作業をしていた機関長だけが手や太ももにやけど等の軽傷を負ったが、命に別状はなく、他の乗組員にはけがもなく無事であった。

当時、火元である機関室は密閉消火で延焼を抑えていたが電源は喪失し、船内は真っ暗なうえ、火勢が再び強まるおそれもあったことから、一刻も早く乗組員を巡視艇に移乗させる必要があった。

しかし、波高約2mの現場海域では、安全に接舷・移乗させることができないと判断、火災船を曳航している僚船と共に浅茅湾へ迅速に誘導し、湾内であきぐもに移乗させ、乗組員総員を救助した。

写真2-3-1 対馬沖火災船への対応

事故災害を防止し、また、被害を最小限に食い止めるためには、事業者をはじめとする関係者に対し事故防止の意識を高めてもらうことや、地方公共団体等の関係機関との連携が重要である。

海上保安庁では、タンカー等の危険物積載船の乗組員や危険物荷役業者等を対象とした訪船指導をはじめ、運航管理者等に対する事故対応訓練や、大型タンカーバースの点検等を実施している。また、地方公共団体、漁業協同組合、港湾関係者等で構成する協議会などを全国各地に設置し、合同訓練や講習会などを通じて事故災害発生時に迅速かつ的確な対応ができるよう、連携強化に努めている。

(2) 自然災害への対応

近年、集中豪雨や台風等による深刻な被害をもたらす自然災害が頻発している。

海上保安庁では、自然災害が発生した場合には、組織力・機動力を活かして、海・陸

の隔てなく、巡視船艇や航空機、特殊救難隊、機動救難士、機動防除隊等を出動させ、被害状況の調査を行うとともに、被災者の救出や行方不明者の捜索を実施している。

また、地域の被害状況やニーズに応じて、SNS等での情報発信を行いつつ、電気、通信等のライフライン確保のため協定に基づき電力会社等の人員及び資機材を搬送するとともに、地方公共団体からの要請に基づく給水や入浴支援に加え、支援物資の輸送等の被災者支援を実施している。

【能登半島地震への対応】

令和6年1月1日、石川県能登地方を震源とするマグニチュード7.6の地震が発生し、最大震度7を観測するとともに、各地で地震による津波も観測された。この影響により、多くの家屋の倒壊や孤立集落の発生など、甚大な被害が発生した。海上保安庁では、発災後直ちに巡視船艇・航空機等を発動させ、被害状況の調査や行方不明者の捜索を実施するとともに、航行警報等を発出し、付近航行船舶等への情報提供を行った。また、石川県等からの要請に基づき、巡視船艇・航空機等による救急患者等の搬送、支援物資の輸送や給水支援を行うとともに、測量船等による港内調査を速やかに実施し、海上輸送ルートの確保に貢献した。

写真2-3-2　能登半島地震対応

自然災害に対して、迅速かつ的確に対応するためには、地方公共団体や関係機関との連携が重要である。

海上保安庁では、全国各地の海上保安部署に配置される地域防災対策官を中心に、平素から地方公共団体や関係機関等と顔の見える関係を築き、情報共有や協力体制の整備を図るとともに、非常時における円滑な通信体制の確保や迅速な対応勢力の投入等、連携強化を図ることを目的に合同訓練を実施している。

また、主要な港では、関係機関による「船舶津波対策協議会」を設置し、海上保安庁が収集・整理した津波防災に関するデータを活用しながら、港内の船舶津波対策を検討している。

4　海上保安庁におけるテロ対策

世界各地において、イスラム過激派やその思想に影響を受けたとみられる者等によるテ

ロ事件が多発しており、また、ISIL等のテロ組織が日本を含む各国をテロの標的として名指ししていて、アジア諸国においてもISIL等によるテロが相次ぐなど、国際テロの脅威が継続している。さらに、ドローンを使用したテロ等、新たなテロの脅威への対策も重要な課題となっている。

海上保安庁では、巡視船艇・航空機による監視警戒、関連情報の収集、関係機関との緊密な連携による水際等でのテロ対策に加え、海事関係者や事業者等に対して自主警備の強化を働きかけるとともに、不審事象の情報提供を依頼するなど、官民一体となったテロ対策を推進し、より一層テロの未然防止に万全を期している。

【G7広島サミットにおける海上警備・警護】

令和5年5月19日から同月21日までの間、広島県広島市に各国の首脳等が集まりG7広島サミットが開催された。世界中から注目を集めるサミットは過去にもテロの標的とされており、現下の極めて厳しいテロ情勢に鑑みて、開催地のみならず全国的にテロ警戒を強化する必要があり、また、日本国内においても要人を狙ったローンオフェンダー型の事案が相次いで発生したため、要人警護の重要性及び国民の要人警護に対する関心が一層の高まりをみせることとなり、G7広島サミットの警備情勢は緊張を極めるものとなった。

さらに、G7広島サミットは、会議場が海に囲まれた臨海部にあったことに加え、各国の首脳等が船舶に乗船して会議場と訪問先の宮島との間を移動することも計画されていたため、海上での警備・警護を担う海上保安庁の役割は極めて重要なものとなった。

このような状況の中、海上保安庁においては、本庁及び第六管区海上保安本部に海上警備・警護対策本部等を設置し、警察等関係機関との連携を密にして必要な体制を構築し、G7広島サミット期間中には日本全国から80隻を超える巡視船艇等、ヘリコプター4機、無操縦者航空機2機を投入して海上警備・警護に当たった。また、海事・漁業関係者等と連携したテロ対策の取組として、会議場等周辺海域の安全を確保するため航行自粛海域や事前通報対象海域を設定し、海事・漁業関係者等に、G7広島サミット期間中の入出港をなるべく避けるといった運航調整や、対象海域を通航する際の事前通報などにご協力いただいた。加えて、会議場等のみならず、旅客ターミナル・フェリー等のソフトターゲットがテロの標的となる可能性もあることから、官学民が参画する「海上・臨海部テロ対策協議会」において作成した「テロ対策啓発用リーフ

写真2-3-3　G7

写真2-3-4　海上・臨海部テロ対策協議会

レット」を配布するなどして、海事・漁業関係者等に、自主警備の強化や情報提供等のご協力をいただき、官民一体となってテロ対策に取り組み、海上警備・警護を完遂することができた。

【2020年東京オリンピック・パラリンピックにおける対応】

令和3年7月に開催された2020年東京オリンピック・パラリンピックは、選手村や競技会場等の多くが臨海部に位置するほか、いくつかの競技が海上で実施されたため、全国から勢力を集結させ、巡視船艇等151隻、航空機8機、職員約3,300名を動員し、過去最大規模の体制でこの海上警備に臨んだ。

2か月を超える長期間、連日の猛暑や新型コロナウイルス感染症への対策に万全を期しながら、選手村・競技会場周辺へ巡視船艇を配備するとともに、東京湾向けの危険物積載船・長距離フェリーや東京港内における水上バスへの警乗、急速に普及を続けるドローンへの対策、多数設置したカメラによる監視体制の強化を行った。

また、大会期間中は、海事・港湾業界団体に加えて、海域利用者の協力を得て、選手村や競技会場等の周辺海域に航行自粛海域及び停留自粛海域を設定したほか、「海上・臨海部テロ対策協議会」の枠組みにより各分野の専門家による研修や机上訓練及び旅客船を使用した実動訓練を実施し、官民一体となって大会の安全を確保した。

写真2-3-5　東京オリンピック

【官民一体となったテロ対策の推進】

公共交通機関や大規模集客施設といった、いわゆるソフトターゲットはテロの標的となる傾向にあり、これらは日常の身近なところで発生する可能性があるため、この対策には国民の皆様の理解と協力が不可欠である。

このため海上保安庁では、官民が連携したテロ対策の推進に力を入れており、臨海部のソフトターゲットである旅客ターミナルやフェリー等の海事・港湾事業者等とともにテロ対策を進めている。平成29年度から、官学民が参画する「海上・臨海部テロ対策協議会」を開催し、官民一体となってテロ対策について議論・検討している。

（海上保安庁）

第4節　消　防

1　はじめに

　消防は、国民の生命、身体及び財産の保護、災害の防除、被害の軽減並びに傷病者の搬送といった任務を達成するため、化学災害及び生物災害時において、人員及び施設を有効に活用し、効果的な消防活動を実施しなければならない。

　各消防本部は、その規模に差異があり、保有する車両及び資機材も異なっているが、災害の早期収束のため、自本部が有する消防資源を最大限に活用しつつ、他の消防本部からの応援部隊や関係機関との連携を図りながら事案対処に当たることとなっている。

　他機関と比較すると、消防の大きな利点・特長は集結の速さである。CBRNe災害では、各部隊に役割付与がなされていることから、全部隊が直近主義の原理に当てはまるものではないが、最直近の部隊であれば最速15分程度で現場到着が可能である。どんなに遅くとも全部隊が集結するために要する時間は1時間とかからない。その間に活動を停滞させることはなく、到着した部隊から可及的速やかに活動着手を行い、事案対処ができることが最大の強みである。

　上記のとおり、消防のCBRNe災害対応は事案初期から行うため、オールハザードアプローチ※の観点から対処することが前提である。

　※　オールハザードアプローチ：災害種別や規模を問わず、あらゆるハザード（危険）に対して、臨機かつ体系的に対応できるようにする考え方である。

2　消防の任務

① 危険物質（化学剤・生物剤・放射性物質等人体に悪影響を及ぼすものの総称）に対する活動隊員への曝露防止（活動隊員の安全管理）
② 被害の拡大防止（活動隊員、曝露者、資機材、救急車等を介するものも含んだ危険物質の拡散防止）
③ 活動区域の設定（ゾーニング）（表2−4−1、図2−4−1）
④ 原因物質の早期検知と危険性の把握
⑤ 曝露者（要救助者・傷病者含む。）の救助、除染、避難誘導、救急処置及び医療機関への搬送（必要に応じて解毒剤自動注射器の使用）
⑥ 活動隊員、使用車両・資機材等の除染
⑦ 関係機関との連携

表2−4−1　ゾーンの概要

ホット ゾーン （HZ）	■原因物質に直接接触する可能性のある区域 ・危険物質の収納容器等の残留物（液体等）が目視で確認できる場所及び液体等による曝露危険がある区域 ・建物の区画、構造及び空調などの設備上、危険物質が拡散したと思われる場所

	・人が倒れていたりうずくまっている区域 ・各種検知器等により化学剤・生物剤・放射性物質が検知される区域 ・小動物等の死骸や枯木・枯草が確認できる区域 ・曝露者のものと思われる吐しゃ物、血液等がある区域 ・爆発危険のあるものが置かれている区域
	◆行われる消防活動 　検知活動、救助活動、危険物質の拡散防止措置等
ウォーム ゾーン （WZ）	■直接的な危険性は少ないが、潜在的危険がある区域 　（主たる危険は二次汚染） ・危険物質が存在しない場所に曝露者又は曝露物があらかじめ来ると予測され、汚染の管理ができている区域
	◆行われる消防活動 　1次トリアージ、除染活動等
コールド ゾーン （CZ）	■直接の危害が及ばない安全な区域 　（消防警戒区域内でHZ及びWZ以外の区域） ・WZとの境界線を「進入統制ライン」とする
	◆行われる消防活動 　指揮活動、救急活動（2次トリアージ、搬送）、情報収集、広報活動、関係機関との調整

※　なお、解毒剤自動注射器については、ゾーン問わず使用するものとする。

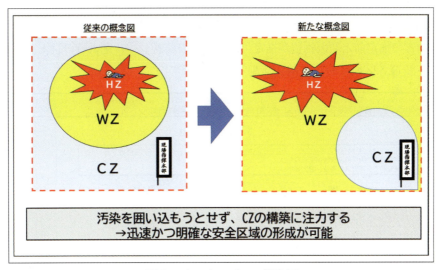

図2-4-1　ゾーン概念図

3　隊員の防護措置

(1) 防護装備の種類

　要救助者の救出等を行う活動隊員自身の防護措置（安全管理）は、活動における基本であり、現場へ進入する前に、判明した情報に基づいて適切な防護措置を選択し、危険物質が体表面や粘膜に触れないように細心の注意を払わなくてはならない。防護措置は、

レベルAからレベルDまでに区分され、現場の状況に適した防護措置を選択する。
ア　レベルA防護措置　主な活動ゾーン：HZ
　　レベルA防護措置とは、手、足及び頭部を含め全身を防護する服で、化学防護服内部を気密に保つ構造の全身化学防護服を着装し、自給式空気呼吸器にて呼吸保護ができる措置である。
　　なお、最大レベルの防護装備、かつ、原因物質が特定できない場合においては第一選択装備となる。
イ　レベルB防護措置　主な活動ゾーン：HZ、WZ
　　レベルB防護措置とは、液体化学物質から防護するための構造の全身化学防護服を着装し、自給式空気呼吸器又は酸素呼吸器にて呼吸保護ができる措置である。
　　なお、レベルA防護措置より活動性が高い分、気密性が劣っており、蒸気圧が高い物質が存在する空間での活動には適さない。
ウ　レベルC防護措置　主な活動ゾーン：CZ　※NR災害時はHZ、WZも活動可
　　レベルC防護措置とは、浮遊固体粉じん及びミスト状液体化学物質から防護するための構造の全身化学防護服を着装し、自給式空気呼吸器、酸素呼吸器又は防毒マスクにて呼吸保護ができる措置である。
エ　レベルD防護措置　主な活動ゾーン：CZ
　　レベルD防護措置とは、化学剤又は生物剤を防護できる化学防護服を着装しておらず、安全な区域で消防活動を実施するために必要最低限の措置である。

(2)　防護装備の選択方法
　原因物質の推定前と原因物質が推定可能な場合の防護レベル選択時の目安とするフローチャート及び各区域における消防活動を以下に示す。

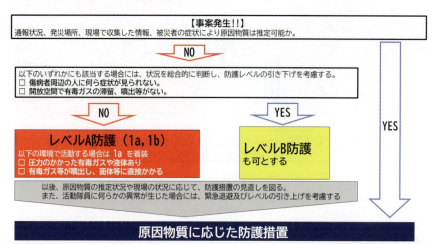

※　原因物質に応じた防護措置とは、原因物質の量・濃度・皮膚吸収の有無等から適切と考えられる防護レベルを講じることをいう。また、防護措置を判断するに当たって、原因物質以外にも、発災場所（屋内又は屋外）、発災からの時間経過、換気の可否、傷病者の人数・症状等も踏まえたうえで、隊員の安全性を十分に確保でき、かつ、効率よく活動ができる防護措置の選定に努めること。
　なお、生物剤及び放射性物質単体による災害と推定できる場合は、レベルC防護措置での対応が可能である。

図2-4-2　防護措置の選択フローチャート

表2−4−2　レベル別防護措置

区分	レベルA防護措置		レベルB防護措置	レベルC防護措置	レベルD防護措置
防護装備例	タイプ1a	タイプ1b			
各規格	・ISO16602、JIS_T_8115 タイプ1a、1b ・ISO17723-1 ・EN943-1 ・EN943-2 ・NFPA1990（NFPA1991） ・NFPA1994 クラス1		・ISO16602、JIS_T_8115 タイプ3 ・EN14605 ・NFPA1990（NFPA1992） ・NFPA1994 クラス2	・ISO16602、JIS_T_8115 タイプ5、6 ・EN13982-1 ・EN13034-1 ・NFPA1994 クラス3、4	※規格等はないため、活動状況に応じた装備を選択する
必須装備	・自給式空気呼吸器内装形気密服（1a）又は自給式空気呼吸器外装形気密服（1b） ・化学物質対応手袋（アウター） ・化学物質対応ブーツ ・自給式空気呼吸器（酸素呼吸器は不可） ・保安帽 ・トランシーバー又は無線機		・化学防護服（液体防護用密閉服） ・化学物質対応手袋（アウター） ・化学物質対応ブーツ ・自給式空気呼吸器又は酸素呼吸器 ・保安帽	・化学防護服（浮遊固体粉じん及びミスト防護用密閉服） ・化学物質対応手袋（アウター） ・長靴 ・自給式空気呼吸器、酸素呼吸器又は防毒マスク呼吸器 ・保安帽	・防火衣、活動服、感染防止衣等 ・手袋 ・編上げ靴又は長靴 ・N95マスク又はサージカルマスク ・防火帽又は保安帽 ・保護メガネ又はシールド
選択装備	・冷却ベスト ・インナー手袋（潤滑用） ・タオル等（曇り止め用）		・トランシーバー又は無線機 ・冷却ベスト ・インナー手袋（潤滑用）		規格の詳細は「付録 化学防護服の規格」を参考

付録

化学防護服の規格

■ISO 16602（国際標準化機構が定める規格）

（ISO 16602）

化学物質から保護するための防護服 – 分類、ラベル表示および性能要件

・化学防護服の主なタイプ

・タイプ1：気密服

　手、足及び頭部を含め全身を防護する服で、服内部を気密に保つ構造の全身化学防護服

　・タイプ1a：自給式呼吸器内装形気密服

　・タイプ1b：自給式呼吸器外装形気密服

　・タイプ1c：送気形気密服

・タイプ2：陽圧服

　手、足及び頭部を含め全身を防護する服で、外部から服内部を陽圧に保つ呼吸用空気を取り入れる構造の非気密形全身化学防護服

・タイプ3：液体防護用密閉服

　液体化学物質から着用者を防護するための構造の全身化学防護服

・タイプ4：スプレー防護用密閉服

　スプレー状液体化学物質から着用者を防護するための構造の全身化学防護服

・タイプ5：浮遊固体粉じん防護用密閉服

　浮遊固体粉じんから着用者を防護するための構造の全身化学防護服

・タイプ6：ミスト防護用密閉服

　ミスト状液体化学物質から着用者を防護するための構造の全身化学防護服

・CBRN対応の消防隊用タイプ1化学防護服の規格（ISO 17723-1:2019）が制定されている。

（ISO 17723-1:2019）

危険物対応活動を行う消防士のためのPPEアンサンブル – パート1：緊急対応チームのための気密性、蒸気保護あるアンサンブル（「タイプ1」）

■JIS T 8115:2010（日本産業規格）

（JIS T 8115:2010）

酸、アルカリ、有機薬品、その他の気体及び液体並びに粒子状の化学物質（以下「化学物質」という。）を取り扱う作業に従事するときに着用し、化学物質の透過及び／又は浸透の防止を目的として使用する防護服（化学防護服）

・最新版は、JIS T 8115 :2015 に改正されている。

・ISO 16602と同様のタイプ分類がされている。

■EN943-1、EN 943-2 等（EU（ヨーロッパ連合）域内における統一規格）

（EN 943-1）

液体及び固体エアロゾルを含む、危険な固体、液体及び気体化学物質に対する防護服 –
パート1：送気形および送気形でない気密服（タイプ1）および陽圧服（タイプ2）の性
能要件

（EN 943-2）

液体及び固体エアロゾルを含む、危険な固体、液体及び気体化学物質に対する防護服 –
パート2：緊急チーム(ET) 用の気密服（タイプ1）の性能要件

（EN 14605）

液体化学物質に対する防護服 – 体の一部のみを保護するアイテムを含む、液体防護用密
閉服（タイプ 3）またはスプレー防護用密閉服（タイプ4）の性能要件

（EN 13982-1）

固体粉じんに対する防護服 – 浮遊固体粉じんに対して全身を防護する浮遊固体粉じん
防護用密閉服（タイプ 5）の性能要件

（EN 13034）

液体化学物質に対する防護服 – 液体化学物質に対して限定的に防護するミスト防護用
密閉服（タイプ 6）の性能要件

■NFPA 1991、1992、1994（全米防火協会が定める規格）

（NFPA 1991）

> 危険物の緊急事態およびCBRNテロ事件のための蒸気保護アンサンブルに関する基準

（NFPA 1992）

> 危険物の緊急事態における液体飛沫防護服および衣服に関する規格

（NFPA 1994）

> 危険物の緊急事態およびCBRNテロ事件に対する初期対応者の防護アンサンブルに関する基準

・最新版は、NFPA1991、1992、1994の規格が統合され、「NFPA 1990」として発行
・規格の統合に伴い、クラス1からクラス4まで性能による分類分けがされている。

■クラス1
濃度が生命及び健康に対して急性の有害影響を及ぼす（Immediately Dangerous to Life or Health：IDLH）レベル以上であり、自給式呼吸器（SCBA）の使用が必要な場合に、蒸気又液体による化学的危険のある事故現場で作業を行う緊急時対応要員を保護するために設計されたアンサンブルに適用されるもの。

■クラス2
濃度がIDLHレベル以上であり、自給式呼吸器（SCBA）の使用が必要な場合に、危険物が伴う緊急事態、若しくは蒸気又は液体による化学的危険を伴うCRBNテロ事件の現場で作業を行う緊急時対応要員に、限定的な保護を提供するために設計されたアンサンブルに適用

■クラス3
濃度がIDLHレベルを下回り、ろ過式呼吸用保護具（APR）の使用が認められる場合に、危険物が伴う緊急事態、若しくは低レベルの蒸気又は液体による化学的危険を伴なうCRBNテロ事件の現場で作業を行う緊急時対応要員に、限定的な保護を提供するために設計されたアンサンブルに適用

■クラス4
濃度がIDLHレベルを下回り、APR装置の使用が認められる場合に、生物学的危険性又は放射性微粒子の危険性などの粒子状物質の危険性を伴うCRBNテロ事件の現場で作業を行う緊急時対応要員に、限定的な保護を提供するために設計されたアンサンブルに適用

■クラス5
化学物質によるフラッシュ火災の可能性があり、SCBA装置の使用がさらに必要な場合に、皮膚に有害ではない可燃性ガスを伴うCRBNテロ事件の現場で作業を行う緊急時対応要員に、限定的な保護を提供するために設計されたアンサンブルに適用

　※以上は、NFPA1990を翻訳した内容を示したものである。

4 消防活動の流れ

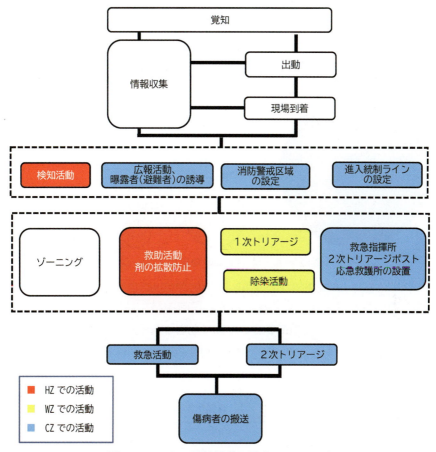

図2−4−3 消防活動の流れのイメージ

　消防活動の流れは、一例として示しているものであり、各項目の活動が並行して着手できる場合は、イメージの流れにこだわる必要はない。
　また、最先着する部隊によって、着手可能な項目が変わってくるため、そのような場合は、活動可能な項目から着手する。

5 除染活動

　除染とは、汚染や曝露の原因となった物質を除去することであり、曝露者の汚染状況や数、現場環境、汚染物質の形状等に対する消防力の優劣により活動が大きく変わってくる。
　また、除染活動は曝露者の予後だけでなく、人・ものへの汚染拡大やそれに伴う二次被害、社会影響、風評被害等、様々な局面に影響を及ぼすため、CBRNe災害時に消防が行う活動の中で、最も重要な活動である。ここでは消防が行う除染活動の概要を記載する。
　下記の【傷病者対処における優先順位】を大前提とし、1人の曝露者に対して細部までの除染に固執することにより、他の曝露者を滞留させ、症状の悪化や医療機関への搬送が遅延してしまうことのないよう取り組むことが肝要である（図2−4−4、2−4−5）。

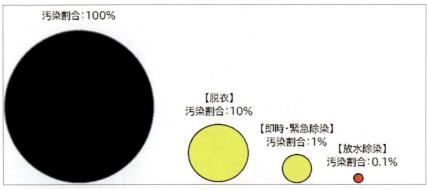

図2-4-4　除染の効果のイメージ

　PRISM（Primary Response Incident Scene Management）では、除染の各段階において、90％の除染が可能と考えられており、段階を経ていくことで、限りなく100％に近い除染が可能とされている。季節ごとの服装に左右されるものの、特に「脱衣及び即時・緊急除染」までを実施することで、汚染物質の99％が除去されるというのが、除染効果のイメージである。

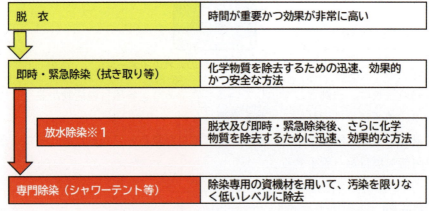

※1　シャワーテント等の専用の資機材の到着を待つことなく、既存の消防用資機材等を活用して曝露者を早期に水で除染する方法で、ラダーパイプシステムもその一つである。

図2-4-5　除染活動の流れ

　なお、NR災害時については曝露者の汚染検査を行い、原子力災害時には発災当初から1か月間はβ線40,000cpmを目安とし、1か月以降はβ線13,000cpmとしている。原子力災害以外の事案ではβ線1,300cpmを目安とする。

6　結び

　当初に記載したとおり、消防の強みである「集結の速さ」を活かし、オールハザードアプローチを行い、事案状況を絞りこみ、各個の対策を図り、事案収束に導くことが消防の

任務である。しかしながら、CBRNe 災害という大規模かつ再現性の乏しい事案に対し、消防単独でその任務を達成することは非常に困難である。よって、本節に記載した事案を各機関で共有し、相互理解を深めることにより、円滑な連携を行うことが強く求められる。

千葉市消防局では、平成26年から放射線医学総合研究所（現：放射線医学研究所）、千葉県警察、千葉市役所、千葉県庁と連携した「CBRNE 災害対処千葉連携研修会」を開催し、連携強化に努めている。コロナ禍による縮小開催を経て、令和 4 年度からは千葉県内30消防本部にも声をかけ、さらには自衛隊や海上保安庁も参画し、規模拡大を図ることにより、顔の見える関係性の構築が着実に図られている。CBRNe 災害現場という極限の状況で、連携を図るためにはこういった積み重ねが大切であり、全国にもこのような取組が広がることを期待したい。

参考・引用文献

・総務省消防庁消防機関における NBC 災害時の対応能力の高度化に関する検討会：化学災害又は生物災害時における消防機関が行う活動マニュアル【本編】．2024年，第 2 回　資料 3 - 2．2023年
・総務省消防庁原子力施設等における消防活動対策マニュアル改訂に関する検討会：原子力施設等における消防活動対策マニュアル．2022年

（金坂裕樹／千葉市消防局）

第5節　地方公共団体

1　地方公共団体の責務

　地方公共団体は、原因は何であれ、住民の生命・身体・財産を脅かす危機事象から、住民を守る責務がある。テロ災害の場合であっても、自然災害や大規模事故の場合と同様、この点については何の違いもない。

2　テロ災害の発生

⑴　事案の覚知

　テロ災害対応は、事案の覚知から始まる。

　ただ現実には、最初から「テロである」ことが分かっている事案ばかりではない。

　例えば、「イベント開催中に爆発音。多数の死傷者が出ている模様。消防が現場に向かっている……」などという連絡を受けたとする。この報告だけでは、事故なのか、テロなのかは判然としない。しかしながら、「多数の死傷者が出ている」という情報を覚知した地方公共団体が、なんらの対応も行わないということは考えられない。住民を守るための対応を迫られる。対応を進める中で、後になって「テロ事案であった」ということが分かってくる。

　おそらく多くの場合、テロ災害は、事件・事故の見分けがつかない事案として覚知され、その後、次第にテロであることが判明していくことになる。

⑵　根拠法令

　地方公共団体が対応を行う際に「根拠法令は何か？」を問われることがよくある。この点、テロの可能性がある事案の発生により、直ちに国民保護法が適用されるわけではないことには注意が必要である。事案が発生していても、国民保護法で対処すべきテロ事案（緊急対処事態）であると国が「事態認定」してからでなければ、国民保護法は適用されないのである。

　では、事案発生から事態認定までの間はどうなるのか。この間は、事件・事故として扱わざるを得ないので、災害対策基本法などが根拠法となる。

　つまり、事案発生直後（事態認定前）は、災害対策基本法などに基づいた対応を進め、その後、国による「事態認定」により、国民保護法に基づく対応に切り替わるということである。

3　危機管理体制の確保

　テロ災害の可能性のある事案を覚知した地方公共団体は、速やかに危機管理体制を確保しなければならない。原因が分からないからといって空振りを恐れてしまうと、結果として対応が後追いとなり、被害の拡大を招くおそれがある。

　具体的にどのような体制を確立し、どのような対応を行うのかについては、それぞれの

地方公共団体で策定している「国民保護計画」などの計画・マニュアルで具体的に定められている（以下、本節では、地方公共団体が確保する体制を「対策本部等」と呼ぶ。）。

例えば、消防庁が作成している「都道府県国民保護モデル計画」・「市町村国民保護モデル計画」では、任意的記載事項であるが「初動連絡体制の迅速な確立及び初動措置」について記述がなされている（**表2-5-1**は市町村の例）。

表2-5-1　市（町村）の体制及び職員の参集基準等

【職員参集基準】

体　　　制	参　集　基　準
①担当課室体制	国民保護担当課室職員が参集
②緊急事態連絡室体制	原則として、市（町村）国民保護対策本部体制に準じて職員の参集を行うが、具体的な参集基準は、個別の事態の状況に応じ、その都度、判断
③市（町村）国民保護対策本部体制	全ての市（町村）職員が本庁又は出先機関等に参集

【事態の状況に応じた初動体制の確立】

事態の状況	体制の判断基準		体制
事態認定前	市（町村）の全部課室での対応は不要だが、情報収集等の対応が必要な場合		①
	市（町村）の全部課室での対応が必要な場合（現場からの情報により多数の人を殺傷する行為等の事案の発生を把握した場合）		②
事態認定後	市（町村）国民保護対策本部設置の通知がない場合	市（町村）の全部課室での対応は不要だが、情報収集等の対応が必要な場合	①
		市（町村）の全部課室での対応が必要な場合（現場からの情報により多数の人を殺傷する行為等の事案の発生を把握した場合）	②
	市（町村）国民保護対策本部設置の通知を受けた場合		③

（総務省消防庁「市町村国民保護モデル計画」）

危機管理体制を確保する際には、次のような点に留意が必要であると思われる。

① Command and Control：指揮命令系統の確保

平常時から非常時の体制に切り替える。その際の職員の混乱を防ぐためにも速やかに対策本部等を設置し、指揮命令系統を明確化させ、職員に周知徹底する。

設置された対策本部等の下で、あらかじめ定められている個々の職員の役割分担に基づき、変化する状況に即して、誰が・いつまでに・何をしなければならないのか等を意識しながら対応を進める。

② Safety：安全の確保

対策本部等で活動する職員の安全が確保されているかを確認する。職員を対策本部等に参集させたり、現場で活動させたりする際には、この配慮が必須である。職員が被災すると、対応に滞りが生じてしまう。

③　Communication：関係機関との情報共有

　　対策本部等の活動に必要となる情報を入手するためには、消防・警察・自衛隊をはじめとした関係機関と情報共有し、連絡体制を確保する必要がある。各関係機関の連絡員（リエゾン）に対策本部等に参集してもらうことも検討すべきである。

　　被害が大きいと予測される場合には、自衛隊への派遣要請や他の地方公共団体及び各種協定を締結している団体・事業者等に対する応援要請など、状況の変化に即応できる準備を進める必要がある。

　　なお、自衛隊への派遣要請は、事態認定前であれば災害派遣要請、事態認定後であれば国民保護等派遣要請を行うことが想定される。国民保護等派遣での自衛隊の活動は、自然災害時における災害派遣とおおむね変わるものではないが、全く同じということではなく、自衛隊の装備（武器の携行等）などで違いが生じることには留意が必要である。また、そもそも自衛隊は、速やかに武力攻撃を排除し、国民への被害を局限化することが本来の任務であり、その任務との両立を図り得る範囲内で避難や救援などの国民保護措置を行うこととなっていることは忘れてはならない。

【国との緊密な連携】　都道府県にあっては、事態認定（国民保護法の適用）の可能性を視野に置き、消防庁（国側の地方公共団体の窓口）と緊密な連携を確保すべきである。例えば、国との連絡調整窓口となる担当職員を明確にすることなども望まれよう。

　　事態認定前の災害対策基本法に基づく対応は自治事務である一方、事態認定後の国民保護法に基づく対応は法定受託事務となっている。また、事態認定の要否は、地方公共団体から国への被害状況報告などに基づき判断され、国民保護法に基づく避難・救援などは、国からの指示等に基づき行われる仕組みとなっている。

　　図2−5−1に国民保護措置の仕組み（この仕組みは、大規模テロ（緊急対処事態）にも準用されている。）を示しているが、図中の矢印の方向が「国→都道府県→市町村」となっていることに注目していただきたい。

　　テロ災害対応においては、自然災害対応以上に、国との緊密な連携体制を確立させることが不可欠である。

④　Assessment：評価

　　対策本部等においては、収集した情報を基に対応方針を決定し実施する。そして、実施状況やそれによる効果は随時確認し、的確な対応が行われているかを継続的に評価する。

　　評価に際しては、化学剤や放射性物質が用いられた場合など、専門的な知見が必要となることが想定される。そのため、平常時より専門家や専門機関からアドバイスをもらえる体制の確保が求められる。

　　また、インターネットやSNS上の情報に対しても感度をあげることも重要なポイントとなる。対策本部等で見逃している被害情報が寄せられていたり、真偽不明なフェイク情報が拡散されているかもしれない。ネット上で流通している情報が事実であるかどうかを確認・検証しつつ、正確で分かりやすい情報を迅速に住民に提供することも、地

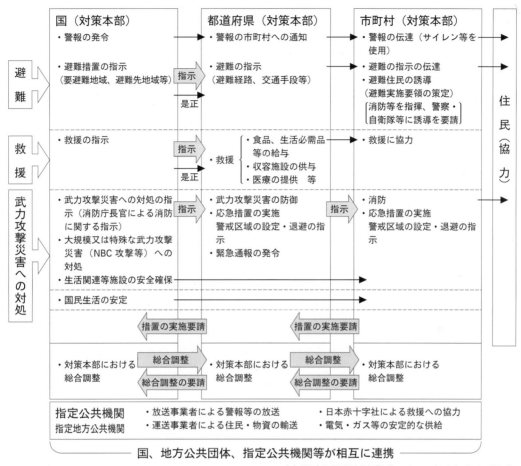

図2-5-1　国民の保護に関する措置の仕組み

域の安全・安心を確保するためには必須となる。

　さらに、テロ災害への直接的な対応だけでなく、都道府県・市町村のエリア全体を視野に入れ、住民の安全・安心の確保がなされているかどうかを評価することも忘れてはならない。例えば、住民からの問い合わせや、学校における生徒・学生の安全確保、公共交通機関の運行状況の確認、イベント等の中止の判断、観光客や外国人への情報提供などが適切に行われているかなどの目配りは必要である。地方公共団体としては、テロ災害がもたらす、住民の社会生活全般にわたる影響を無視することはできず、対応に迫られることになる。

4　現場での活動

　地方公共団体のテロ災害対応の活動は、対策本部等が設置されている庁舎内だけで行われるものではない。必要に応じ、職員の活動の安全を確保したうえで職員を現場に送り込み、次のような活動を行うことが求められる。

① 現場でのリアルな情報の入手

　自然災害の場合と同様に、テロ災害においても、被害状況に関する情報が混乱・錯綜

し、対策本部等が対応のために必要とする情報が入手できない状態が続くこともあり得る。おそらく、被害の規模が大きくなればなるほど、その傾向は強まるように思われる。

しかし、現場からのリアルな情報が入手できなければ、対策本部等が現状に即した対応を講じることができなくなってしまう。

こういった状態を回避するためには、待ちの姿勢での情報収集にとどまることなく、職員を現場に送り込み、積極的な情報入手を図ることが重要となってくる。

② 現場での避難実施に向けた調整

災害対策基本法に基づくにしろ国民保護法に基づくにしろ、避難や救援の実施の役割は、地方公共団体が担うこととされている。

例えば、大量の爆薬を持ったテロ犯人の立てこもり事案が発生し、周辺住民への危険を回避するために、安全な場所への避難（域外避難）が必要になったとしよう。この場合、避難の実施要領は地方公共団体（市町村）が立案することになる。

その際、避難時の住民の安全を確保するためには、避難経路の選択、避難誘導の手順、周辺警戒（テロ犯人の紛れ込みを防ぐスクリーニングなど）のための要員配置、自力での避難が困難な高齢者等への対応などについて、消防や警察、自衛隊などの関係機関との密接な連携の下で、現場の実情に即した具体的な調整を行う必要がある。

また同様に、救援などを行う際にも、現地の関係機関との具体的な調整が必要となる。

③ 現場周辺の住民への広報

テロ災害の危険性（安全性）の状況や、対策本部等での決定内容（域外避難の決定など）などについては、直接的な影響を受ける現場周辺の住民に、迅速に周知・広報すべきことが求められる。

また、住民に切迫した危険が生じた場合には、現場周辺住民の即時の移動・退避などをお願いせざるを得ないことも想定される。

なお、広報手段を選択する際には、テロ犯人を刺激する可能性を視野に入れ、広報車や屋外設置の防災行政無線などの使用を控えるなど、現場の実情に即した対応が必要となる場合も想定される。

④ その他（現地関係機関からの要請など）

上記①～③以外にも、例えば、現場で活動を行っている消防・警察・自衛隊・医療機関などから、「健常者の一時退避場所を確保してもらいたい。また、そこまでの誘導をお願いしたい」とか、「現場となっている公共施設の内部構造が分かる資料を提供してもらいたい。詳しい人がいるのなら、説明を受けたい」とか、「近隣でヘリコプターが離発着できる場所を確保してもらいたい。現場での安全確保の調整もお願いしたい」などの要請を受け、担当職員を現場に派遣することも十分に想定できる。

5 現地調整所の位置づけ

地方公共団体が、テロ災害発生時に、現場において情報共有・連絡調整を行う場となるのが「現地調整所」である。

国の「国民の保護に関する基本指針」には、「現地調整所」について次のとおり、市町村又は都道府県が設置すると記載されている。

　市町村長又は都道府県知事は、国民保護措置が実施される現場において、現地関係機関（消防機関、警察機関、自衛隊、海上保安庁、医療機関、関係事業者等の現場で活動する機関をいう。）の活動を円滑に調整する必要があると認めるときは、現地調整所を速やかに設置し、現地関係機関の間の連絡調整を図るものとする。

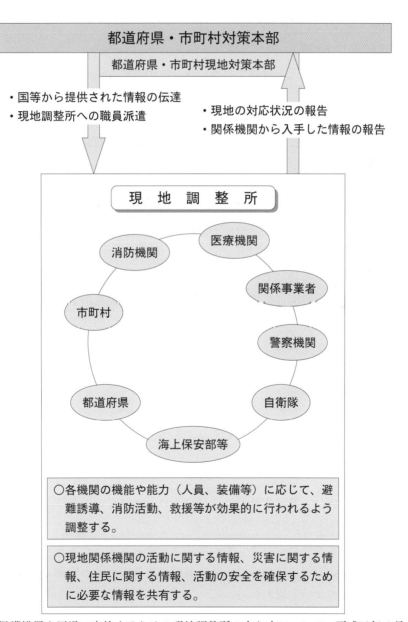

（「国民保護措置を円滑に実施するための現地調整所の在り方について　平成19年４月９日」（内閣官房）を一部編集して引用）

図２−５−２　現地調整所のイメージ

「現地調整所のイメージ」は、**図２－５－２**のとおりである。

これによると、現地調整所は、現場と対策本部等とをホットラインで結び、現地関係機関の間の連絡調整の場となることが期待されている。

対策本部等サイドは、現場の最新情報を入手しやすくなるとともに、国や対策本部での決定事項（事態認定、国民保護措置等の実施、対策本部長の指示事項など）を現場関係機関に周知徹底することも容易となる。

また、現場サイドは、時々刻々と変化する現場の要求やニーズを対策本部等に直接伝えることが可能となる。

6　現地調整所の設置

地方公共団体が現地調整所を設置する際には、次のような点について留意する必要がある。

⑴　職員の安全確保

現地調整所に派遣する職員の安全を確保するため、現場及び現場に至る経路上のリスクを十分に評価すべきである。

テロ災害の原因が分からない状態で職員を現場に向かわせることも想定される。さらには、武器を持ったテロ犯人の潜伏や、二次災害に巻き込まれる可能性もある。

安全が確認できない場合には、現地調整所の設置は慎重に判断すべきであろう。

⑵　現地調整所の設置場所

原則として、現地で活動している各機関の現地指揮所が集まっている場所（できればその真ん中）に現地調整所は設置すべきであろう。現地関係機関から見て、現地調整所の設置場所が明確に分かるようにするのである。

ただし、その場所が、職員にとって安全であるかどうかという点は十分な配慮が必要である。

⑶　平常時からの資機材準備

現地調整所で使用する看板、ビブス、通信機器、ホワイトボード、テント、地図、机などの資機材は平常時から準備しておく必要がある。また、移動手段となる車両の確保も同様である。

⑷　その他

小規模町村などが、人員・資機材の不足により、単独で現地調整所を設置することが困難である場合もあり得よう。

その場合には、都道府県と協働して現地調整所を設置することも考えられる。また、消防機関を有する市町村の場合には、消防機関の現地指揮所と協働して現地調整所を設置することも考えてよいと思われる。

第5節　地方公共団体　　47

7　現地調整所での活動

⑴　活動内容及び調整項目

現地調整所で行う活動内容の確認及び調整の項目としては、次のようなものが挙げられている（内閣官房「国民保護措置を円滑に実施するための現地調整所の在り方について」平成19年を参照）。

- 避難住民の誘導
- 消防活動
- 被災者の救援（医療の提供、被災者の捜索及び救出等）
- 汚染原因物質の除去又は除染
- 警戒区域の設定、交通の規制
- 応急の復旧
- 広報

⑵　共有すべき情報項目

同じく、現地調整所で共有すべき情報としては、次のようなものが挙げられている（内閣官房「国民保護措置を円滑に実施するための現地調整所の在り方について」平成19年を参照）。

① 現地関係機関の活動に関する情報
- 現地関係機関の部隊等の編成状況（人員数等）
- 現地関係機関の活動状況（作業の進捗状況等）

② 災害に関する情報
- 攻撃による被害の状況（火災の状況等）
- 交通に関する情報（道路、線路、橋等の破損状況、交通規制の状況等）
- 二次災害の状況（危険性に係る情報を含む。）
- 有毒物質の有無や大気中の放射線又は放射性物質の量

③ 住民に関する情報
- 被災者の数、負傷者等の状況
- 住民の避難状況、避難施設の状況
- 住民の安否に関する情報

④ 活動の安全を確保するために必要な情報
- 現地で活動する職員や住民の安全に係る事態の展開等

⑶　現地調整所における活動の実際と訓練の重要性

現地調整所においては、最低限次のような情報を共有することが重要だといわれることがある。

- 安全・危険情報
- 避難情報
- 広報

また、現地調整所が、現場と対策本部等をホットラインでつなぐ役割を担うという視

点に立てば、次のような活動を実施することになると説明されることもある。

・国及び県・市町村対策本部等での決定事項の現地関係機関への周知伝達
・対策本部等からの指示に基づく対応
・現場から対策本部等への報告・要望の伝達

これらの視点は、活動の指針としては有効である。

ただ、現地調整所においては、現場の状況・変化に応じた対応が求められるという性格上、活動全般を定型化することは難しいようにも感じられる。

地方公共団体職員としても、現場で活動するプレイヤーであることを現地関係機関に十分に認知してもらわなければならない。また、それぞれの現地関係機関がどのような活動を行うのかを、概略程度でも理解しておかなければ、現場での円滑な連絡・調整の際に戸惑いが生じることもあり得よう。現地調整所でどのような活動を行えばよいのか、漠然とした不安を感じる職員も多いようにも思われる。

だからこそ、その不安を払拭するためにも、実践的な研修や訓練（特に実働訓練）を繰り返すことが重要なのである。

8　まとめ：訓練の重要性

以上で、テロ災害発生時の地方公共団体としての役割（危機管理体制確保）の流れを概観した。整理すると次のようになる。

・地方公共団体は、原因は何であれ、危機事象から住民を守る責務がある。
・危機事象を覚知したら、計画・マニュアルに従い、危機管理体制を確立させなければならない。
・テロ災害（国民保護法の適用が想定される事案）の場合には、自然災害の場合以上に国・都道府県・市町村の連携が重要となる。
・必要に応じて現地調整所を設置し、職員を現場に派遣し、対策本部等とのホットラインを確保しながら、現地関係機関相互の連絡調整を行う場を形成する。

しかし、これらのことを現実のテロ災害発生時に行うためには、理屈だけでなく体で覚えていなければ、おそらく役に立たない。

そのためにも、発生した状況に即して判断し行動できる人材を、人事異動等により担当職員が年々変わっていく中においても、しっかりと育成・確保しなければならない。だからこそ、継続的な国民保護訓練の実施が重要となる。

地方公共団体職員にとって、テロ災害は経験したことのない事態である。しかし、住民を守るという責務は放棄できない。経験したこともないし、発生してほしくもない事態が発生したときに、いかにして住民を守るのか。本気になって考え、現実に機能する体制を、しっかりと構築していこう。

（勝間基彦／徳島県）

第6節　保健所　49

第6節　保健所

1　はじめに

　保健所は、都道府県や政令指定都市、中核市、特別区等に設置される公的機関であり、地域住民の健康を支える広域的・専門的・技術的拠点、さらには健康危機管理の拠点として位置付けられている。保健所は、地域の医療機関や医師会、消防や警察等の関係機関との連携の下で、健康危機管理体制の整備を推進している。本節では、保健所の概要について解説し、テロ対策における保健所の役割について概観する。あわせて、保健所とともに地域の健康危機管理を担う地方衛生研究所の役割についても言及する。

2　保健所の概要

　保健所は、1930年代後半に旧保健所法に基づいて全国に設置された。第二次世界大戦後の1947年、保健所法は全面改正され、従来の健康相談・保健指導に加えて、警察が担当していた食品衛生、急性感染症予防等の衛生警察業務が保健所に移管され、公衆衛生の第一線機関として強化されることとなった。その後、保健所は全国で850か所以上に設置されるに至ったが、高齢化や疾病構造の変化、住民のニーズの多様化などの背景から、市町村と保健所の役割が明確化されることとなり、1994年に保健所法が地域保健法に改められた。これにより保健所は、地域保健における広域的・専門的・技術的拠点として機能強化され、二次医療圏などを考慮した所管区域の見直しが行われるとともに、母子保健サービス、栄養相談等は市町村へ移管されることとなった。2024年4月現在、保健所は全国で468か所設置されている（表2-6-1）。都道府県が設置する保健所と、政令指定都市や中核市、特別区等（保健所設置市等）が設置する保健所に大別されるが、後者は、専門的・広域的機能に加え、市区町村の業務とされる住民サービスも担う。なお、保健所の設置形態も自治体により多様化しており、保健所として独立して設置されている場合のほか、福祉事務所と統合されている場合や振興局、自治体本庁内の組織として設置される場合などがある。

表2-6-1　自治体種別ごとの保健所数

自治体種別	自治体数	保健所数
都道府県	47	352
政令指定都市	20	26
中核市	62	62
その他政令市	5	5
特別区	23	23
総数	157	468

2024年4月1日現在（全国保健所長会ウェブサイトより）

3　地域の健康危機管理の拠点としての役割

　保健所が行う業務は多岐にわたる。地域保健法により表2－6－2に挙げた事項について、企画、調整、指導及びこれらに必要な事業を行うこととされているが、同法に基づく「地域保健対策の推進に関する基本的な指針」（以下「基本指針」という。）において、地方自治体や保健所、地方衛生研究所等が取り組むべき方向性が示されている。2023年3月の改正では、新型コロナウイルス感染症対応の教訓を踏まえて健康危機管理に関する内容が大幅に拡充されたが、本基本指針において保健所は、「地域における健康危機管理の拠点として、必要な情報の収集、分析、対応策の企画立案・実施、リスクコミュニケーションを行う機関」とされている。その上で、保健所には健康危機発生時の危機対応のほか、危機時における地域住民に不可欠な保健施策の継続、複合的な健康危機に向けた体制強化、監視業務等による健康危機の発生防止、医師会・消防等との調整による医療提供体制の確保、保健衛生部門・警察・関係団体等との調整による連携体制の確保、などが求められている。さらに、健康危機発生後には、管理体制や保健医療福祉の対応と結果の評価とその内容の公表、健康危機の被害者や対応の従事者に対する精神保健福祉（メンタルヘルス）対策などの推進についても、保健所の役割として定められている。テロ対策においても本基本指針に基づいた健康危機管理体制の整備が基盤となる。

表2－6－2　保健所の主な業務（地域保健法第6条）

1．地域保健に関する思想の普及及び向上
2．人口動態統計その他地域保健に係る統計
3．栄養の改善及び食品衛生
4．住宅、水道、下水道、廃棄物の処理、清掃その他の環境の衛生
5．医事及び薬事
6．保健師に関する事項
7．公共医療事業の向上及び増進
8．母性及び乳幼児並びに老人の保健
9．歯科保健
10．精神保健
11．治療方法が確立していない疾病その他の特殊の疾病により長期に療養を必要とする者の保健（難病保健）
12．感染症その他の疾病の予防
13．衛生上の試験及び検査
14．その他地域住民の健康の保持及び増進

　なお、健康危機管理を担う機関として、保健所には下記のような利点があると考えられている。

- 専門性：医学、薬学、化学等の科学的知識を持つ医師、衛生監視員、保健師等の数多くの専門職種が配属されている。
- 情報：地方自治体の一部であり、かつ全国的に国、都道府県、保健所間の情報連絡体制が整備されている。法的問題も含めて、行政情報、科学技術情報、地域情報等

の情報が得られ、また、発信できる。

- 信用：研究機関と行政機関の中間的性格のため、行政的問題と科学技術的問題の双方に関して、地域住民から一定の信頼が得られている。

4　地方衛生研究所とその役割

　地方衛生研究所は、地域における科学的かつ技術的中核として、関係行政部局、保健所等との緊密な連携の下、専門性を活用した地域保健に関する業務を行う機関であり、感染症法・地域保健法の改正（2023年4月施行）により法定化され、体制強化が進められている。主な業務は、調査研究、試験検査、研修指導、公衆衛生情報等の収集・解析・提供であり、全国に84機関（2024年7月時点）設置されている。基本指針では、「健康危機管理においても科学的かつ技術的に中核となる機関として、調査及び研究並びに試験及び検査を通じて、都道府県、政令市及び特別区の本庁や保健所等に対し情報提供を行うとともにリスクコミュニケーションを行うこと」とされている。微生物のほか、水・空気、食品、毒物劇物、医薬品等、放射能など幅広い対象に対する試験検査機能を有しており、テロ等の原因分析においても重要な役割が期待されている。

5　保健所とテロ又は関連事案との関わり

　保健所はこれまでもテロ又は事故等で、消防や警察と連携し対応を行ってきた。主な事例について簡単に紹介する。

① 松本サリン事件（1994年6月）

　長野県松本市の住宅地で、オウム真理教教徒によりサリンが散布され、住民8名（直後は7名）が死亡し、約600人が負傷した事件。保健所は事件発生直後から長野県・衛生公害研究所（地方衛生研究所）と連携し、被害者宅の池の採水などの環境調査を実施し、現場周辺の事業所に対して立入検査・指導を行った。さらに、7月下旬には現場周辺住民の健康診断も実施した。

② 和歌山毒物混入カレー事件（1998年7月）

　夏祭りで提供されたカレーを喫食した67名に吐気や痙攣、腹痛が発生。50名が救急搬送され、自治会長や子供を含む4名が死亡した事件。事件発生直後に消防からの連絡を受けて保健所職員も現場に出動した。本事件は原因毒物の検出に時間を要し、警察や保健所との情報共有や連携体制が課題として認識された。当初はシアン化合物が原因とされたが、この情報は警察、保健所、医療機関等の間で十分に共有されず混乱を来した。なお、最終的には科学警察研究所にてヒ素化合物が検出された。

③ 東海村JCO臨界事故（1999年9月）

　茨城県東海村の核燃料加工施設で発生した臨界事故であり、高線量被曝のあった作業員3名中、2名が死亡、1名が重症となったほか、667名が被曝した事故。保健所職員が直接現場対応を行うことはなかったが、村の保健スタッフを支援し、健康相談（食品関係、飲料水、環境衛生に関するものなど）と救護所の設置運営を行った。結果的に配

布していないが、ヨウ素剤の配布に向けた準備も実施した。

　このように保健所は、テロや犯罪、大規模事故に伴う健康危機に対して、地域の専門機関として対応を実施してきた。また、健康危機の発生はなかったが、2020年東京オリンピック・パラリンピック（2021年）やＧ７広島サミット（2023年）などの大規模イベントにおいても、開催地の保健所では、テロに備えて関係機関との連携の下で体制整備し、宿泊施設や水道施設、毒物劇物取扱施設等の監視体制の強化、感染症に対する強化サーベイランスの実施などテロ等の未然防止・早期検出に関する対策を実施した。

6　テロに対する健康危機管理

　保健所では、自治体や関係機関とともに、基本指針や関係法令に基づいてテロへの備え、対応に向けた健康危機管理の体制整備が求められる。ここでは、厚生労働省による文書「国内でのテロに対する健康危機管理について（令和3年4月28日付科発0428第1号等連名通知）」に基づいた備えと対応のポイントについて解説する。

(1)　テロ発生に備えた健康危機管理体制の整備

　地域におけるテロに対する健康危機管理体制は、基本指針や都道府県国民保護計画に基づいて実施される必要がある。必要に応じた計画等の見直しを行い、訓練等を通じ、対処能力の習熟を図ることにより継続的な体制の確保が求められる。その上で、テロの未然防止、事前準備、テロの検知・対処といった一連の対策が求められる（図2－6－1）。

体制確保	未然防止	事前準備	検知・対処
地域におけるテロに対する健康危機管理体制の確保	管内の医療機関や関係施設の保安体制を点検	備え、検知、対応の体制について点検	通常と異なる事態が生じた場合などの連絡体制の周知、第一報を受けた後の対応の整理など

図2－6－1　地域における健康危機管理体制に基づいた保健所等のテロ対策

(2)　テロの未然防止

　保健所は、管内の医療機関や食品関係施設、国民保護法に基づく生活関連等施設、特に病原体等保管施設、毒劇物保管施設、水道施設等における保安体制について点検を行うことで、未然防止における重要な役割を担う。

(3)　テロ発生に備えた事前準備

　備え、検知、対応の各体制について平時から確認・強化を行うことで、適切かつ迅速な対応が可能になる。各体制のポイントを下記に示す。

　①　備えの体制
- 計画の策定と定期的な研修、訓練の実施
- 準備すべき資料・情報源等の確認
- テロ発生時の連絡体制の確認

第 6 節　保健所　53

- 情報通信機器及び検査機器の整備
- 関係自治体の健康危機管理の体制、部署の把握
- 医薬品等の備蓄及び調達方法の確認

② 　検知の体制
- 通常とは異なる重症患者等の把握
- 感染症発生動向調査における生物テロの可能性のある感染症の監視
- 生物テロにおける原因物質の迅速な同定、特徴付けのための検査

　なお、生物テロについては、原因不明の重症感染症の発生動向を早期に把握することを目的として、感染症法施行規則に基づき、疑似症サーベイランスが運用されている。疑似症定点医療機関において感染性疾患を疑う原因不明の重症疾患を診断した場合は、直ちに届出を行うこと、また、疑似症定点以外の医療機関においても、届出基準に該当すると判断される患者については、定点に指定されている医療機関や管内の保健所に相談できるよう体制が構築されている。また、国際的な注目を集めるイベント等が開催される際には、輸入感染症のリスクとともに生物剤を用いたテロの蓋然性も上昇すると考えられる。開催地の保健所等では、国立感染症研究所等と連携し事前にリスク評価を行い、リスクの性質や大きさを考慮して、強化サーベイランス体制等の構築の準備が求められる。

③ 　対応の体制について
- 救急医療及び救護班活動の体制の確保
- 対応する医療従事者への研修及び訓練
- 生物テロ等における積極的疫学調査
- 医薬品等の供給体制の確保
- 関係自治体及び関係機関との連携体制の確保

⑷ 　テロの検知及び対処
　管内の医療機関、水道・食品関係施設、病原体等保管施設、毒劇物保管施設等において通常と異なる事態が生じた場合や野生動物等に異常が生じた場合等は、速やかに連絡するよう関係各方面に周知しておくことが求められる。また、健康危機発生に係る連絡を随時受けることができる体制の構築や第一報を受けた後の対応の整理等を行い、健康危機の早期発見と的確な対応が可能な体制を整備する。

7　「連携モデル」における保健所の役割

　保健所及び地方衛生研究所は、「NBC テロその他大量殺傷型テロ対処現地関係機関連携モデル」（令和 3 年 3 月 5 日改訂 2 版）（以下「連携モデル」という。）において、現地関係機関を構成する機関の一つとして位置付けられている。平時から相互の連絡体制を整備し、定期的に通報訓練等を行い実効性を確保することが求められる。

⑴ 　通報・初動体制
　保健所に感染症又は中毒様の症状を呈する患者発生の通報があり、その内容から NBC

テロが疑われる場合には、保健所は、警察・消防にその内容を連絡する。消防が通報を受けた場合には、NBCテロを含む大量殺傷型テロと判明した場合又はその可能性が高い場合には、最寄りの保健所等に連絡する。

被災者の発生が予想される場合などは、保健所及び都道府県等の衛生部局は、被災者の受入れが想定される医療機関に情報提供を行い、初動体制の立ち上げと受入れ準備の促進を図ることとなる。

⑵　現地調整所の設置・運営

保健所は、現地調整所が設置された場合はこれに参加し、他の現地関係機関とともに活動内容（避難誘導、被災者の救援、汚染物質の除去、安全性に関する評価など）の確認・調整を行い、下記などについて情報共有を行う。その上で、対策本部等との連携を図る。

- ・現地関係機関の活動に関する情報（人員、作業の進捗状況など）
- ・被害の状況（有毒物質の有無・濃度、職員の安全確保など）
- ・住民に関する情報（被災者数、避難状況、安否に関する情報など）

⑶　救助・救急搬送、救急医療体制連携モデルにおける役割

保健所は、医療機関と連携し、医薬品の備蓄状況、除染能力・傷病者の集中等の受入れに係る情報を消防に対して情報提供を行うよう、医療機関に対して働きかける。また、EMIS等の救急災害情報システムを用いて、受入れに係る情報及びメディカルコントロールに係る事項について、医療機関間における情報共有を促すことが求められる。なお、生物剤が使用され、又はその使用が疑われる場合は、搬送先の医療機関の選定に係る調整を行う。

⑷　原因物質の特定における連携モデルにおける保健所の役割

①　原因物質の特定

- ・医療機関又は被害者本人の通報により保健所が対応し、化学剤又は生物剤を使用したテロが疑われる場合、医療機関を通じて保健所、都道府県等の職員が被害者の血液、吐しゃ物等の検体を入手、搬送する。
- ・保健所は、地方衛生研究所、国立感染症研究所等に検体を送付し、同所において検査・分析を行う。
- ・保健所は検査・分析の結果について、警察を始めとする現地関係機関と共有する（必要に応じて、警察は先導等の支援を実施）。

②　原因物質の特定に当たっての情報共有

- ・検査・分析の結果について、原因物質の同定等に資するよう、警察、消防及び搬送先医療機関に対して情報を提供する。

⑸　汚染検査・除染等における連携モデルにおける保健所の役割

①　汚染検査

保健所は、警察、消防などと共に、原因物質や汚染された物件に接触した可能性のある者や、汚染された場所、建物へ立ち入った者に対して、二次災害防止のため、必

要に応じて汚染検査や除染の措置を実施する。

② 監視活動

　生物剤の使用が疑われる場合、保健所は、厚生労働省、国立感染症研究所及び現地関係機関と連携して汚染の可能性のある地域での感染症サーベイランスを強化する。また、汚染が疑われる者の健康状態を必要な期間を通じて把握し、必要な医療の措置を行う。特に、生物剤による攻撃にあっては、県の区域を越える広域的な災害に対応することが重要であるため、保健所、地方衛生研究所等の機関は、上記の近接する県との間で緊密な情報の共有を図る。

8　まとめ

　保健所は、地域における健康危機管理の拠点として位置付けられており、健康危機管理に係る体制整備の一環としてテロ対策を推進している。また、「連携モデル」における現地関係機関として、監視による未然防止と早期検知、検査・分析、情報収集・分析・提供、医療機関の調整などの役割を担う。体制整備に当たっては、平時からの計画策定、訓練・演習の実施などを通じた、関係機関との連携構築が重要である。

参考・引用文献

・厚生労働省：地域保健対策の推進に関する基本的な指針（平成6年厚生省告示第374号、最終改正：令和5年3月27日厚生労働省告示第86号）

・倉橋俊至：保健所の健康危機管理（特に放射線災害）における役割, 保健医療科学　第62巻第2号. 2013年4月

・松本市地域包括医療協議会：松本市有毒ガス中毒調査報告書　1995年3月

・内閣府食品安全委員会：平成15年度食品安全確保総合調査「国内で発生した事故・事例等を対象とした食品の安全に係る情報の収集と提供に関する調査報告書（『和歌山毒物混入カレー事件』調査分）」　平成16年3月

・茨城県保健福祉部：ウラン加工施設臨界事故関連緊急時医療活動・健康調査等報告書　2000年3月

・佐藤正：臨界事故と健康危機, 保健医療科学　第52巻第2号. 2003年6月

・厚生労働省：国内でのテロに対する健康危機管理について（令和3年4月28日付科発0428第1号等連名通知）

・NBCテロ対策会議幹事会：NBCテロその他大量殺傷型テロ対処現地関係機関連携モデル　平成13年11月22日（令和3年3月5日改訂2版）

（冨尾　淳／国立保健医療科学院）

第 7 節　医療機関

1　はじめに

　テロ災害での医療機関の役割には、現場医療と医療機関での医療があり、現地調整所における医療関係者には、現場と医療機関との橋渡しの役割がある。医療関係者が都道府県、市町村の災害対策本部の構成員として配置されることは多いが、テロ災害の現場において、現場医療や救護所活動の要員以外に、現地調整所に医療関係者も派遣されることが理想である。地方公共団体の災害・救急医療体制の担当者、災害拠点病院等から派遣された職員などが、医療関係者として現地調整所の構成員となる例が多いものと考えられる。

　災害・救急医療体制の対応の一つである現場医療へのDMATや医療チーム、救護班等の派遣に関しても、防護装備の有無や拮抗薬などのCBRNeテロ災害に特有な薬剤の持参などを勘案して、原因物質への曝露がないコールドゾーンの区域での医療対応か、除染前の救護活動に従事できるのかなどを決め、現場での医療チームの配置等を調整する。都道府県は、医療支援が必要な場合は、地域防災計画等に基づき救護班等の派遣を要請する。他の都道府県からの医療支援が必要な場合は、他の都道府県、厚生労働省等又は国立病院機構に対して救護班等の派遣を要請する。

　また、医療機関で受け入れた被災者の症状や検査所見等から推定される原因物質の情報について、現地調整所を通して関係機関で情報共有することも重要であり、双方向の情報伝達・共有が必要である。医療機関には、現場から救急車等での搬送だけではなく、自力で自家用車、タクシー等を利用して受診することも考えられる。そのような場合も、複数の医療機関が対応に当たっていたり、現場からの被災者の搬送先の振り分け等にも情報が必要であったりするので、被災者の状況や原因物質に関連する情報を含め、関係機関で共有できるように医療機関から現地調整所等へ情報提供する。

　救助・救急搬送、救急医療における関係機関の連携モデルを示す（**図2-7-1**）。

　現地調整所は、災害状況、被災者の観察結果、除染状況等の情報を集約し、必要に応じて医療機関を含めた現地関係機関へ提供する。また、医療機関の除染等の設備の有無等を勘案して、搬送先医療機関の選定が行われる。

2　現場医療

　CBRNeテロ災害、特に化学剤や爆発のテロ発生時には、早期の医療介入が救命率の向上に不可欠であり、その現場医療の担当は、救急隊と医療チームである。

　現場医療としては、一次トリアージ、二次トリアージ、応急救護、除染、搬送があるが、メディカルコントロールに係る事項に関する助言等を行う救護班の派遣要請も行い、医療機関と連携する。

　一次トリアージでは、まず被災者の医学的状態を生理学的に評価する。いくつかの方法があるが、日本では、外傷に関してはSTART法が汎用されている。一次トリアージで

第7節 医療機関

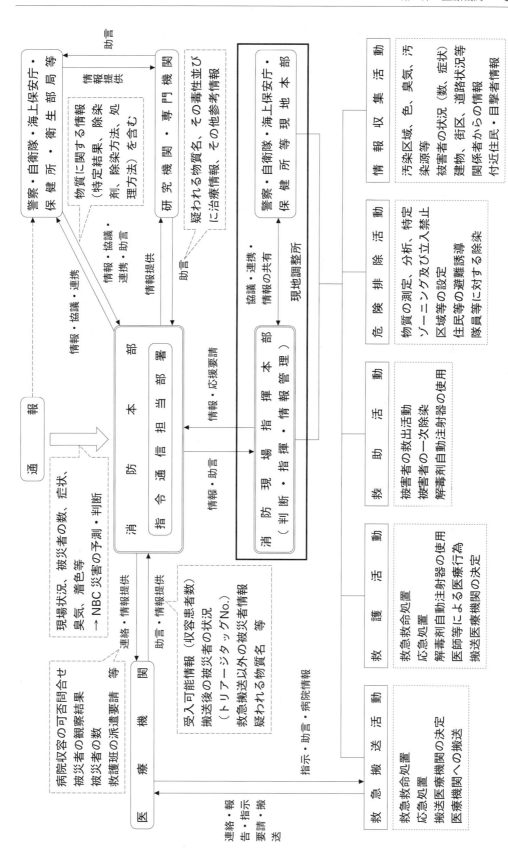

図2-7-1 救助・救急搬送、救急医療体制連携モデル

は、歩行可能な被災者を安全な場所へ誘導し、残った歩行不能な被災者を呼吸、循環、神経学的状態で評価する。この一次トリアージでは、緊急救命処置として緊張性気胸に対する脱気、大出血に対する止血、拮抗薬の注射を行う。CBRNe テロ災害では、さらに除染の是非とその方法も評価する。二次トリアージでは、一次トリアージ後にさらに投入可能な医療資源がある場合に実施する。これは、生理学的評価及び解剖学的評価に基づいて行われる。化学剤が使用されたテロ災害では、症状の重篤度に応じて拮抗薬の投与が必要であり、化学剤による症状も評価する。

除染は、それぞれの原因物質とその状況に応じて実施される。詳細は第4章で述べるが、除染を行っている最中にも、被災者の状態の変化には注意を払い、状態が悪化した場合は、直ちに医療処置を実施する。

トリアージ、応急救護、除染の結果により、搬送先医療機関を選定し、搬送先医療機関には、トリアージタッグの情報を伝達する。なお、CBRNe テロ災害時には、無治療群の区分も考慮し、無治療群及び外来治療の患者群を多くすることを考慮する。

3　医療機関での医療

患者を受け入れる医療機関では、原因物質に応じた危険性を考慮して、対応する医療従事者の個人防護装備の着用及び施設、資器材の準備を行う。そのため、原因物質に関する情報あるいは個人防護装備の選定に関わる情報は、現地調整所等から迅速に提供を受けられるように努める。このため、現地調整所にも医療機関から職員を派遣することも考慮する。

意識障害や呼吸、循環の異常、重篤な外傷など緊急性の高い患者の場合は、現場での脱衣による乾的除染のみでの搬送、放射性物質の場合は現場で汚染検査を実施せず、あるいは除染せずに汚染拡大防止の被覆のみで搬送し、医療機関で受け入れるぐらいの迅速な医療の介入がなされなければ、救命の可能性は低下する。このためには、平時から医療機関の関係者は、医療従事者だけではなく事務職員も含めて、CBRNe テロ災害対応の基本を学び、迅速な医療の提供ができる態勢を作り、個人防護装備や資器材の準備、マニュアルの作成、訓練等による実効性の検証と能力向上に努力すべきであり、そのための予算措置等も考慮されるべきである。

現地調整所及び地方公共団体の対策本部は、搬送先の医療機関から提供される収容患者数、収容患者の氏名又はトリアージタッグの番号、程度（死亡、重症、中等症、軽症）及び症状、疑われる物質名、その他参考となる情報、医薬品の備蓄状況などの医療処置に係る対応能力、受入れ可能患者数等の情報を受信し、これら医療情報を他の医療機関、警察、消防等の関係機関に必要に応じて提供する。また、医療機関は、これらの医療情報を適宜更新し、最新の情報が共有されるよう努める。

参考・引用文献

・NBC テロ対策会議幹事会：NBC テロその他大量殺傷型テロ対処現地関係機関連携モデル　平成13年11月22日

（令和3年3月5日改訂2版）

- 日本集団災害医学会DMATテキスト改訂版編集委員会：改訂第2版DMAT標準テキスト．へるす出版．2015年
- CBRNEテロ対処研究会：必携NBCテロ対処ハンドブック．診断と治療社．2008年

（富永隆子／放医研）

第8節　事業者

1　はじめに

　世界各国で頻繁に発生しているテロ災害が、もし国内で発生したときは、消防、警察機関等（以下「ファーストレスポンダー」という。）を中心とした関係機関が全力で対応することになるが、より安全かつ効率的に活動し、被害を最小限にするには、関係事業者の協力が不可欠である。さらに、国民保護計画において、指定公共機関に指定されている事業所もあり、テロ災害時には発災現場以外の事業者としての役割もある。指定公共機関には、日本赤十字社、日本放送協会（NHK）などの公共的機関や、電気、ガス、輸送、通信などの公益的事業者が指定されており、国や地方公共団体と協力して警報の放送、避難住民や緊急物資の輸送などの役割を担う。

　テロ災害の発生現場となる事業所として、ソフトターゲットを標的としたテロの場合には、大規模店舗施設、劇場、スポーツ観戦施設などの大型集客施設、公共交通機関やその駅舎、空港、繁華街などが予想され、世界で起きているテロ災害の発生場所の多くはこれに当てはまる。

　事業者はファーストレスポンダー等関係機関から協力要請されて現地調整所に集結する場合が多く、事業所が現場活動に協力支援することにより、関係機関と情報の共有を図ることができ、早期に災害の収束がなされ、災害終結後の事業継続計画にも反映できる。テロ災害が発生した事業所の事業者やイベントの主催者は、消防・警察部隊の到着までの時間帯に、従業員・施設利用者等の被災者の保護、避難誘導等、被災者数を最小限度にとどめること、負傷者の状態の悪化防止が最優先の対応事項である。それ以降の時間帯は、事業所が持つ人員・資器材・設備・情報をファーストレスポンダーに提供し、その活動の円滑化を支援する行動が主となる。

　この節では、大型集客施設（劇場、小売店舗施設等）での対応やファーストレスポンダーへの活動支援のあり方について解説する。また、過去のCBRNe災害において、事業者からの情報提供や協力があった事例紹介と事前に事業者として準備できる資器材を記載した。そして最後に、コラムとして、Jアラート（全国瞬時警報システム）が発令された場合の事業者の対応をまとめた。

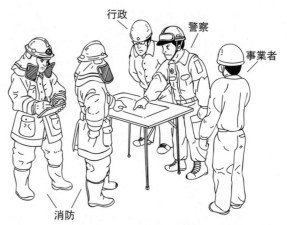

図2－8－1　現地調整所

2 大型集客施設（劇場、小売店舗施設等）におけるテロ災害時の対応

　大型集客施設（劇場、小売店舗施設等）において、利用者等であるソフトターゲットを狙ったテロ災害が発生したとき、事業者として実施することは、テロ災害の通報、緊急事体制の確立、指揮本部（防災センター）の立ち上げ、情報収集、避難誘導、応急救護、利用者等への情報提供、広報、施設閉鎖措置等である。この場合、事業者の中でも、大型集客施設の管理者、イベントの主催者、これらと契約しているテナントや警備会社（以下、まとめて「施設管理者等」とする。）が、主体となって活動する。また、大型集客施設としては、ショッピングモールなどの小売店舗施設、劇場やイベント会場、駅などがあり、利用者も買い物客、通行人、通勤客、従業員、高齢者、乳幼児、外国人など様々である。そして、それぞれ繁華街、高層ビル、地下空間など、施設等の構造上の特殊性も様々である。

(1) 大規模テロ等に伴う災害の兆候の覚知

　　以下の場合は、災害の兆候であり、消防・警察へ通報する。

　ア　日常では感じない振動、不自然な場所で爆発音を感じたとき

　イ　原因不明及び同じ時間帯に多数の傷病者が発生したとき

　ウ　消防用設備及び防災設備が、同時に発報、一斉作動及び異常警報が発生したとき

(2) 通　報

　　次の要領で消防・警察へ通報する。

　ア　発生しているテロ・災害の状況、発生場所、被害者数など

　イ　住所、建物等の名称、大規模な施設の場合は、ファーストレスポンダーに来てほしい位置（入口など）

　ウ　施設内の利用者数

　　例：「Ａ市Ｂ町１丁目１番○○劇場です。劇場の客席で爆発が起きました。お客様は約500人おり、そのうち、多数のお客様が負傷して倒れています。客席内は刺激臭が充満して、眼や鼻、喉に激しい痛みを感じます。」、「消防は東側入口から進入してください。」

(3) 緊急時体制の確立

　ア　施設管理者等は、防災を担当する従業員、自衛消防隊員を防災センターに集合させ、事業所指揮本部（以下「指揮本部」という。）を開設し、防災センター要員の増員を図る。

　イ　指揮本部には、情報収集班と行動指示を出す作戦班を常駐させる。

　　※　自衛消防隊長の指示がないのに従業員が勝手に持ち場を離れることのないように注意する。持ち場を離れるときは、行き先を明確にし、持ち場に戻る予定時刻を報告する。

(4) 指揮本部（防災センター）の対応

　ア　防災センター要員は、知り得た情報を関係者間で共有し、施設管理者等へ報告する。小売店舗施設の場合は、必要により従業員のみが分かる暗号文を活用する。

イ　あらゆる災害に備えた簡素、明確な指示、命令文をあらかじめ作成しておく。

ウ　施設利用者等へ非常放送設備等により情報提供する。

エ　爆発等により非常放送が使用できない場合に備え、社内携帯電話等の活用を図る。

オ　消防、警察へ情報提供する。

(5)　効率的な情報収集

ア　被害状況や従業員が把握した事態に関する情報については、自衛消防隊の通報班の中から指定された一人（フロアー責任者）が、状況をまとめて指揮本部に報告する。

イ　指揮本部にホワイトボードと水性マーカーを準備し、時系列に沿って、収集した情報の内容、その情報の発信元、情報の伝達先等を書き記し、情報の共有を図る。

ウ　従業員の行動に関する指示は、指揮本部のみから発信する（情報の一元化）。

(6)　避難誘導

ア　施設でテロ災害が発生した場合

①　避難誘導の目的は、危険地域にいる人々を安全な方法で、安全な場所に避難させることで被災者を増加させないこと、負傷者の症状悪化を最低限にとどめることである。

②　利用者への避難行動の呼び掛けは、自衛消防隊が行うほか、劇場の場合であれば舞台上の出演者にも呼び掛けの協力を要請する。

③　避難者には高齢者が多数含まれていることを考慮し、通路・出入口に誘導係を配置する。

④　避難誘導の優先順位は、自力歩行ができる者を第一とし、負傷して意識がない者、自力歩行ができない者、一目で重症と分かる者はその場に待機させる（ファーストレスポンダーが対応する。）。

⑤　避難場所は、季節や天候等の影響を受けない場所を事前に決めておく。

⑥　自社施設内に適切な避難場所が確保できない場合に備えて、近隣の他社ビルのエントランスや会議室を使えるように、相互応援協定を結んでおく。

⑦　爆発が発生した場合及び有害物質の存在が確認された場合は、除染をして全ての衣服を交換するまでは、従業員及び利用者が喫煙・飲食・手のひらで口元に触れる行為を厳禁する。

⑧　避難誘導に当たっては、携帯拡声器、懐中電灯、警笛、ロープ等を活用して避難者に避難方向や災害状況を知らせ、混乱の防止に留意し避難させる。

⑨　負傷者及び逃げ遅れた者について情報を得たときは、直ちに指揮本部に連絡する。

⑩　パニックは、1）明示的な危険が存在する、2）限られた脱出路が存在する、3）規範が崩壊するという三つの要件が揃った場合に発生する。パニックあるいは避難誘導に際しての混乱が生じないように利用者へのアナウンスを行う。以下に、アナウンス内容の例を示す。

　・　階段により避難してください。なお、エレベーター・エスカレーターは停止をいたしますので、ご使用をお控えください。また、連絡地下道及び地上外部は大

変危険となっていますので、避難をお控えください。
- 避難に当たっては、係員の指示する方向へゆっくりとお進みください。また、避難に当たり援護が必要な方、及び避難に当たり援護が必要な方をお見かけした方は、近くの係員にお伝えください。
- 避難先は当店の2階以上となっています。大変危険ですのでゆっくりと東側（○○売り場側）の階段へとお進みください。

イ　近隣でテロが発生したとき（警報発令時を含む。）
① 周辺の安全が確認されるまでの間、従業員・利用者を自社施設内に待機させる。
② 待機中の必要資器材を使用可能にする。
　　※例：飲料水、食糧、生理用品、リハビリパンツ、立体マスク（**写真2-8-1**）、トイレ、休憩場所
③ 有害物質の流入を防ぐため、空調の停止を検討する。ただし、長時間にわたり空調を停止すると、館内の環境が悪化して急病人の発生リスクが高まるので、空調の停止判断は、事態の内容（有害物質の実態）、屋外空気取入口の場所等の実態を勘案し、できるだけ限定的とする。

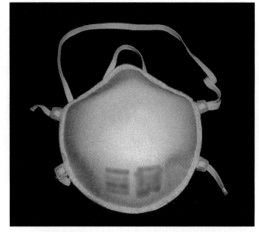

写真2-8-1　立体マスクの一例

④ 利用者等に女性が多い場合は、男性トイレも女性に開放する。
⑤ 爆発危険やミサイル攻撃警報下等の場合は、できるだけ窓から離れた場所で待機してもらうよう案内する。
⑥ 劇場での利用者等に対する待機指示は、演劇の延長線上で出演者に協力してもらい、パニック防止を図る。

(7) **応急救護活動**
　ア　有害物質の存在が疑われる場合
① 従業員は、自身の安全確保を優先する。
② 有害化学物質や放射性物質の存在が確認された場合は、自衛消防隊は曝露の危険があるので、歩行可能者の避難誘導のみとし、応急救護活動は行わない。
③ 負傷して自力歩行ができない被災者（利用者を含む。）の救助・救護は、ファーストレスポンダーが行う。
　イ　有害物質が存在しないことが確認された場合
　　従業員及び自衛消防隊は、通常の火災や急病事故と同じ行動をとる。

(8) **広　報**
① 事業者、イベント等の主催者として、一般市民に対する情報提供の実施を考慮する。

② 定期的な記者会見を行い、統一見解を発表する。

③ 適切な危機管理を行うことで、当該事業所の一般市民からの信頼度やイメージアップの絶好のチャンスにつながる。

3 現地調整所での事業者の役割

テロ災害が発生し、現地調整所が立ち上がったとき、施設管理者等は積極的に現地調整所に出向いて協議に加わり、ファーストレスポンダー等関係機関の現場活動に協力支援し、情報共有、情報提供することが重要であり、早期の災害の収束、被害の拡大防止には不可欠である。そのことが、早期の災害の収束から事業再開につながる。

テロ災害発生時の施設管理者等の役割をまとめると、以下のとおりとなる。

⑴ ファーストレスポンダーの到着までは、施設内にいる従業員・利用者等の保護と負傷者の悪化防止を図る。

⑵ ファーストレスポンダーの到着後は、施設が持つ人員・資器材・設備・情報をファーストレスポンダーに提供し、現場活動の円滑化を支援する行動をとる。

事業者が提供すべき情報及び支援する行動内容は、次のとおりである。

① ファーストレスポンダーが到着するまでに事業者が実施した活動内容

② 施設内にいる人的情報（けが人、要救助者数）

③ 爆発及び刺激臭の有無

④ 施設や建物（敷地含む。）図面

⑤ 各種検知器、測定器の有無

⑥ 中和剤、応急措置剤の有無

⑦ 換気装置のスイッチの入切要領

⑧ 救出避難の進入路、退出路確保

⑨ 監視カメラの活用状況

⑩ 活動しているファーストレスポンダーの休憩場所（活動が長期間になった場合）

4 事業者からの情報提供などにより災害の被害拡大防止や収束につながった事例

【事例１】地下駐車場のハロゲン化物消火設備を何者かが作動させ、ハロンガスが放出された事例

⑴ 概　要

何者かが、事務所ビル（地上６階、地下１階）の地下駐車場に設置のハロゲン化物消火設備の起動ボタンを押したため、設備が作動してハロンボンベ14本が全量放出した。

⑵ 活動内容と事業者からの役立った情報

建物内の勤務者等（81人）は避難して、けが人はなかった。

建物関係者から提供された図面により、ハロゲン化物消火設備のガス排出用換気装置の排出口は屋上であると消防は把握したが、排出能力が低く、排出完了まで長時間を要

すると判断された。

関係機関と協議して、建物設置の換気装置と消防の排煙機による強制換気の両方を活用し、ハロンガスを希釈したが、強制排気したハロンガスの一部が地上の開口部から流れ出し、一時的にビル周辺に塩素臭の臭気が漂った。

現地調整所において、事前に建物関係者から「ハロンガスは加熱すると塩素ガスに分解する」との情報を入手していたため、建物周囲の飲食店（焼き鳥店）には火気の使用を禁止していた。本情報により、建物外周部に漏えいしたハロンガスによるけが人の発生を防ぐことができた。

【事例２】自動車専用道路上でタンクローリーが交通事故を起こし、積載のガソリンが流出した事例

⑴　概　要

自動車専用道路上において、タンクローリー（ガソリン２万L積載）がエンジン不調により停止中、後方から走行してきたトラックに追突され、タンクに亀裂が入り、積載ガソリン3,750Lが流出した。

⑵　活動内容と事業所からの役立った情報

地上に漏えいしたガソリンは、消防部隊が泡剤（界面活性系）や流出油処理剤により処理した。地上から地下の下水に流れ込んだガソリンの処理を下水道管理者、道路管理者、警察機関、消防機関が現地調整所において協力協議し、対応した。

下水道管理者は下水配管図を現地調整所に提供し、消防部隊がその配管図に基づき、ガソリンの流出下水道、流出排水場を確認し、大量放水により火災危険を排除した。このような広範囲に影響を及ぼす災害は、関係事業者（下水道管理者、道路管理者）、行政機関、警察機関、消防機関等との連携が重要となる。

【事例３】小学校のプール施設で塩素ガスが発生した事例

⑴　概　要

小学校プールの機械室で凝集剤（ポリ塩化アルミニウム）と消毒剤（次亜塩素酸ナトリ

写真２−８−２　現地調整所

66　第2章　現地調整所から見たテロ災害発生時の各機関の役割

ウム）を誤って混合させたことから、塩素ガスが発生し小学校の職員等5人が受傷した。

⑵　活動内容と関係者からの役立った情報

ア　けが人は5人とも軽症で、救急隊が病院に搬送済みであった。

イ　学校職員が凝集剤のタンクに誤って消毒剤を入れたところ、刺激臭のガスが発生した。

　　薬剤の量やどちらのタンクに誤投入したかは重要な情報であり、薬剤の量が多い場合や消毒剤のタンクに凝集剤を投入した場合など、塩素ガスの発生が長時間続くため、中和等（消石灰の投入）の活動が必要となることがある。

ウ　機械室内において塩素ガス15ppmを検出、機械室全体をホットゾーンと設定、立入禁止とした。漏えいガスは塩素ガスと判明、関係機関に周知した。

エ　プール設備関係者が準備した塩素除去剤（チオ硫酸ナトリウム）の水溶液を凝集剤タンクに投入し、混合液から発生する塩素ガスの除去を実施した。その後、タンク内に放水し、希釈、排出した。塩素除去剤（チオ硫酸ナトリウム）や中和剤（消石灰等）の調達が迅速であった（中和剤は使用しなかった。）。

オ　機械室内の入口扉と窓を開放、自然換気を実施し、塩素ガス濃度を低下させ、立入禁止を解除した。施設内の空調や換気設備を作動させるとガスが拡散し、教室等に被害拡大のおそれがあった。

5　準備を推奨する資器材

　CBRNeテロ災害に備えて、事業者として準備することが推奨される非常用資器材を紹介する。

資器材品名	内　　　　　容
ホワイトボード	非常災害時、事業所内災害対策本部のメインツールである。情報収集や従業員への指示事項、重要連絡先のメモなどに威力を発揮する。
水性マーカー	ホワイトボード専用筆記具
静電気シート	ロール式の白色あるいは透明のシートで、静電気で壁面やガラス面に貼り付いてホワイトボードのように使える。ミシン目が付いているので切り取って貼り付けることができる。
マグネット	受信したFAXやメモをホワイトボードに貼り付けるツール
情報書き込み用伝票	インターネット、電話、テレビニュースなどで入手した情報を書き込む伝票。受信者、受信日時、送信元などを書き込む欄を設けておく。
N95マスク	粒子状の有毒物質、病原体、放射性物質を含んだ微粒子を有効に濾過する。インフルエンザ用のもので十分である。
エスケープフード	簡易的呼吸避難防護具。シアンガス、一酸化炭素、その他毒ガスにも短時間対応できる防護具である。
塩素系漂白剤（除菌剤）	次亜塩素酸ナトリウムを主成分とする除菌剤。O-157、ノロウイルスの蔓延も災害の一つである。消化器系の感染症はエタノールでは除菌できな

	いので、必ず塩素系を使う。また、神経剤ガスのサリンを有効に加水分解して無害化する能力もある。ただし、酸性物質と混ぜると塩素ガスが発生するので、「まぜるな危険」を忘れないように。
キッチンペーパー	日本製でもよいが、米国製のものは大きくて使い勝手が非常に良い。有害物質に汚染されたときに拭き取ったりすることもできる。
飲料水（水）ペットボトル	水分補給の他に傷口を洗浄したり、有毒物質が付着した皮膚を洗浄することで、悪化の防止を図ることができる。

6　まとめ

　テロ災害では、被害拡大防止、事態の早期収束のために、現地調整所での情報共有、各機関の活動の調整が重要である。事業者は、テロ災害発生現場の施設管理者等として、利用者等の安全確保、避難誘導が最優先事項となるが、それを有効かつ効率的に実施するには、現地調整所で、消防、警察等へ施設の設備や利用者等の人数、被害の状況に関する情報提供、ファーストレスポンダーの活動への協力支援について情報共有する必要がある。さらに事業者は、その事業内容によって様々な活動の支援が可能であり、現地調整所で効率的に活用されるように調整することが求められる。

◆コラム：弾道ミサイル情報によりJアラート（全国瞬時警報システム）が発令された場合の事業者の対応

　我が国に影響があり得る弾道ミサイルが発射された場合、政府から、24時間いつでもJアラートによる緊急情報が伝達される。
　市町村の防災行政無線等が起動し、屋外スピーカー等から警報が流れるほか、携帯電話にエリアメール・緊急速報メールが配信される。Jアラートによる情報伝達は、国民保護に係る警報のサイレン音を使用し、弾道ミサイルに注意が必要な地域に実施される。
1　国は指導内容として、次のように示している。

弾道ミサイル飛来時の行動について

■メッセージが流れたら、落ち着いて直ちに行動する。
　1　屋外にいる場合
　　　近くの建物の中や地下に避難する（緊急一時避難施設※をはじめ、コンクリート造り等の頑丈な建物や地下街、地下駅舎等の地下施設へ避難することが望ましいが、それ以外でも構わない。）。
　　※緊急一時避難施設：弾道ミサイル攻撃による爆風等からの直接の被害を軽減するための一時的な避難に活用する観点から都道府県知事等が指定する施設。
　2　建物がない場合
　　　物陰に身を隠すか、地面に伏せて頭部を守る。
　3　屋内にいる場合
　　　窓から離れるか、窓のない部屋に移動する。

■近くにミサイルが落下したら
  1　屋外にいる場合
　　　口と鼻をハンカチで覆い、現場から直ちに離れ、密閉性の高い屋内又は風上へ避難する。
  2　屋内にいる場合
　　　換気扇を止め、窓を閉め、目張りをして室内を密閉する。
　　　　　　　　（「弾道ミサイル飛来時の行動について」（内閣官房国民保護ポータルサイト）
　　　　　　　　（https://www.kokuminhogo.go.jp/pdf/240326_Shiryou-1.pdf）を一部編集して引用）

2　各事業者ではＪアラート発令時の対応をそれぞれ定めることとはなっていないが、いくつかの事業者では最低ラインの行動を定めている。
 (1)　小売業の場合
　　ア　館内非常放送にて、①〜④までを案内して、利用者等に原則店舗内で待機してもらう。
　　　①　我が国に弾道ミサイルが向かっていること。
　　　②　屋外にいる人は、近くの建物の中や地下に避難すること。
　　　③　屋内にいる人は、窓から離れて、その場で身の安全を図ること。
　　　④　その場で待機、又は係員の指示に従って行動すること。余裕があるときは、建物の中央に案内し、ガラスから離れるようにすること。
　　イ　自衛消防隊は、通報連絡班、避難誘導班、レジ資金管理班、消火班等決められた班の行動の準備を行う。
 (2)　映画館、劇場の場合
　　ア　映画等上映は、しばらく中断する。
　　イ　利用者等には、建物の中央に移動してガラスから離れ、館内にとどまってもらう。
　　ウ　ミサイル等が着弾又は誤報等でＪアラートが解除された場合、上映を再開する。
　　いずれにおいても、落ち着いて行動し、正確かつ迅速に情報収集をすることが必要である。

参考・引用文献

・財団法人日本防火・危機管理促進協会：平成22年度　危機管理体制調査研究報告書「大規模集客施設等における危機発生時の避難及び避難誘導と行政機関の役割に関する調査研究報告書」　平成23年4月

　　　　　　　　　　　　　　　　　　　　　　　　　　　　　（鈴木澄男／東京消防庁OB）

第9節　自衛隊

1　はじめに

　自衛隊は国家防衛に任ずる組織であり、その特性から明確な指揮系統及び階級構成を有する国の機関である。自衛隊は、陸・海・空に区分されるが、CBRNe事態及び現地調整所の特性・性格上、最も関わる可能性が高いであろう陸上自衛隊を軸として、その役割について概説する。なお、我が国に展開している主要部隊等の所在地は、**図2－9－1**のとおりである。

　自衛隊の特性は、その組織力と自己完結性にある。発生事態に応じた職種・機能を適宜配属し、派遣することが可能であり、長期にわたる活動を可能とする自己完結性を有している。また、一般部隊においてもCBRNe対応要員・装備を保有しており、一定の活動は可能であるが、CBRNe関連テロ・災害発生時に技術的中核として活動する専門部隊としては化学科部隊があり、傷病者対応を行う専門部隊としては衛生科部隊がある。筆者が調べた範囲での化学科部隊及び衛生科部隊（病院を含む。）の配置は、**図2－9－2**のとおりである。

2　自衛隊がCBRNe関連テロ・災害において活動した事例

　CBRNe関連テロ・災害において自衛隊が活動した主要事例は、おおむね**表2－9－1**のとおりである。

表2－9－1　自衛隊が活動したCBRNe関連テロ・災害の一例

発生年月日	テロ・災害	区分	主な活動
1995年3月	東京地下鉄サリン事件	C	除染
1997年1月	ナホトカ号重油流出事故	C	流出油の回収・除去
1999年9月	JCO臨界事故	N（R）	除染所開設
2010年3月	宮崎口蹄疫	B	防疫等
2011年3月	東京電力福島第一原子力発電所事故	N（R）	放水冷却・給水・除染等
2014年9月	御嶽山噴火	C	行方不明者の捜索・救助
事例多数	鳥インフルエンザ	B	防疫等
2019年～	COVID-19	B	防疫、ワクチン接種等

　活動事例から、放射性物質、有毒化学物質、病原性微生物等、多種多様なCBRNe関連事態に対応していることが分かる。また、**表2－9－1**には活動期間、対応した人員・車両数等を記載してはいないが、東京電力福島第一原子力発電所事故に代表されるように長期にわたって大量のリソースを投入している事例があることも理解できるであろう。

　なお、ナホトカ号重油流出事故対応や御嶽山行方不明者捜索活動は、CBRNe関連災害とは無関係ではないかと考える読者もおられるであろうが、重油から発生するVOCや火

第2章 現地調整所から見たテロ災害発生時の各機関の役割

図2-9-1 主要部隊などの所在地（イメージ）（令和4年度末現在）

第9節 自衛隊 71

図2−9−2　化学科部隊及び衛生科部隊等の配置

山ガスから隊員を防護しつつ活動するという観点から化学関連災害として位置づけられるものと考えている。

3　テロ災害発生時の活動根拠

『令和5年版防衛白書』によれば、「わが国でNBC兵器が使用され、これが武力攻撃に該当する場合、防衛出動によりその排除や被災者の救援などを行う。また、武力攻撃に該当しないが一般の警察力で治安を維持することができない場合、治安出動により関係機関と連携して武装勢力などの鎮圧や被災者の救援を行う」とされている。さらに、「防衛出動や治安出動に該当しない場合であっても、災害派遣や国民保護等派遣により、陸自の化学科部隊や衛生科部隊などを中心に被害状況に関する情報収集、除染活動、傷病者の搬送、医療活動などを関係機関と連携して行う」との記述がある。

したがって、「防衛出動」や「治安出動」に至らないテロ災害発生時における自衛隊の活動根拠としては、「災害派遣」、「国民保護等派遣」が考えられるが、CBRNe関連事態は、その対応が各々異なる特性を有する。また、原因物質の特定に一定の時間が必要であり、時間が経過するにしたがってその全容が明らかとなる場合が多く、後手に回ってしまう可能性が高い。このため、各自衛隊では災害派遣を迅速に行うための初動対処態勢を整えており、この部隊を「FAST-Force（First Action SupporT Force：ファスト・フォース）」と呼んでいる。陸上自衛隊の場合、24時間待機で1時間を基準に出動できる態勢を維持している。表2-9-2に災害派遣などに備えた各自衛隊の待機態勢（基準）を示す。

表2-9-2　災害派遣などに備えた待機態勢

共通
震度5弱以上の地震が発生した場合は、速やかに情報収集できる態勢

FAST-Force（陸自）
全国で初動対処部隊（人員：約3,900人、車両：約1,100両、航空機：約40機）が24時間待機し1時間を基準に出動 各方面隊ごとに、ヘリコプター（映像伝送）、化学防護、不発弾処理などの部隊が待機

FAST-Force（海自）
艦艇待機：地方総監部所在地ごと、1隻の対処艦を指定 航空機待機（約20機）：各基地において、15分～2時間を基準に出動

FAST-Force（空自）
対領空侵犯措置のための待機 航空救難及び緊急輸送任務のための待機（約10～20機）：各基地において、15分～2時間を基準に出動 ※　震度5強以上の地震が発生した場合は、待機している航空機を任務転用して情報収集などを実施

⑴　災害派遣

ア　概　要

災害派遣は、被災した地域の災害派遣要請権者が、防衛大臣又は防衛大臣の指定す

る者（陸上自衛隊の場合、方面総監、師（旅）団長、駐屯地司令の職にある部隊等の長がこれに当たる。）へ部隊の派遣を要請し、要請を受けた防衛大臣などが、やむを得ない事態と認める場合に部隊を派遣することを原則としている。この理由としては、災害派遣要請権者が、当該災害の規模、被害状況等を全般的に把握し、自らが運用可能な災害救助能力を勘案した上で、派遣要請の要否などを判断するのが最適であるとの考えによるものである。また、要請を受けた者は、公共性、緊急性及び非代替性の３要件を勘案し、派遣の要否を判断する。図２－９－３に災害派遣要請から派遣、撤収までの流れを示す。

イ　災害派遣窓口について

　防衛省・自衛隊のホームページには防衛省防災業務計画が掲載されており、そのサイトには各都道府県別災害派遣連絡窓口一覧表が掲載されている。詳細は、以下のURLを確認いただきたい。

https://www.mod.go.jp/j/approach/defense/saigai/pdf/bousai_bcp.pdf

⑵　国民保護等派遣

　『令和５年版防衛白書』によれば、「2005年３月、政府は、国民保護法第32条に基づき、国民の保護に関する基本指針（「基本指針」）を策定した。この基本指針においては、武力攻撃事態の想定を、①着上陸侵攻、②ゲリラや特殊部隊による攻撃、③弾道ミサイル攻撃、④航空攻撃の４つの類型に整理し、その類型に応じた国民保護措置の実施にあたっての留意事項を定めている。」とされている。また、防衛省・自衛隊は、国民保護法及び基本指針に基づき、防衛省・防衛装備庁国民保護計画を策定している。この中で自衛隊は、武力攻撃事態においては、主たる任務である武力攻撃の排除を全力で実施するとともに、国民保護措置については、これに支障のない範囲で住民の避難・救難の支援や武力攻撃災害への対処を可能な限り実施するとされている。

　すなわち、「武力攻撃事態等及び緊急対処事態において、自衛隊は、国民保護等派遣に基づく国民保護措置及び緊急対処保護措置として、住民の避難支援、避難住民などの救援、応急の復旧などを行うことができる。」こととなる。

　国民保護等派遣の場合、要請権者は都道府県知事又は対策本部長（図２－９－４（注１））であり、要請を受けることができる者は、防衛大臣である。また、要請を受けた防衛大臣は内閣総理大臣に部隊派遣の上申を行い、承認を得た後、部隊派遣を行う仕組みとなっている。したがって、災害派遣要請に比較し、部隊派遣の判断が高いレベルとなっている点を理解されたい。

　図２－９－４に国民保護等派遣の流れを示す。

4　CBRNe関連テロ・災害発生時の対応

　防衛省・防衛装備庁国民保護計画によると「ダーティボムや生物剤、化学剤等による攻撃に関しては、一般に被害が広範囲かつ大規模になるとともに、その特性に応じてNBC防護の専門部隊による対応が必要となる。かかる場合には、関係機関と密接に連携して、

74　第2章　現地調整所から見たテロ災害発生時の各機関の役割

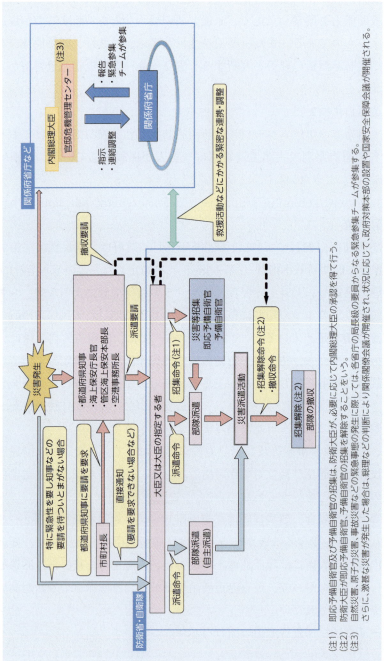

(注1) 即応予備自衛官及び予備自衛官の招集は、防衛大臣が、必要に応じて内閣総理大臣の承認を得て行う。
(注2) 防衛大臣が即応予備自衛官、予備自衛官の招集を解除することをいう。
(注3) 自然災害、原子力災害、事故災害などの緊急事態の発生に際しては、各省庁の局長級の委員からなる緊急参集チームが参集する。
　　　さらに、激甚な災害が発生した場合は、総理大臣などの判断により関係閣僚会議の設置や政府対策本部の設置や国家安全保障会議が開催される。

図2−9−3　災害派遣要請から派遣、撤収までの流れ

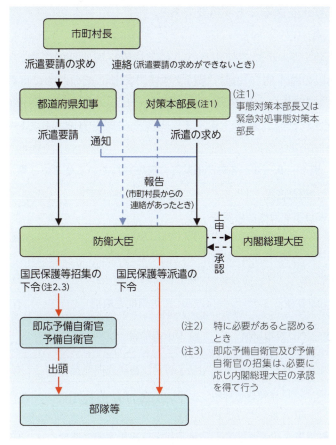

図2−9−4　国民保護等派遣の流れ

速やかに所要のNBC防護の専門部隊を派遣し、情報収集、原因物質や汚染地域の迅速な特定、施設や被災者の適切な除染、適切な医療機関への負傷者の搬送等を実施する。」との記述がある。また、防衛省防災業務計画本文中にはCBRNe関連災害の個別具体的な記述はないものの、特殊災害への対応に関する記述が見られるのでこれを引用し、概説したい。

(1) 平素の段階で求められる活動と留意事項

　CBRNe関連災害・テロ対応で最も重要な時間帯が「平素」である。この段階において想定し得る全ての事態を検討、対処に必要な人的・物的資源の確保拡充を図ることが重要である。

　ア　関係機関との連携の保持及び計画の作成

　　警察、消防、医療機関そして地方公共団体等、関係機関との連携は平素から醸成し、関係機関相互の「顔の見える関係」を構築しておくことが重要である。そのためには関係機関等で実施されるイベント、検討会等に積極的に参加するとともに、共同訓練や意見交換等による人となり・組織の特性等を理解しておくことが重要である。また、自らの組織の人的・物的な能力を質・量の観点から把握し、これに応じた対処計画の作成を行う。また、作成した計画に基づく対処訓練を実施し、その成果を踏まえた計

画の見直し・修正を図ることが重要である。

イ　教育等の実施

　　CBRNe関連災害・テロで使用される化学物質や病原性微生物、放射性物質等について必要最小限の基本的な知識は保持すべきであり、そのためには教育が重要となる。NBC関連専門機関等において基本的な教育・セミナーが適宜開催されているのでこれらを参考とされたい。**表2−9−3**に専門機関等で実施されているセミナー等の一例を示す。

表2−9−3　各専門機関等で実施されているセミナー等

区分	研修名	実施組織等	備考
NBC 共通	国際標準緊急事態対処医療講習「TacMed Essentials」アジア国際基礎コース等	TACMEDA	有料
	救急従事者	陸上自衛隊化学学校	警察、消防等
	CBRNe関連各種セミナー	NBCR対策推進機構	有料
	NBC災害・テロ対策研修	日本中毒情報センター	厚生労働省委託事業、DMATが主体
CR	国民保護CRテロ初動セミナー	量子科学技術研究開発機構	有料
N（R）	防災業務関係者自らの放射線防護研修	原子力緊急時支援・研修センター	
	NIRS放射線事故初動セミナー	量子科学技術研究開発機構	有料

(2)　初動対処の段階

　　初動対処の段階では、①被害状況の把握等、②部隊派遣、③専門家等の輸送支援、④モニタリング支援、⑤避難住民の輸送支援、⑥応急医療支援、⑦除染、⑧被害の拡大防止の8項目を検討すべき機能として挙げている。自衛隊が有するこれらの機能は、警察、消防等が実施中の機能と重複する場合もあるため、現場において対処機能の時期的・地域的なすり合わせ等が必要となろう。

　　また、初動の段階で部隊から派遣された幹部※が現地調整所に赴く場合がある。

　　※　部隊の第3科（作戦担当部署）から派遣される場合が多い。通常「連絡幹部」あるいはLO（エル・オー：Liaison Officer）と呼称する。

(3)　初動対処以降の段階

　　対処が長期化する場合、派遣されている部隊・隊員の士気・疲労度等を勘案し、適宜交代させる。

5　東京地下鉄サリン事件における現地調整の一例

　　東京地下鉄サリン事件発生当時、筆者は陸自災害派遣部隊の一員として築地駅での除染活動を担任した。部隊の任務はサリンで汚染された駅構内の除染であったが、その際における現地調整の一例を紹介する。今後の参考となれば幸いである。

(1) 現地調整に参集した組織等
　　警察、消防、築地駅職員、陸自災害派遣部隊
(2) 調整、確認内容
　ア　汚染の箇所とその状況（駅職員等に確認）
　　　地下鉄が汚染されていることは判明したものの、どこが、どのような汚染となっているかの詳しい情報は得られなかった。
　イ　空調施設の状況（駅職員に確認）
　　　空調施設は稼動しているとの情報を得た。
　ウ　後続部隊の進入・誘導（警察）
　　　後続の化学科部隊の進入・誘導について依頼した。
　エ　他の不審物の有無（警察）
　　　ホーム、地下鉄車両内に不審物が存在しないか確認を依頼した。
　オ　除染後の水洗（消防）
　　　除染後の水洗を依頼した。
　　　その際の状況を、**写真2-9-1**に示す。

写真2-9-1　現地における調整状況

> ◆コラム：統合作戦司令部の設置について
> 　防衛省・自衛隊は、我が国を取り巻く安全保障環境が急速に厳しさを増している中、自衛隊の統合運用の実効性向上に向け、平素から有事まであらゆる段階においてシームレスに領域横断作戦を実現できる体制を構築するため、令和6年度末に陸海空自衛隊の一元的な指揮を行い得る常設の統合作戦司令部を創設することとなった。
> 　統合作戦司令部は市ヶ谷駐屯地に設置され、約240名規模で発足するとされている。
> 　また、統合作戦司令部の創設に万全を期すため、「統合作戦司令部創設会議」及び「統合作戦司令部新編準備委員会」が設置された（令和6年7月3日防衛省発表）。
> 　統合作戦司令部の創設に向けた準備も重要であるが、当該司令部創設後において、指揮系統や既存組織等との任務区分等、混乱が生じないよう、あらゆる事態を想定した事前検討が重要であろう。

参考・引用文献
・防衛省：令和5年版防衛白書
・防衛省・防衛装備庁：防衛省・防衛装備庁国民保護計画　平成17年10月28日（令和6年4月1日改正）
・防衛省：防衛省防災業務計画　令和6年3月28日
・表2-9-2……『令和5年版防衛白書』（防衛省）をもとに作成

（中村勝美／陸上自衛隊OB）

第10節　専門機関

1　はじめに

　CBRNeテロ災害時には、それぞれの機関は各自の専門性により活動内容を分担しており、消防、警察、海上保安庁、自衛隊、保健所、医療機関も各分野の専門機関であるが、ここでは、化学物質、放射線・放射性物質に関する専門機関について記載する。

2　研究機関・専門機関

　「NBCテロその他大量殺傷型テロ対処現地関係機関連携モデル」（NBCテロ対策会議幹事会、平成13年11月22日（令和3年3月5日改訂2版））において、研究機関・専門機関として掲載されているのは以下の3機関である。これら専門機関の職員が、現地調整所に赴き、現地調整所で助言、支援することは現実的ではなく、現地調整所の関係機関からの問い合わせに回答することが主な役割である。

　これら3機関以外に各地域には大学や研究機関が所在しており、各地域で研究機関・専門機関あるいは専門家のネットワークを構築することで、CBRNeテロ災害時に現地調整所において、研究機関・専門機関からの助言、支援をこれらの機関からの現場派遣により、現場の状況変化に応じて、リアルタイムに得られるようになることが期待される。

　なお、生物剤を用いたテロ発生時の専門機関は現時点では記載されていないが、生物剤の使用が疑われる場合には、警察の鑑定機関又は警察が依頼した地方衛生研究所、国立感染症研究所等において検査を実施することになる。国立保健医療科学院健康危機管理支援ライブラリー（H-CRISIS）では、化学、生物、放射線、核、爆発物等を用いたテロに対する現場対応者・医療従事者向けのCBRNEテロ対策医療・救護支援ツール（MED-ACT）、テロ対策に関連するガイドライン等が参照できる。

⑴　化学剤を用いたテロ発生時

　　公益財団法人　日本中毒情報センター

　　Web page：https://www.j-poison-ic.jp

　　所管省庁：厚生労働省

　　所 在 地：茨城県つくば市

　　事業概要：化学物質の成分によって起こる急性中毒について、広く一般国民に対する
　　　　　　　啓発、情報提供を行い、我が国の医療の向上を図っており、主に次の事業
　　　　　　　を行っている。
　　　　　　　・中毒防止に関する講演会の開催等の啓発教育活動
　　　　　　　・中毒情報の問い合わせに対する回答
　　　　　　　・中毒情報に関する資料の収集と整備
　　　　　　　・中毒症例の収集と解析、中毒に関する統計の作成
　　　　　　　・国内外の毒性情報関連機関との連絡調整

・中毒に関する教育、研究の支援

(2) **核・放射性物質を用いたテロ発生時**

① 国立研究開発法人　日本原子力研究開発機構

Web page：https://www.jaea.go.jp

所管省庁：文部科学省、経済産業省、原子力規制委員会　共管

所 在 地：茨城県那珂郡東海村（本部）

事業概要：日本で唯一の原子力に関する総合的な研究開発機構で、主に次の事業を
行っている。
- ・原子力の基礎的・応用的研究
- ・核燃料サイクルに関する研究開発
- ・放射性廃棄物の処理処分に関する研究開発
- ・原子力にかかる研究者・技術者の養成
- ・原子力に関する情報収集・整理・提供等

② 国立研究開発法人　量子科学技術研究開発機構

Web page：https://www.qst.go.jp

所管省庁：文部科学省、原子力規制委員会　共管

所 在 地：千葉県千葉市

事業概要：放射線と人との関係について総合的に研究開発を進める国内唯一の研究
機関で、主に次の事業を行っている。
- ・放射線の人体への影響に関する研究開発
- ・放射線による人体の障害の予防、診断及び治療に関する研究開発
- ・放射線の医学的利用に関する研究開発

3　専門機関の役割

(1) **原因物質の特定**

　何らかの原因で多数の負傷者が発生した場合、現場対応の安全確保あるいは危険性の判断、活動方針の決定、防護方法の選択、負傷者への医療処置、公衆への広報にとって、原因となる物質等の情報は必要不可欠であり、可能な限り早期に原因物質を特定すべきである。原因物質の特定における連携モデル（**図 2 − 10 − 1**）を示す。

　CBRNe テロ災害が疑われる場合、警察や消防等は自らが保有する検知資器材を用いて原因物質の特定を試みると同時に、現場で採取された検体を警察の鑑定機関又は警察が依頼した研究機関・専門機関が鑑定を行い、原因物質を特定し、その結果を現地関係機関と共有する。化学剤、生物剤の使用が疑われる場合は、被害者の血液、尿、吐しゃ物や現場で採取した液体等が検体であり、放射性物質の使用が疑われる場合は、表面汚染検査の測定器で放射線を検知し、放射性物質の付着（汚染）が疑われる物品、あるいはそれを拭き取った布などが検体となる。化学剤、生物剤の特定は、治療薬、治療方針の決定に役立ち、放射性物質の特定は、内部被ばくの治療薬の決定、被ばく線量評価に

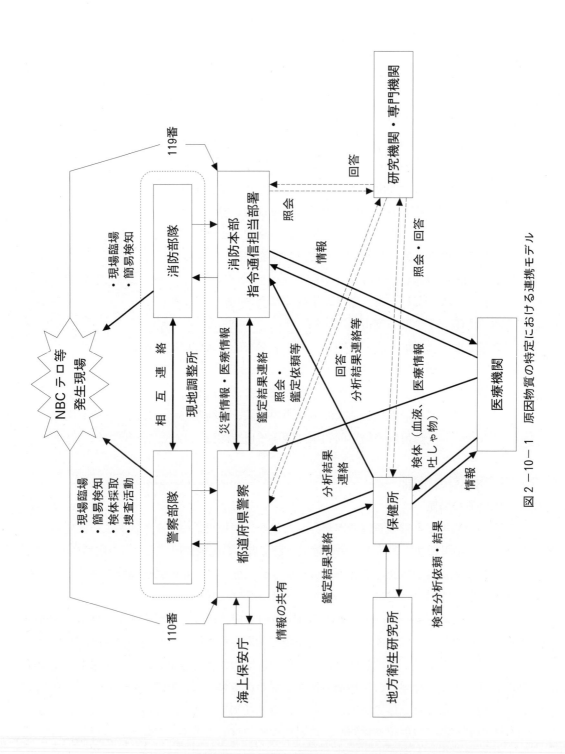

図2−10−1　原因物質の特定における連携モデル

役立つ。なお、警察、消防、保健所、医療機関等は、医療情報及び災害情報に関し、必要に応じて日本中毒情報センター等の研究機関・専門機関に照会する。具体的な照会内容としては、化学剤、生物剤の使用が疑われる場合は、犯人や被害者の行動、発言、被害状況、臨床症状、簡易検知の結果であり、これらの情報が原因物質の特定の補助的情報となり、医療機関、保健所等に伝達されると被害者の処置の参考となる。化学剤が使用された場合、被害者の臨床症状には化学剤特有の症状が出現するため、これら特有の症状の有無（症状がないということも重要な情報）について情報共有する。放射線が使用され、高線量の放射線を被ばくした被害者がいる場合、原因物質の特定にはならないが、前駆症状の有無、前駆症状がある場合はその発現時刻、症状（重篤度）を照会することで、高線量被ばく（急性放射線症）の程度を推定することが可能となる。

原因物質が単一とは限らないため、時には化学剤、生物剤、核、放射性物質など全ての危険を考慮して特定することも必要であり、それぞれの研究機関・専門機関が関与することもあり得る。この場合も関係機関間の情報共有、連携が重要である。

⑵　原因物質への対処

原因が特定されたら、安全確保、被害拡大防止のための防護措置、治療が行われることになるが、原因物質ごとの対処方法があり、研究機関・専門機関等から専門的助言、支援が可能である。個々の原因物質への対処方法は、第4章で解説する。

化学物質が使用された場合は、現場での迅速な脱衣等の除染の他に、迅速な治療薬の投与が被害者の救命には不可欠である。生物剤が使用された場合には、それぞれの生物剤に有効な抗生物質等が必要であり、感染拡大防止のためのワクチン等も防疫には必要となる。放射性物質が使用され、内部被ばくがある場合には、体内に取り込まれた放射性物質ごとに使用する薬剤が異なる。原因物質の毒性、治療情報、その他参考となる情報が研究機関・専門機関から提供されたら、搬送先医療機関、保健所、警察で共有し、現地調整所は、必要な情報を受信、集約して、その他の現地関係機関と共有、連携する。

治療薬は、通常の医療で使用する薬剤と化学剤、生物剤、放射性物質に特有の薬剤があるが、通常の医療で使用する薬剤であっても多数傷病者発生時には、受入れ医療機関での在庫数が不足する。そのため、現地調整所で共有された被害者数、搬送先医療機関、症状、治療方法、治療薬、治療に必要な薬剤量などの情報から、不足分の薬剤あるいは通常は医療機関には在庫がない薬剤等を、都道府県等は医療機関が迅速に必要数を入手できるよう手配すべきである。

放射線による高線量被ばくの被害者が多数生じた場合、骨髄障害の治療としてサイトカイン、末梢血幹細胞移植、消化管障害やその他多臓器不全の集中治療等が必要となるため、現地調整所での調整の時期の後となるが、薬剤による治療、移植、全身管理等が実施できる医療機関の確保が必要となる。

⑶　原因物質の除去

原因物質が特定されたのち原因物質ごとの適切な除染方法により、人体及び環境から原因物質を除去する。各原因物質の適切な除染方法については、第4章で解説するが、

82　第2章　現地調整所から見たテロ災害発生時の各機関の役割

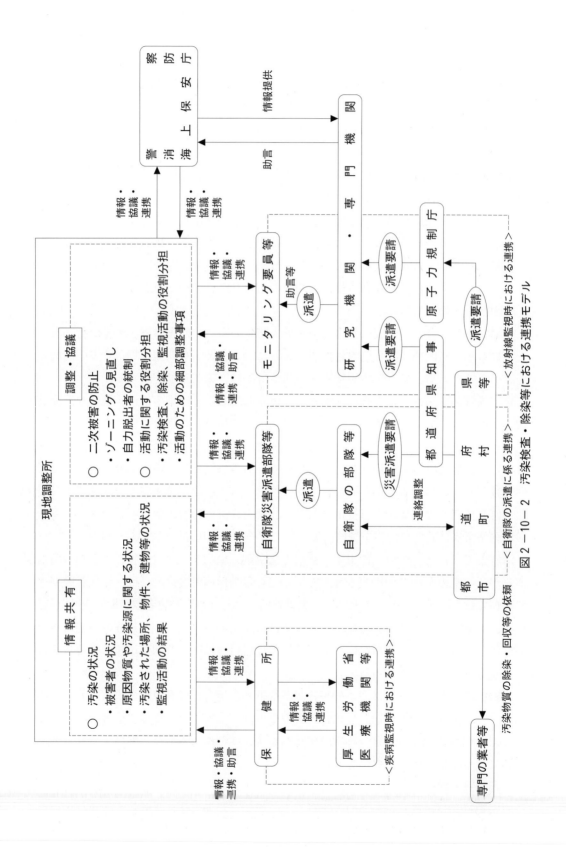

図2-10-2　汚染検査・除染等における連携モデル

基本的に人体の除染は、脱衣、拭き取り、洗い流す等を行う。汚染検査、除染等における連携モデル（図2－10－2）を示す。

環境の除染については、研究機関・専門機関から化学剤に適した中和剤の使用、生物剤に適した消毒薬等の使用に関しての助言を行う。放射性物質による環境の汚染については、中和剤や消毒薬に代わるものはないため、水による除染は、水の回収が問題となり、土壌の除去についても除去した土壌の処分方法が問題となる。これらは研究機関・専門機関からの助言や支援では解決できず、国により対応方針が示されるのを待つことになる。研究機関・専門機関は、汚染拡大防止や除染によって生じた汚染のある廃棄物の保管方法、保管場所について適切に助言する。

⑷　公衆の防護、広報への支援

CBRNe テロ災害が発生した現場周辺の通行人等に、被害拡大防止及び緊急車両等の通行のため交通規制、立入制限、避難区域の設定が行われる。避難区域の設定や防護方法について、研究機関・専門機関から適切に助言する。

また、除染や健康影響等の相談窓口、広報を行う場合も、状況を分かりやすく伝え、必要な除染等の対処方法、健康影響についても正確な情報を分かりやすく伝えられるよう行政に研究機関・専門機関から助言する。

現地調整所での連携、調整後となるが、中長期の健康影響が予想される場合は、その相談業務についても研究機関・専門機関から支援する。さらに、大規模かつ多数傷病者発生の CBRNe テロ災害時には、研究機関・専門機関のウェブページでの情報発信も広報、リスクコミュニケーションの手段としては有効である。しかし、アクセスが集中する可能性があり、研究機関・専門機関は事前の対策を講じておく必要がある。

参考・引用文献

・NBC テロ対策会議幹事会：NBC テロその他大量殺傷型テロ対処現地関係機関連携モデル　平成13年11月22日（令和3年3月5日改訂2版）

（富永隆子／放医研）

第3章 テロ災害対応とメディア

　テロ災害対応は、いわゆる国民保護の名のとおり、国民を守ることを目的とする。国民保護法制ができて20年が過ぎ、ますます国民の理解が重要になってきている。その国民の理解を深める上で大きな部分を担っているのがマスメディアである。そこで、安全保障に造詣の深い日本経済新聞社の高坂哲郎氏に解説をお願いした。万が一にも起きてはならないテロ災害だが、万が一テロ災害が起きた際に、混乱なく円滑に対応するために、「事が起きる前にすべきこと」、「事が起こってからは何をすべきか」など、関係機関が心得ておくべきことを解説いただく。

　　　　　（奥村　徹／法務省矯正局、国際警察協会日本支部会員、公共ネットワーク機構理事）

1　はじめに

　本章では、テロ災害発生時に、警察・消防・自衛隊・海上保安庁・地方公共団体・医療機関といったテロ対処関係機関（以下「関係機関」という。）、それらで構成する現地対策本部などが、いかに適時・適切に情報発信をするか、そのためにいかに効果的に各種の情報伝達・媒介物（メディア）、特に報道メディアを活用するかについて考える。

　テロリズムは、暴力的手段を使って人々を恐怖に陥れ、特定の政治目的を達成しようとする行為である。テロリストは、少しでも多くの被害者を出すだけでなく、そうした行為を通じて、より大きな衝撃を社会に与えることを目指す。これに対し関係機関は、例えば二次被害の発生を防ぐために周辺住民に警戒を促したり、事件を知った国民が過度におびえ結果的にテロリストを利するような事態を防いだりするため、さまざまな場から多様な形で情報発信をする。

　近年のインターネットやソーシャル・ネットワーキング・サービス（SNS）の発達により、関係機関は自らリアルタイムに情報発信できる効果的な手段を手にするようになった。一方で、もともと災害時にはデマが飛び交いやすい上に、最近はネットやSNSを通じて事実ではない情報が広まりやすくもなっている。テロ組織がフェイク（偽）ニュースを流して人々の恐怖を増幅しようとするおそれもある。このため関係機関は、新聞や通信社、テレビ局など既存の報道メディアに情報発信することを通じ、テロ発生時に「周知すべき情報」を広め、「正しくない情報」を周辺に追いやっていく必要がある。その意味において、関係機関にとって報道メディアは「連携すべきパートナー」の一つである。

　一方で、テロや大規模な自然災害、事故などでは、突発的かつ衝撃的な事態を前に関係機関同士の連携がうまくいかず、現地で対立が生じてしまうケースがある。関係機関と報

道メディアの間でも同様のことが起こり得る。

　そのため、本章ではまず、関係機関の方々が知っているようで知らないことも多いと思われる報道メディアの仕組み、記者の置かれた状況、報道メディアがどのようにテロ災害を報じるかなどを概観する。関係機関の方々に、「連携パートナーとしての報道メディア」を理解してほしいからである。その上で、どのような場合に関係機関と報道メディアの間に摩擦が生じるか、そして、それを回避しつつ、国民をテロから守るという「共通目標」を実現するために必要だと思われることを、「テロ災害発生時に留意すべきこと」と「平時のうちからできること」に分けて考える。

2　報道メディアの仕組み

　相手との良好な連携を考える際の第一歩は、まず相手のことをよく知ることだろう。警察や自衛隊など関係機関がそれぞれ複雑な内部機構を擁しているように、報道メディアという組織もそう単純なものではない。

　ここでは新聞社をモデルに解説する。新聞社は、取材や記事執筆を担う「編集局」、新聞を印刷する「製作局」、販売・配達網を管理・運営する「販売局」、新聞広告を集める「広告局」、一般の企業と同様に総務や人事などを担う「総務局」などから構成される（局の名称は、社によって異なる。）。

　この中で、関係機関が、平時及びテロ発生時に接点を持つのは、主に編集局である。編集局は、政治部、社会部、地方部、科学技術部、国際部などの「出稿部」と、整理部や校閲部など、新聞を完成させる上で重要な役割を担う「後方部門」からなる。

　次に、新聞編集のプロセスをおおまかにたどると、

① 　記者が取材・記事執筆・出稿
② 　キャップ（取材グループのリーダー）又は支局長が記者の出した生原稿を手直し（場合によっては再取材、書き直しを指示）・出稿
③ 　本社のデスク（編集担当者）が編集
④ 　整理部が紙面を組むと同時に、校閲部が内容のチェック作業、編集局長（代理も含む。）ら編集局首脳陣が総監修
⑤ 　校了・印刷所に記事データ送信
⑥ 　印刷
⑦ 　販売店へ輸送
⑧ 　配達
⑨ 　読者の手元に届く

という流れになる。

　近年はインターネットの発達に伴い、新聞社もホームページに記事を掲載する「電子版」で迅速な情報発信をすることに力を入れているところも多い。先に示した新聞編集のプロセスでいうと、④から直接⑨に至る流れである。テロ発生時など緊急事態の際には、新聞社はネット経由で速報することを非常に重視する。

3　報道機関がテロ災害に向き合うとき

　報道メディアの内部をみたところで、次に報道メディアがテロ発生時にいかなる動きをとるかをみていくことにする。とは言っても、日本国内においてはこのところ（本稿執筆時点では）、大規模なテロは発生していない。2005年に国民保護訓練が始まったが、幸いにして実際にテロなどの事態が認定され、国民保護措置が発動されたことはまだ一度もない。一方で、筆者は1995年に東京地下鉄サリン事件が勃発した際には、東京・六本木の防衛庁（当時）に常駐し、緊迫の数日間を過ごしたことがある。ここではそうした経験を踏まえ、当時と同様の大規模なテロ攻撃が起きたと想定して、報道メディアの動きを仮想してみることにする。

　大規模テロが発生したとき、関係機関は、発生現場に近い順から、①現場やその周辺、②都道府県の庁や市町村役場などに置かれる「現地対策本部」、③首相官邸や内閣官房事態室など政府中枢——の三つの場でさまざまな意思決定を行う。これに対する報道メディアの取材体制は**表3－1**のようになる。

　複数の出稿部・記者が同時並行で取材した情報は集約され、最終的に**表3－2**で示すさまざまなタイプの記事になる。

表3－1　大規模テロ発生時の報道メディアの取材体制

現地	近傍支局の駐在記者、応援の本社記者、写真部カメラマンなど
現地対策本部	近傍支局の駐在記者、応援の本社記者、写真部カメラマンなど
政府中枢	首相官邸常駐の政治部記者、写真部カメラマンなど

表3－2　大規模テロ発生を伝える記事のタイプ

「本記」	発生したテロの事実関係、大まかな意味合い、関係者の主な発言、事態の今後の見通しなどをまとめる。通常、読者はこの記事を最初に読む。新聞社は、記事の内容、見出しなど細心の注意を払ってこの記事をつくる。
「受け」記事	1面本記に入りきらなかった事実関係の詳細も含めた補足記事。新聞では2ページ以降に掲載される。起きたテロに関する過去の経緯、今回のテロの事実関係、想定される犯行グループ、他国での同様のテロ事件の振り返り、事態の今後の展望などをまとめる。
現地ルポ	関係機関の対応ぶり、被害の状況など現地の様子をまとめる。
用語解説	テロ行為で使用された剤に関することなど、事態のカギを握る一方で、一般には知られていないことについて平易に説明する。
外部専門家（有識者）コメント	本社の記者が関係機関OBや専門機関に電話やメールで連絡を取り、聞き出す。

　図式的に言えば、以上のようなことになるのだが、現実にはこれらの記事が出来上がるまでの間、記者及び報道メディアはテロという不慣れな事態に大いに混乱しながら編集作業を進めることになる。

4　テロ発生時に記者が直面する「戦場の霧」

　大規模な自然災害や事故といった事態は、しばしば発生するものであり、報道メディアとしての対処要領もいわばパターン化されている。これに対し、大規模テロの場合、起きている被害といったことは目視などで確認できても、例えばテロで使われた手段、犯行グループの詳細など不明なことだらけという事態に直面する。発生現場が遠隔地だったり、政府が情報発信を統制しているケースだと、そもそも情報が入手しにくいし、日常触れることがない化学剤などが使われた場合、その基礎知識から「入門」しなければならない。

　数か月かけて一本の論文を精緻に組み立てる研究者などとは違って、記者は四六時中、記事の締切時間に追われている。テロ発生においては、記者は関係機関と同様に、不確かなことだらけ、いわば「戦場の霧」の中で記事執筆を迫られる。

　1995年の東京地下鉄サリン事件は発生が朝だった。筆者は通勤途上で普段使っている営団地下鉄（当時）千代田線が止まっていることをJR原宿駅で知った時点で、ポケットベルが鳴り、本社のデスクに電話を入れると「地下鉄で爆発事故か何かがあったらしい」と告げられた。この時点では、デスクも筆者も何が起きたのかをつかめていなかった。とっさにタクシーに乗り、防衛庁（当時）の本庁舎3階の記者クラブに到着してようやく、事態は“化学剤を使った無差別テロ”であることが徐々に分かってきた。

　たまたま筆者は学生時代から軍事に関心があり、陸上自衛隊に化学防護部隊があることも知っていたので、「今起きている事態は、自分の担当範囲に直接関わることだ」と判断、防衛庁（当時）の職員から「化学防護隊が出動中」との情報を聞き出し、夕刊社会面に自衛隊の対応ぶりの記事を比較的早い時点で出稿できた。一方で、被害者の容態からテロに使われた剤がサリンであるという推定は筆者にはできなかった。後日、自衛隊の化学防護関連の組織・部隊にいた方々から「東京地下鉄サリン事件の時は、被害者の様子をテレビの映像で見た段階で、使われたのはサリンだと推定できた」という話を聞き、「プロの方々は大したものだ」と感心した記憶がある。

　このようにテロ発生時にさまざまな場で報道メディアと接触する関係機関の方々は、自分たちにとっては知っていて当然の知識でさえ、記者たちは持ち合わせていないということを念頭に置いた方がいい。当たり前のようだが、このことは関係機関と報道メディアの関係を考える際の大前提となる。

5　現地での報道対応のあり方

　報道メディアの側の事情を概観した上で、関係機関の側がテロ発生時に報道メディアにどう向き合うべきかという本章の本題に入ることにする。

　まずは、現地（発生現場、現地調整所、住民の避難先など）での報道対応についてである。結論から先に述べると、自然災害のときのように現地調整所レベルで取材する必要性はテロの際は相当に低いし、逆に、すれば後述するように新たなリスクを生むことになる。現地調整所に詰める関係機関の方々は、現場での被害者救出や情報収集、現地対策本部などへの報告といった任務に専念すべきであるように思われる。

既に述べたように、報道メディアはテロ発生時においては、現地、現地対策本部、政府中枢の3か所にアクセスし、情報を得ようとすることが想定される。「想定される」と書いたのは、日本においては幸いにして、1995年の東京地下鉄サリン事件以降、大規模なテロ事件が起きていない状態が20年以上にわたって続いており、またこの間、国民保護法が施行されて関係機関のテロ対処の要領も東京地下鉄サリン事件当時とは大幅に変わっており、現実にテロが発生した場合の報道メディアの動き方の実例が存在しないためである。

ただ、地震・津波や風水害といった自然災害、大規模な鉄道事故や火災・爆発事故などは起きており、報道メディアはこうした際に通常とっている「現地、現地対策本部、政府中枢の3か所の同時並行取材」というスタイルを、テロ発生時にもとっさに援用することが、かなりの確度で想定できる。

とはいえ、テロと自然災害・事故とで大きく異なるのは、自然災害や事故の場合、時間の経過とともに被害の烈度（激しさ）が低下していくことが多いのに対し、テロの場合、「第二波攻撃」を受けるリスクや、テロで使われた手段が放射性物質や生物剤で、現場に接近した者が目に見えない形で「二次被害」に遭うおそれが大いにあるということだ。

テロリストはしばしば、一発目の爆弾で被害を出した後、集まってきた警察や消防を標的とした二発目の爆弾を爆発させて関係機関の対応を妨害し、社会により大きなショックを与えようとする。先々は、テロ事件発生後に置かれる「現地調整所」そのものが第二波攻撃の標的になるおそれもある（関係機関、特に警察や自衛隊は今後、現地調整所及びその周辺一帯の警備、どこに現地調整所を置くべきかなどについて、今以上に留意すべきと考える。）。

写真3－1　2010年10月2日実施の熊本県国民保護共同実動訓練で設置された現地調整所
（撮影：高坂哲郎）

ただ、一般に記者というものは、大規模な事件・事故であればあるほど、「現着」（現地到着）に強い執着を見せる。1985年の日本航空機墜落事故の際には、墜落現場に近づこうとした記者が群馬県の山中で迷子になったという事例が報告されている。1996～97年のペルー日本大使公邸人質事件の際には、功名心から現地の警備当局に無断で犯行グループに接触しようとして現地を混乱させる結果をもたらした記者もいた。この先、日本国内で大規模なテロが発生した際に同様のことが起きれば、いたずらに混乱を引き起こしかねない。

それでも、筆者の見る限り、テロ発生においては自然災害とは別種の対応が求められるということをきちんと理解している報道関係者はまだ多くはない。テロが頻発しているのは海外だが、そうした各国でのテロの詳細な情報は、国内での出来事をカバーする記者たちには共有されていないように見える。テロ事件が発生し、一定時間が経過して警察が規制線を張り、立ち入ってはならない区域を設定する前の段階で、記者が現場付近に入って

しまう可能性はあるし、情報が錯綜していれば、自分のいる場所が（例えば、放射能テロの現場といった）立入禁止区域だと知らずに取材を続ける記者も出るかもしれない。

このため関係機関は、報道メディアに対し、「自然災害とテロでは、現地で取材するリスクは全く異なるのだ」、「むやみに現場に近づけば、命の保証はできない」ということを、平時及びテロ発生時にさまざまなレベルで伝えておくことが望ましい。さまざまなレベルというのは、政府中枢でいえば「官房長官レベルから、報道メディアの経営トップ、編集／報道局長レベル」、現地でいえば「現地対策本部長から、報道メディアの当該支局長」といった具合である。これらのレベルの報道関係者になると、現場の記者以上にテロという異常事態に対する「嗅覚」という意味ではばらつきが出る。テロ情勢には詳しくないが、記者の安全確保という点で勘所のいい人物もいれば、その逆という場合もある。テロ発生時には、関係機関はテロ発生時の初動段階で報道メディアに警告を出す、ということを必須事項にし、警告文書のひな型をあらかじめ作っておくことが望ましい。

これはテロ発生時という「本番」の際に、関係機関が被害者救出といった優先度の高い任務に集中するためにも不可欠なことである。

また、報道メディアの側も、関係機関にいちいち注意喚起されるまでもなく、テロ事件を取材中の自社の社員が第二波攻撃といった危険に巻き込まれることのないよう平時のうちからしっかり指導をしておくべきである。報道メディアも企業・団体である以上、被雇用者への安全配慮義務がある。本章を読んで、「報道の世界に身を置く人間が『テロ発生時に現地に入るな』と主張するのはおかしい」と感じる報道関係者がいるのであれば、世界のテロの惨状、起こり得る「最悪の事態」を理解していないだけでなく、自身の命のリスクあるいは部下やその家族への責任の自覚が足りないと言わざるを得ない。上司が甘い見通しのもと、部下をテロ発生現場に向かわせ、殉職させれば、その上司は生涯、責任を負い続ける。自然災害とテロは全くの別物であることを、日本の報道メディアの関係者には知ってほしいと強く思う。

6　現地対策本部及び政府中枢での報道対応のあり方

政府・関係機関の報道対応の「主戦場」は、現地対策本部と政府中枢の2か所である。

テロが起きれば、報道メディアの記者は現地対策本部に24時間体制で張り付き、記者会見をカバーするほか、本部に入る関係者を個別取材する。並行して、首相官邸や関係省庁の記者クラブでも取材を強化する。

報道メディア、記者が知りたいのは、まずテロ事件の事実関係（いつ、どこで、どのような状況が発生したか／テロ攻撃にいかなる手段が使われたのか／被害者の人数や被害状況、収容先／被害に遭った人々のために必要な対処・治療などに関する情報／犯行グループに関する情報、犯行声明の有無、捜査の状況など）である。さらに、なぜこのタイミングで起きたのかといった犯行の意図の分析、新たな攻撃発生の可能性といった今後の展望なども、記事を書く上で必要な情報となる。

ただ、テロという突発事態においては、以上のような情報が円滑に現地対策本部や政府

中枢に集まるわけではない。不確かな情報が錯綜し、時には相反する内容の複数の情報が現地などから報告される事態もあるだろう。

発信すべき情報に一貫性がないと、政府や関係機関が対応面で矛盾・混乱しているように受け取られかねない。過去には、2011年の東京電力福島第一原子力発電所事故の発生当初において、原子力保安院の記者会見、東京電力の記者会見などが並立し、情報の発信に統一感がなかったという事例もあった。テロ発生時に政府の混乱ぶりが印象付けられてしまうと、テロリストの思うつぼである。

そのような事態を極力回避するには、まず政府・関係機関全体で、「現時点で発信可能な情報の一覧表」（現状の事実関係、今後の対処方針、国民に強く呼びかけたい項目などをまとめたもの。「ポジション・ペーパー」ともいう。）を作成・共有し、これを事態の進展に応じて何度も更新していくことが望ましい。

これには、専任の担当者を複数名（＝24時間体制で交代で回すため）、本部の責任者に近い人物の中から任命する必要がある。その上で、政府中枢レベルで「大きな状況認識」と「今後の対応に関する大方針」を発信し、それを受ける形で、現地対策本部が当該地域の住民が必要とする「よりきめ細かい情報」を発信する、という2段階での対応が妥当だろう。テレビのニュースが「全国ニュース」と「ローカル・ニュース」に区分されているイメージである。自然災害の際には、既にそうした形はできているように見える。自然災害時の関係機関の情報発信の基本骨格を再確認した上で、それをテロというより複雑な事態にいかに応用していくかを考えるべきであろう。

現地対策本部は、情報発信という点では大きな役割が期待されているが、留意すべきは「記者会見の時間を無制限にしない」ということである。記者会見、報道対応がだらだら続くと、関係機関のリーダーたちが危機そのものに対処する時間、じっくりとものを考える時間が少なくなってしまう。記者にとっても、記事を書く時間が減り、記事送信の時間が遅れる。記者会見は時間が短すぎてもいけないが、長ければよいというものでもない。

記者会見を不必要に長引かせないためには、「現時点でお伝えできるのは以上です。次回の記者会見は◎時メドで開催します」、「お答えできなかった点につきましては、なるべく次回にお答えできるよう準備します」といった表現でいったん会見を打ち切る。経験的に言えば、「次は何時に記者会見か」という情報を与えることは、取材する記者や報道各社の本社にいるデスクらを落ち着かせる効果がある。

写真3-2　2017年2月2日実施の京都府国民保護共同実動訓練で避難者役を誘導する女性警官（左）（撮影：高坂哲郎）

7 テロ対処と並行して対処内容を記録する

「現地調整所では報道対応する必要性は低い」と指摘したが、その一方で、現地調整所でいつ、どの機関の誰が何を言ったのか、いかなる情報が共有され、どのような意思決定がされたのかといったことに関して録画・録音などの形で記録にとっておくことは重要である。事態収束後、関係機関がテロへの対応状況を振り返り、もっと良い対処はできなかったのかなどを考える検証作業で必要になるからである。これは、日本のテロ対処力の向上、「現地調整所ノウハウの進化」を促す上で必要不可欠なことのように思う。

報道メディアも事態収束後、検証報道をする。その際に、関係機関が現地調整所でいかなるやりとりがあったのかをきちんと公表することを慣習化すれば、「テロの起きた直後には危険なので現地調整所に近づかないでほしい」と関係機関が報道メディアに求める際の論拠の一つになる。逆に、現地調整所でのやり取りが公表されなければ、記者が危険を冒して現地調整所に近づこうとする誘因材料になりかねない。

現地調整所と同様に、現地対策本部レベル、政府中枢レベルでその時々の対処、意思決定などに関する記録を取っておくことも不可欠である。

1994年の松本サリン事件や1995年の東京地下鉄サリン事件を含むオウム真理教による一連のテロ事件の際には、本来であれば事後に国家レベルの報告書を作成・公開し、教訓を後世に残すことをすべきであったが、現実にはそうはならなかった。これに対し、2011年の東日本大震災・東京電力福島第一原子力発電所事故の際には、政府、国会、民間などでさまざまな報告書が作成・公開され、米国やイスラエルのような「教訓伝達文化」が日本でも少しずつ根付き始めた観もある。先々、大規模なテロ事件が日本国内で起きた際には、間違いなく事後に政府が報告書を作成することが求められる。その時のために、テロ発生直後からの関係機関の対応ぶりの記録を取っておくことが必要になる。

現地対策本部や政府中枢でそれをするには、独立した記録チームを編成することが重要である。自衛隊は海外派遣任務などでそうしたことを続けている。日本には、事が済んだ後でさまざまな不始末を「水に流す」という傾向が強い。狭い島国、狭い共同体の中で和を重んじながら暮らしていくには、それは必要な面もあったのだろうが、この国の危機管理能力を向上させるという面では、「水に流す」ことは天敵のようなものであるように思われる。

記録チームはテロの収束後、警察、消防、自衛隊、医療、地方公共団体など関係機関の責任者・幹部レベルに個別に会ってインタビューすることに加え、広く現場の隊員レベルにもアンケートやインタビューをして現場の生の声を集め、教訓化するとよいだろう。こうしたことは、報道メディアが検証報道の際にすることなのだが、関係機関側も同様のことをし、双方を突き合わせることができれば、日本のテロ対処能力の向上に資すると思われる。また、一部の報道メディアが事実と異なる内容を報じた場合の反論材料にもなり得る。

8 インターネット／SNSへの対応

テロ発生を受けて、関係機関が記者会見などのために用意する「現時点で発信可能な情報の一覧表」（ポジション・ペーパー）を、官僚用語ではなく一般国民にも分かりやすい平易な言葉に翻訳したものを、政府のホームページに掲載・更新したり、SNSなどを通じて積極的に周知したりすることも有益だろう。

既に触れたように、大規模なテロや自然災害の場合、情報が錯綜し、事実ではないことがSNSなどで飛び交って、国民の不安が増幅されるおそれがある。政府・関係機関による適時・適切な情報発信は、国民の心のよりどころになると同時に、社会を混乱させたいテロリストへの有効な反撃の一打となろう。

テロリストとの関係でいえば、テロを実行した組織やそのシンパによる「犯行の成果」を殊更に強調しようとするプロパガンダに即座に反論していくことも、政府・関係機関には求められる。テロリストそのものではなくても、事態を受けて愉快犯的にデマを拡散させようとする者への対処（発信者の迅速な特定、事前に罰則を設けておくことなど）も検討する必要がある。

9 平時にできる取組

防災や防衛、テロ対処の別なく、およそ平時に実施する訓練でできないことは、本番でもできないであろう。それは、テロ発生時の報道メディア対応についても言えることと思われる。関係機関は平時のうちに、国民保護訓練（図上・実動）などに「記者会見訓練」を組み込むなどして、政府・関係機関としての情報発信のあり方を演練してみることが有益だろう。

「記者会見訓練」を実施する際には、できれば本物の記者に参加してもらうことが望ましい。記者には独特の発想があり、関係機関に所属する人がにわかに記者役になって記者会見訓練で質問しても、およそ本物の記者のような質問は難しいと思われるからである。

そうした訓練に本物の記者に参加してもらうことは、関係機関と報道メディアの良好で建設的な関係作りという点で大きな意味を持つだろう。関係機関にはそれぞれ、人的、法的な制約や装備面での限界など「困難な事情」がある。報道メディアについても同様である。記者会見訓練を実施し、その後の振り返り作業や懇親会などで互いの立場を学びあい、人的ネットワークを構築することは、テロ発生時という「本番」において必ず役に立つ。テロ対処に関する専門知識を身に付けてもらう「記者向け研修会」を訓練とセットで開催し

写真3-3 2017年3月17日、初の弾道ミサイル着弾を想定した避難訓練の終了後に記者会見する内閣官房、総務省消防庁、秋田県、男鹿市の関係者（大規模災害やテロ発生時の記者会見は、国と現地、関係機関相互の発信がちぐはぐにならないよう、ポジション・ペーパーの作成などを通じた調整が必要になる。撮影：髙坂哲郎）

てもよいだろう。

　実は、類似した取組を既に着手している機関がある。国立感染症研究所である。同研究所は、さまざまな感染症について、爆発的感染事案（パンデミック）が発生する前の段階のうちから、関心のある記者を対象に「情報交換会」という名目で勉強会を定期的に開催している。また、国立国際医療研究センターも感染症に関する研修会に記者を招いている。

　こうした研修会の意義は、記者が平時のうちに感染症という脅威について学べることである。現実にパンデミックが急発生した場合、記者が慌てながらその感染症のことを一から調べていては、間違った内容を記事に盛り込んでしまうリスクも生じる。これに対し、平時のうちから記者にあらかじめ感染症の知識を習得させておけば、記者は「パンデミック本番」が到来した際に「ああ、これはいつか勉強会で学んだ感染症だな」と思い出し、その時に配布された資料を引っ張り出しながら落ち着いて記事を書くことができる。記者をとりまく「戦場の霧」が晴れてくるのである。国立感染症研究所などの人々にとっても、平時から記者に情報を与えておけば、本番の際に取材が殺到する事態を少しは緩和できるという利点がある。

　テロ対処に向き合う関係機関も、全国各地、都道府県レベルやブロック・レベルでこうした「平時における記者との交流の場」を設けてはどうか、というのが筆者の考えである。

　テロ対処の図上訓練に、報道メディアの幹部や記者に参加してもらうのも有益だろう。「自社の記者がテロ発生現場に近づきすぎ、第二波攻撃で大けがをして身動きがとれなくなった」といった状況付与をすれば、報道メディア側も「テロ本番」をよりリアルに感じ取り、記者の安全確保をより真剣に考えるようになるだろう。

10　おわりに：報道メディアとの「共通目標」の確認を

　東日本大震災の時、東北地方のある場所で、関係機関が連日、現地調整所で震災への対処を調整していた。当初は報道メディアの衆人環視の中にあったこともあり、各機関は本音を語ろうとせず、連携がうまくいかなかった。その後、報道メディアの目につかないように配慮しながら調整作業をした結果、次第に組織を越えた連携機運が生まれるようになった。いわば、関係機関は報道メディアを「共通の敵」とすることで結束を図ったのである。

　そうした「成功体験」を一度でも持ったことのある人は、報道メディアといえば敵を見るような姿勢になりがちだ。筆者は実際にそうした反応を示した人に会ったことがある（ただ幸いなことに、この方はすぐに考えを改められた理解のある人だった。）。

　ここまで筆者が述べてきたことをお読みいただいた方々にはご理解いただけると思うが、テロ発生時には、関係機関と報道メディアは、守れる国民の命を一つでも多く守るとともに、国民が過剰に恐怖におびえ、結果的にテロリストを利するような事態になることを回避する上での「パートナー」なのである。

　テロ発生時の取組で大切なのは、以下の諸点である。
- 被害の極小化＝負傷者の救出・治療、犯行グループの早期逮捕など新たな犠牲を出さないための取組

- 国民への協力要請＝無用な二次的混乱を回避するとともに、被害に遭った方々や一般国民に危機を乗り切る意思・勇気を持ってもらい、社会の一体感を醸成する取組
- 非常に困難な任務に命がけで向き合っている関係機関・部隊の士気の高揚

　以上のどれも、政府・関係機関と報道メディアの協力なしには成し遂げられないはずである。逆に、成し遂げられなければ、テロリストを利してしまうことになる。

　関係機関がテロ災害対応の中に報道メディアを効果的に組み込むためには、両者の「共通目標」を明確に掲げ、両者の間で無用な対立ムードが醸成される事態を回避しなければならない。本書は、テロ発生時に関係機関がいかに円滑に連携し、大過なく乗り切るかを解説する書であるが、こうして考えてみると、報道メディアとの良好な関係構築は、「テロ発生時」以上に「発生前」の段階でいかに有益な「仕込み」をしておけるかに多くがかかっているように思われる。

（高坂哲郎／日本経済新聞）

第4章 CBRNe テロ災害の基本的形態と対処要領

　本章では CBRNe テロ災害の基本的形態と対処要領について解説するが、あまり細かな各論までは踏み込まない。最低限抑えておきたいポイントを網羅する。細かな各論にこだわりすぎ、木を見て森を見ず、といった状態になっては、大きな落とし穴に落ち込む危険性すらある。各論に入る前に総論として、それぞれの CBRNe テロ災害の違いと共通点を明らかにしたいと思う。ポイントは、①テロに何をどう使うかはテロリストの自由、②時間的推移の特徴、③覚知の困難さ、容易さ、④対応の日常、過去との連続性である。

　CBRNe テロ災害に対応する場合、最も重要なのは、いわば、100点満点の対応を目指すことではなく、40点未満の赤点、落第を避け、60点以上の対応でクリアすることにある。それがいわゆる、世間一般で言うところの「大過ない対応」とされるものである。そもそも、突発事態である危機管理の対応には、100点満点の対応はありえない。いかに最悪の事態を避け得るかが重要で、そのことが人的、物的被害を軽減させるのである。これは、試験でヤマをかけて特定の分野を突き詰めて準備を進めるのと同じように、特定の各論的な対応を磨くのではなく、とりあえず何が起こっても、致命的な過ちを犯すことなく対応を行う、大きな穴に落ち込まないことを目的とされたい。これがいわゆる、最近、国際的に注目されているところの All Hazard Approach（全ての危険に対して個々の危険に捉われすぎることなく、虚心坦懐に全ての危険に対して大過ない対応を目指すアプローチ）である。

　その意味で、限られた時間、限られた予算の中で、いかに効率よく、CBRNe テロ災害対応をこなしていくかが問われているわけである。一心不乱に対応強化を図ったにもかかわらず、とんでもない過ちを犯してしまえば意味がないのである。そのためのポイントが前述の4点となる。以下、それぞれのポイントを解説したい。

　　　　　（奥村　徹／法務省矯正局、国際警察協会日本支部会員、公共ネットワーク機構理事）

第1節　総　論

1　テロに何をどう使うかはテロリストの自由

　よく、「次にはどんな物質や病原体がテロに使われますか」という質問を受ける。しかし、これはある意味ナンセンスな問いである。というのも、いつ、どこで、何を、どのように使うかは全くテロリストの自由だからである。もちろん、大まかな傾向や流行はある

であろう。最近では、決死的な攻撃で、脆弱な標的、例えば、観光客やスタジアムの観客など無防備な標的、すなわちソフトターゲットが狙われる傾向はあるだろう。しかし、基本的にテロリストはどんなテロでも起こし得るのである。だから、使われる物質も一つとは限らないであろうし、時間差で異なる攻撃を組み合わせることもできるし、「何でもあり」なのである。その意味でテロリストの気持ちになって、「こういう事を起こせば、大変な被害が出るだろう」、「ああいう事を起こせば、市民を恐怖に陥らせることができるだろう」と考えることは必要であるが、テロリストには無限の選択肢があるのである。それに対する我々は、All Hazard Approach でしか対応のとりようがないことはよくお分かりいただけよう。

2　時間的推移の特徴

　CBRNe テロ災害で、最も迅速な対応を迫られるのは、Ｃテロ災害、すなわち化学災害・化学テロであり、分単位の対応が求められる。その意味で、「3　覚知の困難さ、容易さ」にも関連するが、目の前でバタバタと被害者が倒れてゆき、誰の目から見ても異常は明らかであり、迅速な対応が要求される。ほとんどの事例で、3時間以内に勝負が決まる。しかし、同じ化学物質による災害でも遅発性の被害が現れる場合がある。例えば、マスタードのような糜爛剤の場合、数時間以上経って症状が発現する場合もあり、注意を要する。

　Ｅテロ災害、すなわち爆弾テロにおいても、誰の目から見ても爆発は明らかであり、迅速な対応が要求される。Ｂテロ災害においては、対応は、日単位で求められる。しかし、余裕があるからといって悠長に構えていると、無策のままに日々が過ぎ去る。Ｒテロ災害、Ｎテロ災害では、分単位の対応は要求されないが、およその概念的には、数時間から日単位で対応を求められると考えてよい。

3　覚知の困難さ、容易さ

　覚知の困難さから考えれば、Ｂテロ災害が最も困難である。Ｂテロ災害には大きく分けて非顕性隠密攻撃（Covert attack）と顕性攻撃（Overt attack）の二つのパターンがある。非顕性隠密攻撃とは、人知れず病原体が撒かれる場合で、テロリストはなるべく多くの感染者を出したいために、隠密攻撃を行う。顕性攻撃は、白い粉事例のように、目で見て明らかな攻撃を仕掛け、その対応を迫る、いわば挑戦的に社会をかく乱させようとする攻撃である。覚知が最も困難なのは、非顕性隠密攻撃の方である。確定診断の結果を待っていては、被害が広がるので、同じような特定の症候の組み合わせ（例えば熱と発疹など）の患者が多数出た時点から察知しなければならない。この他にも、学校の欠席者や市販薬・処方薬のモニタリング、救急搬送者の主訴などをモニタリングすることによって早期察知が試みられている。

　前項で述べたようにＣテロ災害の多くやＥテロ災害では、覚知は容易である。一方、Ｒテロ災害、Ｎテロ災害では、覚知は困難であるとも容易であるともいえる。というのは、被ばく量がよほど大量にならない限り無症状なので、疑わない限り覚知は困難である一方、

放射線検知機材を適切に使っていれば、認知は容易であるからである。そのため、爆発が起こる、放射線源の盗難事件が起こる、テロ予告が行われる、などの社会的状況、原因不明の嘔気、嘔吐などでは、初期の段階で核、放射性物質の関与を疑い、放射線検知機材を適切に使用していれば、認知は容易となる。

4 対応の日常、過去との連続性

CBRNe テロ災害では、それぞれ専門的対応が要求されるが、その対応は通常業務とどれほどかけ離れているのか、それとも共通部分が多いかの観点から見ていきたい。

C テロ災害はともすれば特殊な事態として考えられがちであるが、実は、中毒事故、化学災害の延長線上にあるものである。以前、農薬クロールピクリンを自殺目的で飲用した患者が救命救急センターの処置室で嘔吐し、医療従事者に二次被害が起こった事例があった。この救命救急センターには NBC テロ対応の化学防護衣が配備されていたが、それらの装備は使われることはなかった。スタッフによると、「その装備は、NBC テロのための装備であると思っていたので、使おうという考えはなかった」ということであった。クロールピクリンは、実はかつて毒ガスとして使用されたこともある物質で、NBC テロ対応の化学防護衣で対応できる。このように普段から、NBC テロ対応の防護衣はあくまでも化学防護衣であり、NBC テロ対応にしか使えないものではなく、適応のある化学物質にも使えるという感覚がなかったのが悔やまれる。

一方、B テロ対応においても対応の基本は通常の感染症対策にあり、テロといっても、人類がかつて経験してこなかった特殊な新生物によるテロというわけでもなく、単に感染症対策の応用問題である。また、R テロ対策では、正に、汚染拡大防止策を中心とする対応は、東日本大震災に伴う東京電力福島第一原子力発電所事故での知見がそのまま使える。このため、テロとはいっても、各種対応は既に日本は経験済みで、核物質災害に関しても日本は世界で唯一の被爆国でもあり、NR テロ対策においては、日本以上に知見を持っている国はないともいえる。その意味では、今まで全く経験してこなかった新たな脅威というわけではない。そして、テロは、当初、それが事故か事件か、災害か、ましてやテロかどうかも分からない時点から対応を求められる。その意味でも、日常的に発生する C 災害や N 災害の延長線上にテロ対応は存在するのである。

5 検知・分析

爆発事案並びに原因不明の事態発生時における検知・分析は、警察・消防等現場対応に携わる要員の個人防護レベルの決定や変更、被災者の除染・治療、並びに現場除染に資する情報獲得のために重要である。災害現場においては、CBRNe 全ての発生を疑って検知を行うとともに、法執行機関による原因物質特定のための試料採取、分析専門機関への後送、分析による原因物質の特定が行われるが、専門機関による正確な分析のためには相応の時間が必要なため、リアルタイムに結果を求めることは通常困難である。したがって、警察・消防等が現場に携行する検知器材による検知結果及び被災者の症状等から総合的に

判断する必要がある。

　CBRNe 関連物質の現場検知は、使用された物質により原因物質特定の容易性が大きく異なる。一般的に、放射線・放射性物質、化学物質の現場検知は比較的容易であるが、生物剤の現場検知は困難を伴う現状にある。

　また、平時における CBRNe 関連物質の監視・モニタリングを常続的に行うことにより、緊急時との有意差が明らかとなり、事後の対処を容易にすることが可能なため、平時における監視・モニタリング機能も重要である。

　ここでは、一般的に使用されている CBRNe 関連物質の現場検知技術・器材並びに監視モニタリング機能について簡単に紹介する。

(1)　化学物質

　災害現場では、迅速かつ正確な原因物質の特定が求められる。また、原因物質による被害が発生している場合が多く、早急な検知・特定が重要となるため、現場で使用される検知器材は、迅速性、操作容易性が要求される。

　「携帯型」検知器としては、試験紙、検知管、イオンモービリティー検知器（IMS）、光イオン化検知器（PID）、炎光光度検知器（FPD）、表面弾性波検知器（SAW）、ガスクロマトグラフ（GC）、質量分析計（MS）、両者のハイブリッドである GC/MS、フーリエ変換赤外分光分析計（FT-IR）等がある。表 4 － 1 － 1 に、一般的に使用されている化学剤検知器材の一例を示す。

(2)　生物剤

　生物剤の現場検知器材は警察・消防を中心に整備されているが、現場検知レベルは、現場対応に必要十分な性能を有しているとは言い難い現状にある。

　主な生物剤検知のターゲットはエアロゾルであり、大気中に存在するであろう生物剤を自動採取器で捕集、検知を行う方法が主流となっている。不審物として発見された白い粉等に対しては、その一部を採取し、生理食塩水に溶解後、生物剤の検知を行う。

　生物剤の検知原理として、免疫学的方法、分子生物学的方法を用いた資器材が市販されているが、検知可能な生物剤の種類は限定的である。表 4 － 1 － 2 に、一般的に使用されている生物剤検知器材の一例を示す。

(3)　放射線・放射性物質

　一般的に放射線・放射性物質の検知は比較的容易であると述べたが、使用された放射性物質の核種、すなわち α、β、γ 核種により検知の容易性が異なることは理解されたい。通常、α 核種の検知・特定は、β、γ 核種に比較して困難となる可能性が高い。表 4 － 1 － 3 に、一般的に使用される放射線測定器材を示す。

(4)　爆発物

　爆発物検知は、爆発後に現場で使用されることはなく、爆発前に不審物に対する検知手段として用いられる。一般的に爆発物は固体であり、これを検知することは困難を伴うが、空港等の手荷物検査場や爆発予告が行われた施設、イベント会場等に、爆発物検知器や爆発物探知犬等を投入・配備して、監視を行っているのが現状である。

表4－1－1　主な化学剤検知原理と化学剤検知器材（一例）

検知原理	検知紙	検知管	IMS	FPD	ラマン	FT-IR	MS及びGC/MS
代表例	M8検知紙	アキュロポンプ	RAID-M100 LCD3.3 Chempro100	AP2C	First Defender Pendar X10	HAZMAT ID GAS ID	【MS】 MX908 【GC/MS】 HAPSITE
検知対象	・G剤 ・V剤 ・糜爛剤	・検知管を選択することにより各種化学物質に対応可能	・G剤 ・V剤 ・糜爛剤	・G剤 ・V剤 ・マスタード	・ライブラリに登録されている化学物質（ライブラリ登録数は数千種に及ぶ） ・ライブラリの追加登録やカスタマイズが可能		
器材特性	・安価 ・M8は液滴のみに反応 ・化学剤以外の物質にも反応（偽陽性）	・安価 ・検知管の選択に一定の知見が必要	・警察、消防等が保有する主流の検知器材 ・取扱いが比較的容易 ・濃度はレベル表示	・リン、硫黄に対する感度が高いが、逆にリン、硫黄を含む化学物質に反応（偽陽性） ・濃度はレベル表示	・高価 ・災害現場において原因物質の簡易特定が可能 ・透明容器内の非破壊検知が可能	・高価 ・災害現場において原因物質の簡易特定が可能	・高価 ・災害現場において気体原因物質の簡易特定が可能

表4－1－2　主な生物剤検知原理と生物剤検知器材（一例）

検知原理	エアロゾル検知（捕集）	エアロゾル捕集抗原抗体反応	エアロゾル捕集＋蛍光反応	エアロゾル捕集＋分子生物学法
代表例	BAWS　Bio Capture	BTA Test Strips　JBPDS	IBAC　Smart Bio Senser	R.A.P.I.D
対象生物剤	・エアロゾルを捕集	① BTA Test Strips 炭疽菌、ボツリヌス毒素、ペスト菌等8種類の生物剤に対応 ② JPBDS 10種類の生物剤に対応	① IBAC 炭疽菌、ペスト菌、ボツリヌス毒素等9種類の生物剤に対応 ② Smart Bio Senser 炭疽菌、ペスト菌、天然痘、リシン等10種類以上の生物剤に対応	・炭疽菌、ボツリヌス毒素、ペスト菌等9種類の生物剤に対応
特徴	・エアロゾルを検知、警報を発するとともに、エアロゾルを捕集 ・簡易検知用としての右のBTAを使用するようデザインされている機種もあり（Bio Capture）	① BTA Test Strips 試料を抗原抗体反応（BTA）により生物剤の検知が可能 ② JPBDS エアロゾルを検知、警報を発するとともにエアロゾルを捕集、自動的に抗原抗体反応により生物剤を特定	① IBAC エアロゾルを検知、警報を発するとともに自動サンプリング、蛍光分析により生物剤を特定 ② Smart Bio Senser エアロゾルを検知、警報を発するとともに、自動的にエアロゾルを捕集、蛍光反応により生物剤を特定	・エアロゾル捕集器により捕集された試料をPCRにより生物剤を特定

表4-1-3 放射線測定器材の一例（空間線量計）

種類	NaIシンチレーションサーベイメーター	電離箱式サーベイメーター	RadEye PRD-ER（NaI検出器）	RadEye G-10（GM検出器）	中性子サーベイメーター	HDS-101G/GN（CsI（Tl）、半導体、LiL（Eu））
測定原理	励起作用	電離作用	励起作用	電離作用	^{3}He 比例計数管	励起作用、半導体
検出対象	γ線	γ線、β線	γ線	γ線	中性子線	γ線、中性子線
単位	μSv/h	mSv/h、Sv/h	cps、μSv/h、mSv/h、Sv/h	μSv/h、mSv/h、Sv/h	μSv/h、mSv/h、Sv/h	Sv/h、mSv/h
測定範囲	B.G.～30μSv/h	0.03mSv/h～1Sv/h	0.01μSv/h～100mSv/h	0.05μSv/h～100mSv/h	0.01μSv/h～10mSv/h	0.01～100μSv/h 拡張0.1～10mSv/h
光子エネルギーの範囲	50keV～3MeV	30keV～2MeV	60keV～1.3MeV	45keV～1.3MeV	0.025eV～約15MeV	γ線：30keV～3MeV 中性子線：0.025eV～15MeV
時定数 応答時間	時定数 3秒 10秒 30秒	応答時間 5秒以内	反応時間 <150cps：16秒 151～400cps：4秒 >400cps：1秒	応答時間 B.G.～1μSv/h～：60秒 B.G.～3μSv/h～：20秒 B.G.～10μSv/h：3秒	各指示範囲で標準偏差10%以内となるよう設定されている	
保護レベル	なし	なし	完全防塵／耐噴流 IP65	完全防塵／耐噴流 IP65		耐衝撃／耐振動／防水 IP54
動作時周辺温度			−20～＋50℃	−20～＋50℃	−10～＋45℃	−20～＋50℃
備考						核種特定も可能

放射線測定器材の一例（表面汚染計）

種　　　類	GM 計数管サーベイメーター	ZnS（Ag）シンチレーションサーベイメーター	RadEye B-20
測定原理	電離作用	励起作用	電離作用
検出対象	β（γ）線	α 線	α 線、β 線、γ 線
単　　　位	cpm（min^{-1}） 1分間の計数 入射窓面積：19.6㎠	cpm（min^{-1}） 1分間の計数	cpm（min^{-1}） 1分間の計数 様々に設定可能
測定範囲	0〜99.9kmin^{-1}	0〜99.9kmin^{-1}	B.G.〜100kcps
光子エネルギーの範囲			17keV〜1.3MeV
時 定 数 応答時間	時定数 3秒 10秒 30秒	時定数 3秒 10秒 30秒	反応時間 B.G.〜1 μSv/h〜：10秒 B.G.〜3 μSv/h〜： 5秒 B.G.〜10 μSv/h：2 秒
保護レベル	なし	なし	耐降雨 IP32
動作時周辺温度	+5〜+35℃	+5〜+35℃	−20〜+50℃

※　この一覧表以外にも多数の測定器が各メーカーから販売されている。使用する状況、目的に応じた測定器を使用する。

⑸　CBRNe 監視・モニタリング機能について

　特定の施設等の周辺にあらかじめ CBRNe 検知器材を配置し、連続的にモニタリングを行うことにより、早期に原因物質の検知を行うことが可能となっている。一例としては、原子力発電所周辺のモニタリングポストが挙げられる。全国の放射線モニタリングの情報は、原子力規制庁の「放射線モニタリング情報共有・公表システム」（https://www.erms.nsr.go.jp/nra-ramis-webg/）で確認できる。また、消防庁は遠隔監視型化学剤検知器の導入を決定した模様である。生物剤関連では、感染症発生動向調査を常時実施しており、この動向調査から特定の感染症発生動向の早期把握が可能となっている。

（奥村　徹／法務省矯正局、国際警察協会日本支部会員、公共ネットワーク機構理事，富永隆子／放医研，中村勝夫／陸上自衛隊 OB）

第2節　Cテロ災害

　Cテロ災害とは、危険な化学物質を使ったテロ災害のことである。まずは、Cテロ災害に何が使われるのか、そして何を使われたのかを知るにはどうするのかを解説する。その上で、Cテロ災害対応の基本原則について解説する。

　Cテロ災害の最大の特徴は、数分から2、3時間の対応で全てが決まり、勝負が早いことである。時間を無駄にはできない。また、多数傷病者発生の場合、傷病者と頻回に意思疎通を図ることが重要となる。傷病者は、何が起こったのかも全く分からずにおびえている。何らかの理由で待たせる場合には、きちんと説明をすることも重要である。しかし、できれば、事が起きてからではなく、事前の訓練や広報で、普段から市民に対し、Cテロ災害ではどのようなことが起きて、どういう対応をするのかを周知徹底しておくべきである。

1　Cテロ災害に使われる原因物質

　Cテロ災害で、まず想定されるのは、古典的な化学兵器である。古典的な化学兵器は、第一次、第二次世界大戦の間に開発され、冷戦中には、多くの化学剤がより改良され、備蓄されてきた。これに対して、化学兵器禁止条約を結んだ国では化学兵器の廃棄が進んでいるが、これらの化学兵器がテロリストの手に渡ったり、自分たちで作った場合、重大な脅威となる。古典的な化学兵器は、大きく分けて5種類ある。①糜爛剤、②窒息剤、③神経剤、④血液剤、⑤非致死性化学兵器である（表4-2-1）。

　この分類の他に、持続性と揮発性に着目して化学兵器を分けることもある。それによっ

表4-2-1　古典的化学兵器の5類型

5類型	物質名の例	主な標的臓器	持続性
糜爛剤	硫黄マスタード（H） ルイサイト（L） ホスゲンオキシム（CX）	皮膚、呼吸器	マスタードは高い ルイサイトは低い
窒息剤	塩素（CL） ホスゲン	呼吸器	低い
神経剤	タブン（GA） ソマン（GD） サリン（GB） V剤（VX）	神経系	VXは高い その他は低い
血液剤	シアン化水素（AC） シアン化塩素（CK）	酸素利用系	低い
非致死性化学兵器	嘔吐剤	消化器系	低い
	催涙剤	呼吸器、眼	
	無力化剤	中枢神経系	

て対応が変わってくるからである。持続性と揮発性は、その剤が揮発してしまう前にどれだけの時間がかかるかということである。持続性（若しくは非揮発性）とは24時間以上散布表面に残るという意味である。非持続性剤（若しくは揮発剤）とは、通常の温度下では比較的早期に揮発するという意味である。高度な持続性を持った剤（マスタードやVX）は、数週間から数か月も環境中に残るのに対し、高度な揮発性を持った剤（サリン等）は、数分、数秒以内に揮発する。

(1) 糜爛剤

　　主な糜爛剤の曝露経路は皮膚接触であるが、剤が皮膚に残っている場合や、散布された場所に近い場合、気体を発生し、呼吸器系に入ってくる。糜爛剤は、まるで熱傷のような水ぶくれ（水疱）を皮膚にも気道（口、鼻、喉、食道、肺）にも作る。糜爛剤には硫黄マスタード（H）、ルイサイト（L）、ホスゲンオキシム（CX）などがあり、H、L、CX などの記号は軍で使われる。糜爛剤は湿った場所に影響を与えやすく、腋、陰部、眼、気道において化学反応は強くなる。被害者は剤に曝露した場所に進行する発赤を来し、大きな水疱を形成する。水疱は形と外見は、やけどの水疱にそっくりである。水疱の中の液体には、剤は含まれない。しかし、皮膚表面はよほど熟練した者が除染しない限り、剤は残っているものと考える。

　　硫黄マスタードは、気化して肺に吸入される。これにより、気道に病変を生じる。そして、最終的には気道が損傷される。

　　ルイサイトとホスゲンオキシムは、硫黄マスタードと同様の糜爛を形成する。両剤は揮発性が高く、より重症化しやすく死に至りやすい。硫黄マスタードに比べて発症が早く、接触すれば即時に痛み、違和感を生じる。眼に付着しても当然、痛みを生じ、一時的若しくは恒久的な失明を来す。

　　硫黄マスタードやホスゲンオキシムに関して特異的解毒薬はないが、バル（BAL：British Anti-Lewisite）は、ルイサイトに対する治療薬として使われ、内部臓器の障害を軽減するが、皮膚、眼、気道の損傷を食い止めることはできない。

(2) 窒息剤

　　窒息剤は直ちに作用する。主な曝露経路は呼吸器系であり、吸入して障害が起こる。一旦、呼吸器系に吸入されれば、肺を障害し、肺の中に水分が滲出する。肺水腫になると呼吸困難が出てくる。この剤には、塩素（CL）やホスゲンが含まれる。

　　塩素は、戦争に使われた最初の化学兵器である。漂白剤の臭いがし、当初は気道系の刺激と窒息感を示す。そして、塩素と他の家庭用洗剤との混合によって、毎年多くの被害者を出している。また、広く社会で使われており、水道水の品質を確保するために添加する目的で大きな貯蔵タンクに貯蔵されている。鉄路や道路でも大量の塩素が輸送されており、事故若しくは故意に放出されることがあれば、被害者や死者を出すことになる。気道系の刺激の後、息切れ、胸部絞扼感、気管攣縮、喘鳴、咳を起こす。重度の曝露では、肺水腫、窒息を来し、死に至る。

　　ホスゲンは、化学兵器として生産されるが、織物工場や一般家庭の火災、金属工場や

フロンが燃焼しても生じる。空気よりも重いので、戦場においては塹壕や掩蔽壕など低い所に停留する。通常、ホスゲンは数時間後に遅発性の症状を発症させる。塩素と違って、重度の気道の刺激症状がないので、曝露されている環境にそのまま居続ける危険性がある。臭いは、新鮮な干し草の臭いがする。それでも気づかないうちに曝露する場合がある。曝露の症状は、吐き気、胸部絞扼感、咳、呼吸困難、肺水腫などがある。

被害者の最初の治療は、曝露されている環境から救出することである。積極的な気道、呼吸、循環管理を開始し、特に酸素投与、換気と吸引を必要に応じて積極的に行う。また、安静にさせる。これは、運動により症状の進行が早くなるとされているためである。

なお、窒息剤に対する解毒薬はない。

(3) 神経剤

神経剤は、最も致死的な化学剤であり、曝露後数秒から数分で心停止に至る。戦争で使われ、現在最も効果的にテロリストによって使用される剤であると考えられている。神経剤は、殺虫剤である有機リン農薬の開発中に見い出され、兵器として使われる神経剤よりも弱い作用の家庭内殺虫スプレー、農薬、工業製品として存在する。

サリン（GB）は、揮発性が高く、無色無臭の液体である。室温で数秒から数分で気化する。この剤は、オフィスビルや大規模集客施設（ショッピングモール、劇場）、地下鉄車両などの閉鎖空間においては、特に危険である。一旦、皮膚に付着すると、急速に吸収される。また、衣服にも浸透、吸着され、後に時間をかけて、いわば香水のように揮発する。したがって、被害者自身はもちろん、被害者の衣服も汚染される。

ソマン（GD）は、サリンの2倍の持続性があり、致死率はサリンの5倍である。ソマンに使われるアルコールの種類によっては果物臭がし、一般的に無色である。ソマンは、接触又は吸入により体内に入り、経皮的、経気道的に作用する。

タブン（GA）は、サリンの約半分の致死率であるが、持続性はサリンの36倍である。通常の条件下では、数日間、散布場所にとどまる。果物臭があり、無色透明である。タブンの材料は一般的な物質であり、入手しやすく、比較的製造しやすい。タブンは、接触又は吸入により体内に入り、経皮的、経気道的に作用する。

V剤（VX）は、無色無臭透明な油っぽい液体である。V剤はサリンの100倍致死率が高く、極端に持続性が高い。通常の条件下では数週間から数か月間、散布場所にとどまる。そのため、曝露経路は接触曝露がほとんどで、吸入曝露はほとんどありえない。皮膚から吸収されやすく、油っぽいので、除染は極めて困難となる。毒性は極めて高く、皮膚に半滴で死に至らしむ。

神経剤の症状は、SLUDGEBAM／DUMBELS という語呂合わせが有名である（**表4－2－2**）。縮瞳は神経剤曝露の最も一般的な症状であるが、数日から数週間持続する。神経剤曝露により痙攣が起こる。痙攣は、神経剤の解毒薬が投与されるまで、若しくは死に至るまで続く。神経剤曝露で死に至るのは、呼吸停止が起こるためである。また、気道確保と呼吸補助という単純な手技だけで被害者を救うことができる。

神経剤の解毒薬は、アトロピン、PAM、ジアゼパムの三つである。神経剤が体内に

表4－2－2 神経剤、有機リン系農薬中毒の症状

【SLUDGEBAM】

S	Salivation	唾液分泌
L	Lacrimation	流涙
U	Urination	尿失禁
D	Defecation	便失禁
G	GI upset	胃腸症状
E	Emesis	嘔吐
B	Bronchorrhea and Bradycardia	気管支漏、徐脈
A	Abdominal pain	腹痛
M	Miosis and Musclefasciculation	縮瞳、筋痙攣

【DUMBELS】

D	Diaphoresis and Diarrhea	発汗、下痢
U	Urination	排尿
M	Miosis	縮瞳
B	Bradycardia, Bronchospasm, Bronchorrhea	徐脈、気管支痙攣、気管支漏
E	Emesis	嘔吐
L	(excess) Lacrimation	流涙
S	Salivation	唾液過多

入ると、前述したSLUDGEBAM／DUMBELSの症状を示す。筋肉の収縮や、気管支攣縮、過分泌を来し、結果として低酸素状態、排尿、排便、精神状態の変容、痙攣、筋肉麻痺、昏睡、そして死に至る。アトロピンは、口腔内、気道の過剰分泌を止める。PAMは神経剤の作用をブロックし、ジアゼパムは痙攣を止める。

(4) 血液剤（シアン化物）

シアン化水素（AC）とシアン化塩素（CK）は、共に体内の酸素利用に影響を及ぼす。シアン化物は、無色のガスで、アーモンド臭を持つ。シアン化物の作用は、細胞レベルで始まり、非常に早く酸素利用系に影響を及ぼす。神経剤と同様に、血液剤は数秒から数分の単位で死に至らしめる。神経剤と違い、シアン化物は工業界で一般的なものである。日本では毎年膨大な量のシアン化物が、金、銀の採掘や写真工業、プラスチック工業等の工業界で生産、使用されている。また、家庭内で広く使われている布地やプラスチックが火事の際に燃焼することによっても発生する。また、様々なフルーツを貯蔵した倉庫でも微量ながら存在する。

シアン化水素とシアン化塩素の臨床上の症状には、ほとんど違いがない。両剤とも低濃度では浮動性めまい、くらくらする感じ、頭痛、嘔吐を起こす。高濃度では、息切れ、あえぎ呼吸、頻呼吸、鮮紅色の皮膚、痙攣、昏睡、無呼吸などで、大量のシアン化物を

吸入した場合には、数分で症状を呈する。治療は、被害者を汚染源から救出したら、直ちに液滴汚染がなかったとしても被害者の衣服を脱衣させる。そうした上で被害者の気道、呼吸、循環の安定化に努める。軽症の患者であれば、汚染源から避難させて、酸素を投与するだけで徐々に回復する。重症であれば、積極的な酸素化が必要で、おそらくは気管挿管して換気、酸素投与しなければならない。解毒薬は2種類あり、シアン解毒キット（CAK：Cyanide Antidote Kit）とシアノキットである。シアン解毒キットには、亜硝酸アミルのカプセルと亜硝酸ナトリウム、チオ硫酸ナトリウムが入っている。シアノキットは、ヒドロキソコバラミンが入っている。

(5) 非致死性化学兵器

　このほか、致死性の低い化学兵器も存在する。非致死性とはいうが、死亡の危険が全くないわけではなく、濃度や曝露時間などによる。例えば、モスクワ劇場占拠事件においては、非致死性のはずの無力化ガスKOLOKOL‐1が使用された結果、人質を含む多数の死者が出た。いわゆる非致死性化学兵器には、嘔吐剤、催涙剤、無力化剤などが含まれる。

(6) 古典的化学兵器以外の毒性物質

　以上、古典的化学兵器を中心にどんな物質がCテロ災害で使われるのかを紹介してきたが、厄介なのは、Cテロ災害で使われる化学物質は古典的な化学兵器にとどまらないことである。最近、注目されているのが、TICs（Toxic Industrial Chemicals）若しくは、TIMs（Toxic Industrial Materials）といわれる毒性の高い化学工業品である。化学兵器よりもより入手が容易であるとされ、テロに使われる可能性が指摘されている。アンモニア、塩化水素、塩酸、ホウ酸、二酸化硫黄（亜硫酸ガス）、エチレンオキシド、フッ化水素、オゾン、ホルムアルデヒド、硫化水素、メタン、一酸化炭素などが挙げられている。化学兵器にしても、いわゆる化学兵器禁止条約で指定されていないような新しい化学兵器もその存在が話題になっており、いかなる危険な化学物質が使われても不思議ではない。そのことだけは心しておく必要がある。16世紀のルネサンス初期のスイスの医師、錬金術師であるパラケルススはこう言っている。「全ての物質は毒である。毒でないものは何もない。適切な用量が毒と薬を区別するだけである」。

2　使用された化学物質の検知方法

　1分でも1秒でも早く原因物質を特定することが、被害者の救命に役立つことは言うまでもない。使用された化学物質を知る方法は、大きく分けて二つあり、一つは検知器材による検知（99頁参照）、二つ目は臨床症状からの原因物質推定である。

(1) 検知器材による検知

　検知器材による検知は年々進歩しており、現場でもかなり正確に原因物質を検知できるようになった。それでも一台の検知器で全ての化学物質を検知するわけにはいかず、複数の異なる測定原理を使った検知器を組み合わせて原因物質の特定がなされる。また、事が起きてから検知を始めるのではなく、国際的な政治的イベント、スポーツイベント

108 第4章 CBRNe テロ災害の基本的形態と対処要領

においては、あらかじめスクリーニング的に化学物質の検知を行い、網を張っておく場合もある。

(2) 臨床症状からの原因物質推定、トキシドローム

一刻も早く原因物質を特定するためには、臨床症状からの原因物質の推定も重要であり、解毒薬の有効性が確立した原因物質から見つけ出すのが定石である。そこで、最近、日本でも注目されているのがトキシドロームの考え方である。トキシドロームとは、中毒物質をおおまかにグループ分けし、症状や身体的兆候から探っていくものである。国際的には、以前から広く認知された概念である。トキシドロームを明確に認識することの一番の利点は、中毒原因物質がはっきり分からない段階から大過ない対応がとれることにある。トキシドロームは、あくまでもおおよそのあたりをつける概念であって、特定の中毒物質まで必ずしも絞り込めなくてもよい。経験を積んだ臨床中毒の専門家ならば、中毒の兆候、所見は、必ずしも教科書どおりではなく、ましてや中毒原因物質が複数にわたる場合、状況は更に困難であることはよく分かっている。これを分かっていながら、あくまでも、おおざっぱに考えていきましょう、最悪の事態を避けましょう、ということなのである。トキシドロームはこれだ、という一つの決定版はない。教科書や専門家によって、どのトキシドロームを取り上げるかは異なるが、国際的な臨床中毒・C災害の教育コースである AHLS（Advanced Hazmat Life Support）では、C災害やテロを念頭に置き、五つを挙げている。すなわち、①刺激性ガストキシドローム、②窒息性トキシドローム、③コリン作動性トキシドローム、④腐食性物質トキシドローム、⑤炭化水素及びハロゲン化炭化水素トキシドロームである（**表4-2-3**）。

刺激性ガストキシドロームは、水溶性の程度により3種類に分類される。高い水溶性を持つグループがアンモニア、ホルムアルデヒド、塩化水素、二酸化硫黄で、中等度の水溶性を持つのが塩素、水溶性が低いグループがホスゲン、二酸化窒素である。曝露経路は吸入が最も多く、主な標的器官・臓器は気道（A）・呼吸器（B）である。水溶性が高いものほど、より上気道に、水溶性が低いものほど、より下気道に、病変の主体がある。

窒息性トキシドロームは、作用形式から次の2種類に分類される。一つは、単純性窒息を来す窒息性物質である。二酸化炭素、メタン、プロパンが代表的な物質で、これらの気体で空気中の酸素が置換されて酸素濃度が下がることにより単純性窒息を起こす。もう一つは、全身性の化学性窒息性物質である。一酸化炭素、シアン化水素、硫化水素、アジ化水素がこれに含まれる。曝露経路は吸入が最も多く、主な標的器官・臓器は心血管系（C）・中枢神経系（D）である。

コリン作動性トキシドロームは、コリンエステラーゼを阻害する物質によって起こるトキシドロームである。有機リン剤、カーバメート系農薬、神経剤による中毒が含まれる。曝露経路は吸入、皮膚・粘膜、経口で、主な標的器官・臓器は中枢神経系（D）である。

腐食性物質トキシドロームは、酸・アルカリ・酸化剤などの腐食性物質によるトキシ

表4−2−3　AHLSにおけるトキシドローム

トキシドローム	サブグループ	例	主な曝露経路	主な標的的器官・臓器	臨床症状
刺激性ガストキシドローム	水溶性が高いもの	アンモニア ホルムアルデヒド 塩化水素 二酸化硫黄	吸入	気道	咳、くしゃみ、鼻水、呼吸困難など
	水溶性が中等度のもの	塩素	吸入	気道、呼吸器	
	水溶性が低いもの	ホスゲン 二酸化窒素	吸入	呼吸	
窒息性トキシドローム	窒息性物質（単純性窒息）	二酸化炭素 メタン プロパン	吸入	心血管系 中枢神経系	頻脈、低血圧、チアノーゼ、呼吸困難感など
	化学性窒息性物質	一酸化炭素 シアン化水素 硫化水素 アジ化水素	吸入	心血管系 中枢神経系	
コリン作動性トキシドローム	農薬	有機リン カーバメート	経皮 経粘膜 経口	中枢神経系	縮瞳、流涎、流涙、気道の分泌昂進、痙攣、筋攣縮、消化管の蠕動昂進による嘔吐、下痢、便失禁、尿失禁、急性膵炎、徐脈、低血圧など
	神経剤	サリン ソマン タブン V剤	吸入 経皮 経粘膜	中枢神経系	
腐食性物質トキシドローム		酸 アルカリ	経皮 経粘膜	気道 心血管系	粘膜刺激症状、気道刺激など
炭化水素及びハロゲン化炭化水素トキシドローム		ガソリン トルエン	吸入	心血管系 中枢神経系	錯乱、不穏、痙攣、昏睡など

ドロームである。酸では、塩酸、硝酸、硫酸、酢酸が代表的であり、アルカリには、水酸化アンモニウム、水酸化ナトリウム、水酸化カリウムなどがある。曝露経路は皮膚・粘膜が最も多く、吸入や摂取でも曝露する。主たる標的器官・臓器は気道（A）と心血管系（C）である。呼吸器系症状は、腐食性物質の大きさによって異なり、10ミクロン以下の場合は気道の奥まで侵入し、喉頭痙攣、気管支痙攣、上下気道の浮腫による発声障害を起こし、また咳が出る。

炭化水素及びハロゲン化炭化水素によるトキシドロームは、曝露経路は主に吸入であり、主な標的器官・臓器は心血管系（C）と中枢神経系（D）である。

特に、トキシドロームのうち、最初に鑑別しておきたいのは、治療法が確立しているコリン作動性トキシドロームと窒息性トキシドロームに含まれるシアン化水素である。この二つを早期に見つけ出して治療ができれば、救命の目的を達成できる。

◆**コラム：ミサイル燃料としてのジメチルヒドラジン**

　昨今、北朝鮮のミサイル発射事例の増加に伴って、一部の部品等が日本領土内に落下した場合、何らかの有害物質が含まれている可能性が指摘されている。特に弾道ミサイルの燃料には、ジメチルヒドラジンが含まれており、空気に触れると自然発火することがあるほか、蒸気を吸入することにより、心不全や肺水腫等の生命に関わる事態に発展する可能性もあるとされている。このため、総務省消防庁国民保護・防災部からも注意喚起が行われている。もちろん、最悪の事態に備えることは大切ではあるが、現実的には、ジメチルヒドラジンは瞬時に揮発する可能性が高く燃料そのもので実害を出す可能性は高くない。

3　Ｃテロ災害対応の五つの鍵

では、具体的にＣテロ災害の際にはどのような対策がとられるのかについて、検知、個人防護装備、ゾーニング、除染、医療処置という五つのキーワードを挙げ解説したい。なお、検知については前述したので、個人防護装備から解説する。

⑴　個人防護装備

個人防護装備（PPE：personal protective equipment）は、危険な化学物質から守るための装備で、呼吸器系の防護と身体の防護装備からなり、レベルＡからＤまでに分けられる（**写真４-２-１**）。レベルＡでは、呼吸具としては主に供給式のボンベ（自給式呼吸器（SCBA：Self-contained breathing apparatus））を使用する。スーツの被覆範囲は呼吸具を含めた全身となり、スーツ内は陽圧となる。レベルＢの呼吸具としては、これも供給式のもの（SCBA）を使用するが、呼吸具はスーツ（化学防護衣）から露出している。レベルＣでは、呼吸具としては、供給式以外のガスマスク（吸収缶と呼ばれる濾過式の解毒装備を装着したもの）を使用する。スーツは化学防護衣である。レベルＤは、通常の作業衣である。

通常、原因物質が分からない段階ではレベルＡの防護衣を用いるが、原因物質の種類や濃度が分かり次第、レベルＢ、Ｃへと装備を落としてゆくのが大原則である。また、

写真4－2－1　個人防護装備（左：レベルA、中央：レベルB、右：レベルC）

　レベルA、Bの防護衣はその数量的な限界に加え、活動時間が極めて限られ、身体的な制限も大きいため、実際の運用には注意を要する。

　現在、多くの消防本部では、危険な化学物質が検出された段階で専門部隊の到着を待ったり、救出救助よりも検知が優先されたりしている。原理原則から言えば、隊員の最大限の安全を考えると専門部隊の到着を待ち、検知結果を待って救出に当たれば、それ以上に安全なことはない。今まで起こったC災害、東京地下鉄サリン事件における消防隊員の労働災害の歴史を教訓とした取組として、それはそれで確かに正論だが、リスク軽減を担保した上で、もう少し柔軟に対応できないものだろうかという意見も出てきている。

　参考とすべき取組は、既に海外で始まっている。最近、米国の消防では、状況に応じて、最初に到着した部隊が専門部隊の到着を待たずに被害者の救出のため現場に突入し、救出救助を行う検討が進んでいる。米国陸軍SBCCOM（Soldier & Biological Chemical Command：陸軍兵士生物学化学部隊）の報告書では、陽圧の面体で呼吸器と眼は保護されているという前提で、自給式呼吸器SCBAと防火服でどこまで活動できるかが検討されている。すなわち、現場指揮者の判断基準として、サリンなどの一般的な神経剤の場合、放出から10分で濃度のピークは過ぎているものと考え、生存者がいるかどうかを濃度の目安とし、突入のタイミングは、散布・拡散から10分経過以降かどうかで判断するというのである。また、放出10分後に生存者が2％存在し、防火服と自給式呼吸器が完全ならば、現場活動時間は30分まで可能としているが、その際にも、約半数の隊員に発汗や脱力感が1～18時間で出てくるリスクがあり、任務終了後直ちに除染を受ける（可能ならば活動前に解毒薬を自己注射する）こととしている。生存者がいないと判断した場合は直ちに現場を離脱し、油状の汚染、皮膚刺激症状など糜爛剤の兆候を発見したときにも、消防も被害者も直ちに離脱して除染を受ける。また、血液剤、窒息剤、催涙剤、無力化剤の場合では、更に長時間の現場活動を可能としている。

　日本でも消防本部によっては、非専門部隊の救助活動を検討しているところも既にある。現場が屋内か屋外か、生存者がいるのかいないのか等の様々な条件下で、自給式呼

吸器と防火服でどこまで活動できるのかの検討である。各消防本部でも、非専門部隊の可能性の検討を早急に始める必要が出てきている。

◆コラム：個人防護装備の考え方の変化

今まで化学テロにおいては、対応要員は化学防護装備に完全防護された状態で活動していた。しかし、それでは即応性に欠けるとともに、極めて限られた訓練を積んだ専門職員しか活動できなかった。しかもコストがかかり、特に夏季は暑さのため長時間の着用は限界がある。したがって、待機には向かない。

また、以前から通常の消防隊員は専門部隊が来るまで何もできないのかとジレンマがあったが、これを受けて米国陸軍SBCCOMでは、非専門部隊である救助隊が自給式空気呼吸器と通常の防火服で化学テロにどれだけ対応できるかに関して研究を行い結果を公開した。一方日本では、例えば警察の要人警護はスーツで警護し、サミット首脳対応医師団のNBC対応班はスーツで待機する状況にあり、万が一の事態が起きた場合、即応性にも安全性にも問題がある。

そこで、活性炭マスク、撥水・撥油加工したスーツ、活性炭素材の下着としてのボディスーツやエスケープフードを活用すれば、発災後即応でき、警護対象者をいち早く避難、誘導でき、被害の軽減化が図れる。以上のように化学剤対応の個人防護装備は防災から減災へとパラダイムシフトを迎えている。

---

(2) ゾーニング

ゾーニング（**図4−2−1**）とは、防護措置の度合に応じた通行規制区域の設定のことであり、ホットゾーン、ウォームゾーン、コールドゾーンに分かれる。ホットゾーンは、最も危険度の高い区域で、被災者が倒れている地域をホットゾーンとするのが一般的である。ウォームゾーンは、そこにいるだけで直ちに生命の危険はないものの、被害者に付着した危険な化学物質によって二次災害が生じかねない区域で、このため、この区域内で除染が行われる。コールドゾーンは、汚染のない区域である。ゾーニングの距離、形状などは散布された剤の類、散布形態、散布量及び当時の気象状況などによって変化し、定まった絶対的な基準はない。

ゾーニングに関して理解しておくべきことは、ゾーニングは理論上の対応の大原則であることは間違いないが、実際にゾーニングを行い、除染体制を立ち上げるまでには、30分なり1時間なり時間がかかるということである。もちろん、この間に、除染を受けていない被害者は、自ら、若しくは通りがかりの車両で直接医療機関を目指すことになる。

ゾーニングとは別に、原因物質とそのおおよその量、時間帯によって、とりあえず避難すべき距離を示したERG：Emergency Response Guidebook（危険物・テロ災害初動対応ガイドブック）なるものもある。これは、カナダ運輸省（TC）、米国運輸省（DOT）及びメキシコ通信交通省（SCT）とアルゼンチン緊急事態のための化学情報センター（CIQUIME）とで共同策定されたもので、危険物や危険物質が関与する輸送事故現場に最初に現着する可能性のある消防士や警察、その他の緊急対応業務を行う人が

第2節　Cテロ災害　113

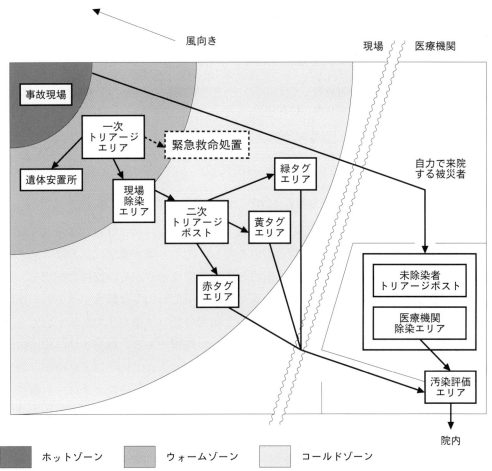

本来は、一次トリアージで、除染よりも緊急救命処置を優先する患者であれば、即座に緊急救命処置を行うべきである（┌┈┈┈┐囲み）が、残念ながら現在の日本では行われていない。

図4−2−1　ゾーニングの図（ガスの場合）

利用できるように作られたものである。世界中のC災害、Cテロ災害対応関係者の間で利用されている。日本においても平成26年2月12日に総務省消防庁で行われた「消防・救助技術の高度化等検討会」の成果物として、ERGの説明が最終報告書に記載されている。

(3) 除　染

　除染とは、人体を傷害する原因となる物質を除去することである。図4−2−2には、前述した総務省消防庁「消防・救助技術の高度化等検討会」でまとめた除染の選択方法の目安を示す。除染といえば、水で洗うものとイメージする人も多いと思うが、水で洗う水除染は、持続性が高く揮発性が低い原因物質が体表面に付着している場合に適応となり、ガス体であれば、服を交換するいわゆる乾的除染で十分である。水除染が適応になる場合でも汚染範囲が限られている場合には、水で洗うことによってかえって汚染を広げる場合もあり、このような場合には拭き取り除染を行う。

　除染の効率を上げることは世界的な課題である。万が一、東京地下鉄サリン事件規模

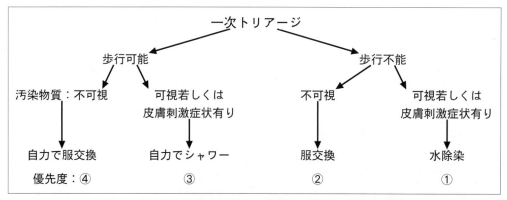

図4-2-2　総務省消防庁の推奨する除染の選択の基準

のCテロが起これば、2〜3時間のうちに数千人の除染を行わなければならなくなる。そもそも水除染は、立ち上げに時間と労力を要し、給水・排水設備に広大なスペースが必要となり、洗浄に時間を要する上、着衣の確保やプライバシーの保持に配慮し、廃液を貯め、後処理を行う必要もある。しかも冬季の除染においては温水を準備し、保温に努めなければならない。その意味では、極めて効率の悪い除染方法であるといえる。したがって、まずは不要な水除染をいかに減らすかが課題である。総務省消防庁消防・救助技術の高度化等検討委員会で除染方法の選択指針が示されて10年以上たつが、残念ながら、消防機関では水除染へのこだわりが強く、乾的除染で十分なガス体での曝露例にも水除染を行っているのを散見する。一方で、除染方法を抜本的に変えてしまう除染方法も、我が国で考案、開発されつつある。それが、風除染である。歩行可能な被害者が電話ボックス程度のボックスに上着を脱いで入り、軽く前をはだける形でエアーシャワーを浴びるものである。もちろん、排気は処理を行い無毒化する。これだと一人当たりのエアーシャワーの時間が10秒、出入りを含めて30秒もあれば十分で、1時間に1列で120人の除染が可能となり、これをまとめて専用車両に乗せ、5列のエアーシャワーを配置、2台展開すれば、1時間に1,200人の除染が可能となる。風除染に限らず、現在の除染の方法を抜本的に変えなければ、効率化は難しい。

◆コラム：残されたRSDLの導入

　最近、より具体的に化学剤ごとの除染のタイムリミットが分かってきた。特に非持続性の剤の場合、サリン50分、シアン化水素42分、塩素42分であり、今までの除染のスピード感では到底間に合わないことが分かる。この意味で水除染や脱衣のみでは厳しく、RSDLに代表される拭き取り除染剤の重要性が増してきた。最近では第四世代神経剤（いわゆるノビチョク剤）の皮下に吸収された剤の除染にも有効であるとされる。現状では厚生労働省は、RSDLを医薬品の位置付けで考えているが、医薬品ということは、基本的に医師若しくは医師の指示を受けた看護師でなければ使えない（医師法）。これはまさに自動注射器と同じ構図であって、医師法違反とならないような阻却条件を整備すれば、非医療従事者である消防隊員、警察官も使用が可能となるものと思われる。

(4) 医療処置

　効果的に救命を行うためには、特に重症患者に一刻も早く医療処置を開始すべきであることは論をまたない。テロ発生後、除染のシステムを立ち上げ、被害者の除染を始めるまでには少なくとも30分はかかる。現在、医療は除染後に始まることになっており、重症被害者の治療の開始までに同じく30分〜1時間前後要することになる。この治療開始の遅れは国際的に問題となっており、各国では、資格を持った高度な救急隊員（パラメディック）が中心となり、医療行為をウォームゾーンで行っている。しかるに我が国では、現行法上、薬剤投与、呼吸困難患者の気道確保、骨髄路確保は、医師でないとできない。しかし、極めて早い時間に個人防護装備をつけた医師が現場に登場するのは現実的ではない。その意味で、早期かつ確実に医療処置を行うためには、消防隊員、特に救急救命士の力が欠かせないのではないかと思われる。現在、ウォームゾーンで最も必要とされているのは、解毒薬の早期集団投与である。自動注射器で被害者に薬剤投与する際に、医師が投与の判断を行い救急救命士の投与責任を担保するという、緊急時のメディカルコントロール体制が必要であるものと思われる。そもそも日本には国産の自動注射器も存在せず、輸入品に頼っている。これは、国家の危機管理上の問題もあり、昨今、生産国の米国で製造トラブルがあったが、その間、日本には自動注射器が輸入されなくなってしまった。各国では当たり前になっている現場での自動注射器による解毒薬の早期集団投与は、東京地下鉄サリン事件から20年以上たっても我が国では実現していない。この現状に関して事件対応に関与した専門家の間では、忸怩たる思いがある。今まで専門家集団は、再三、現場における解毒薬の早期集団投与体制の確立を訴えてきたが、遅々として進まないのは実に残念なことである※。

　　※　その後、現場における消防隊員、警察官、海上保安官、自衛官等非医療従事者の自動注射器使用に関しては、「化学災害・テロ時における医師・看護職員以外の現場対応者による解毒剤自動注射器の使用に関する報告書」（令和元年10月30日　厚生労働省　化学災害・テロ対策に関する検討会）で、自己又は他人の生命、身体に対する現在の危難を避けるためやむを得ずにした行為として、違法性を阻却するための条件が整えられた。

　国民保護訓練を見ていて気になるのが、一次トリアージの要領である。現状の現場での一次トリアージは、最近では除染前トリアージとも言われ、専ら除染方法の選択のみが行われ、除染よりも救命治療を優先させるべき状態であるかの判断が抜けている。しかも、ほとんどの国民保護訓練で一次トリアージ終了後、除染まで被害者が放置されている。そうして除染が終わり治療が始まるまでには優に1時間以上たっており、重症の被害者ではとてもそれまでもたない。このような状況であれば、救える命も救えないのは明らかである。理想的には、救急救命士がウォームゾーンで被害者の評価と初療を行えればベストであるが、少なくとも救急標準課程を終えた消防隊員であれば、除染を受ける余裕があるか救命治療を急がねばならないかの判断（例えば、痙攣、顔色不良、意識障害、パルスオキシメータによる血中酸素飽和度低下等の観察）は可能であろう。医師が極めて早い時間に防護装備を装着してウォームゾーン内で活動する状況にない現状では、消防隊員が被害者の評価を行い、除染よりも救命治療を優先すべき状態にあれば、

脱衣（乾的除染）のみでコールドゾーンに待機した医師が治療を開始するなり、医療機関へ搬送を急ぐなりすべきである。しかし現状では、服の除去のみで急いで医療機関に搬送すると、「除染を全く行わないで医療機関に搬送した」と言う医療機関も多い。硫化水素事案においてでさえも、そのような経験をされている消防本部は多いと聞く。服の除去のみでも立派な除染であるのに、それを除染とは認めない医療機関を教育する必要もある。その上で、各地域で医療機関と消防機関が事前にしっかりと合意形成をする必要もある。いざ事態が起こってからの混乱は避けたい。

◆コラム：ノビチョク剤（Novichok agent：第四世代神経剤）について

　2018年3月、英国の首相は、ロシアの元スパイ中毒事件でノビチョク剤が使用されたと発表した。ノビチョク剤は、ロシア語で「新参者」を指す言葉に由来する神経剤である。化学兵器禁止条約では、前駆物質も含め化学兵器を指定してこれを規制している。ノビチョク剤は、これらの指定物質には含まれず、今まで規制の対象とされてはこなかった。さすがに現在では指定されるに至ったが、謎の化学兵器と言われるノビチョク剤に関する情報は、元スパイや亡命者などからの証言のため、どこまで正確であるかの判断は難しいが、今までに流布しているものについて以下にまとめる。

○1970年代から旧ソビエト連邦で開発された複数の神経剤の総称である。

○そのうちの一つはVXの5〜8倍の殺傷能力を持ち、数分で人を死に至らしめる。

○ノビチョク剤は、液体あるいは固体（微粒子）だとみられる。ノビチョク剤のいくつかは、毒性の低い安定した2種類の化学物質の状態で保存され、混ぜ合わせて殺傷性を高める「バイナリー兵器」だと考えられている。

○本来、NATOの化学防護装備では防護不能な殺傷能力を持つことを目標として開発されたと言われているが、英国ではレベルC防護装備で対応している映像が報道されている。

○老化（エージング）は数分と早く、PAMなどのオキシム剤は効果が低い。

○ロシアの科学者によると、ノビチョク剤は不可逆な神経損傷を引き起こし、犠牲者に永久的な障害をもたらす可能性があるとも言われている。

（奥村　徹／法務省矯正局、国際警察協会日本支部会員、公共ネットワーク機構理事）

第3節　Ｂテロ災害

1　生物剤とＢテロ災害

　危害を加えるために用いられる微生物や毒素を生物剤と呼び、また、それを意図的に用いることを生物テロ（Ｂテロ）と呼ぶ。実際の健康被害、主義主張の流布、パニックによる社会混乱、権力機構の破壊など様々な目的でＢテロは行われる。古くは、中世のヨーロッパにおけるペストの流行の発端となった1343年のカッファの戦いや、大航海時代の16世紀におけるインカ帝国やアステカ帝国の滅亡においては、ペストで死亡した遺体や天然痘ウイルスに汚染された毛布が、伝染病の蔓延を目的に、意図的に利用された。19世紀以降、ルイ・パスツールやロバート・コッホらの活躍によって始まった感染症対策の歴史は、皮肉にも、古くから用いられてきた生物剤が、科学的に、計画的に開発される歴史とも重なってきた。1979年の旧ソ連のスフェルドロフスクの生物剤製造施設における炭疽菌漏出事故、オウム真理教による1990年のボツリヌス菌散布や1993年の炭疽菌散布（健康被害なし）、2001年の米国における郵便物を用いた炭疽菌散布などの事件からも明らかなように、Ｂテロは現実の可能性として備える必要がある。

2　明示的攻撃（Overt attack）と秘匿的攻撃（Covert attack）

　ＢテロやＣテロでは、製剤の空中散布から水や食品への混入まで様々な経路で使用することが想定される。使用には、犯行声明を伴う明示的攻撃（Overt attack）と、製剤の使用を密やかに行う秘匿的攻撃（Covert attack）とがある（図４－３－１）。Ｃテロにおいては、製剤の散布から症状発症までの時間が短いという特徴から明示的使用が行われやすいとされるが、Ｂテロにおいては、生物剤の曝露から発症までに一定の時間（潜伏期）があることから、秘匿的攻撃の可能性が高いとされる。本節では、秘匿的使用に焦点を当てて述べる。

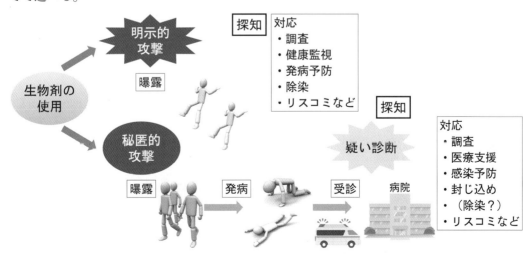

図４－３－１　Ｂテロの明示的攻撃と秘匿的攻撃における事件探知と初期対応

3 Bテロにおける生物剤の使用形態

Bテロにおいては、気道感染症であれば気道粘膜に、消化器感染症であれば消化管粘膜に病原体を到達させるため、生物剤が、エアロゾルや微細な粉末の空中散布、飲食物への混入、汚染物品の配布、感染動物や媒介昆虫などの放出、感染患者の放出など、様々な形態で散布される（**表4-3-1**）。空中散布においては、広範囲に散布し、不特定多数をターゲットにすることもあれば、2001年、米国で議員やメディアなど宛の郵便物に炭疽菌芽胞の微細粒子を混入させた事件のように、特定の場所や特定の人物をターゲットにすることもあり得る。

表4-3-1 生物剤の散布方法

- エアロゾル、微細な粉末の空中散布
- 飲食物への混入
- 汚染物品の配布
- 媒介動物や媒介昆虫の放出
- 感染患者の放出

4 Bテロへの備え

Bテロ発生時に、速やかな対応が行われるためには、事前の備えが重要である。主な事前の備えを**表4-3-2**に示す。秘匿的攻撃においては、消防や医療機関における事件探知の可能性が対応のトリガーとなるため、救急隊員／消防職員や医療従事者が、患者（集団）を診たときにBテロを疑えるかどうかが探知の鍵となる。平時から、救急隊員、消防職員、医療従事者に対する教育、訓練が重要である。さらに、検査室における確定診断のためには、地方衛生研究所の検査体制の確保、国立感染症研究所との連携、医療機関から地方衛生研究所や国立感染症研究所への安全かつ迅速な検体搬送体制を構築しておく必要がある。

表4-3-2 Bテロに対する備え

- 探知と対応のための疫学能力の強化
- 公衆衛生当局へのラボ診断試薬の供給
- 迅速な情報提供のためのコミュニケーション強化
- 医療従事者の教育と訓練
- 発生時のための教育教材の準備
- ワクチンと治療薬の貯蔵
- 微生物の薬剤耐性や分子疫学などの分析体制の確立
- 診断系の開発
- ワクチンや治療薬の研究

（CDC：Biological and Chemical Terrorism：Strategic Plan for Preparedness and Response, MMWR. 49（rr-4）. 1-14. 2000を一部改変して引用）

5 Bテロを考慮すべき感染症

2000年、米国疾病予防管理センター（CDC）は、Bテロで用いられる可能性が想定される感染症について、3段階の優先順位をつけ公表した（**表4−3−3**（2018年更新））。

表4−3−3　Bテロで想定すべき感染症、病原体、毒素

感染症、病原体、毒素	米国CDC カテゴリー分類(2018)	WHO（2004）
天然痘（Variola major virus）	A	○（ウイルス感染症）
炭疽（Bacillus anthracis）	A	○（細菌感染症）
ペスト（Yersinia pestis）	A	○（細菌感染症）
野兎病（Francisella tularensis）	A	○（細菌感染症）
ボツリヌス症（Clostridium botulinum）	A	○（毒素）
エボラ、マールブルグ病など（Filoviruses）	A	
ラッサ熱など（Arenaviruses）	A	
Q熱（Coxiella burnetii）	B	○（細菌感染症）
オウム病（Chlamydia psittaci）	B	
ブルセラ症（Brucella spp.）	B	○（細菌感染症）
鼻疽（Burkholderia mallei）	B	○（細菌感染症）
類鼻疽（Burkholderia pseudomallei）	B	○（細菌感染症）
発疹チフス（Rickettsia prowazekii）	B	○（細菌感染症）
ウイルス性脳炎（Alphaviruses, ベネズエラウマ脳炎等）	B	○（ウイルス感染症）
リシン毒素（Ricin toxin）	B	○（毒素）
ウェルシュ菌毒素（Epsilon toxin）	B	
ブドウ球菌腸管毒素（Staphylococcus enterotoxin B）	B	○（毒素）
食中毒（Salmonella spp., E coli O157, Shigella）	B	
水の安全性への脅威（Vibrio cholerae, Cryptosporidium parvum）	B	
新興感染症（Nipah virus, hantaviruses 等）	C	
コクシジオイデス症（Coccidioides immitis/posadasii）		○（真菌感染症）
アフラトキシン		○（毒素）
T2マイコトキシン		○（毒素）
サキシトキシン		○（毒素）

- カテゴリーA：優先順位第一位。米国の公衆衛生行政や医療機関が対策を備えておくことが必須とされる。
    - ▶散布が容易、若しくはヒト−ヒトの感染性が高い
    - ▶高い致死率、重大な公衆衛生上のインパクト
    - ▶社会のパニックや混乱を起こし得る
    - ▶公衆衛生の備えが必要

120 第4章 CBRNe テロ災害の基本的形態と対処要領

- カテゴリーＢ：優先順位第二位。
    - ▶比較的容易に散布が可能
    - ▶中等度の感染性と低い致死率
    - ▶診断能力、サーベイランスの強化が必要
- カテゴリーＣ：優先順位第三位。将来大量散布目的での開発の可能性が想定される新興感染症を含む。
    - ▶入手可能
    - ▶生産と散布が容易
    - ▶高い罹患率と致死率、高い公衆衛生上のインパクトとなる可能性

　世界保健機関（WHO）は、2004年、Ｂテロ対策上想定すべきものとして、11種類の感染症と6種類の毒素を挙げている（表4－3－3）。WHO が示す感染症のうち、CDC のカテゴリーＡに属するものは、天然痘、炭疽、ペスト、野兎病の4疾患である。この4疾患の潜伏期、予防法、治療薬、二次感染の有無及び疾患の特徴を表4－3－4～4－3－8に示す。

表4－3－4　主要4疾患の潜伏期と予防法、治療薬、二次感染の有無

疾患名	潜伏期	予防法	治療薬	二次感染の有無
天然痘	平均12日（7～17日）	ワクチン（曝露後、曝露前4日以内）	なし	あり（空気感染）
炭疽	平均5日（1～7日：最長60日の可能性）	ワクチン（日本では入手不可） 抗菌薬予防内服（曝露後60日間）	抗菌薬	肺炭疽はなし 皮膚炭疽はまれにあり
ペスト	肺ペスト：2～3日（最短12時間～の可能性） 腺ペスト：3～7日	ワクチン（曝露後は効果なし） 抗菌薬予防内服（曝露後7日間）	抗菌薬	あり（肺ペスト：飛沫感染）
野兎病	平均4日（1～14日）	ワクチン（日本では入手不可） 抗菌薬予防内服（曝露後14日間）	抗菌薬	なし

表4－3－5　天然痘の特徴

- 1980年に根絶
- 感染経路：空気感染、飛沫感染、接触感染
- 潜伏期間：7～17日（平均12日）
- 症状
    初期：発熱、頭痛、倦怠感などの感冒様症状
    発疹
    - ▶口腔・咽頭粘膜、顔面・四肢、軀幹の順に進行
    - ▶紅斑、丘疹、水疱、膿疱、結痂、落屑の順に進展

▶全ての発疹が同一ステージを呈する
　　致死率：ワクチン未接種では20～50％、接種者では3％
・診断
　　咽頭、鼻腔、皮膚病変のぬぐい検体、かさぶたなどからのウイルスの特定
・予防
　　弱毒生ワクチン（曝露前、曝露後4日以内）
・治療法
　　対症療法
・感染性のある期間
　　発疹出現～痂皮脱落。発疹出現後7～10日が最も強い。
・医療機関における感染予防
　　標準予防策、接触感染予防策、飛沫感染対策、空気感染対策

表4－3－6　肺炭疽の特徴

・感染経路：炭疽菌芽胞の吸入、ヒト－ヒト感染はない
・潜伏期：1～7日、最長60日
・症状
　　初期：発熱、乾性咳、筋肉痛などインフルエンザ様症状
　　進行期（初期症状出現から数日～数週間）
　　▶呼吸困難、低酸素血症、血圧低下、チアノーゼ、髄膜刺激症状、痙攣、昏睡、ショック
　　▶胸部X線：縦隔拡大（出血性縦隔炎）、時に胸水貯留
　　致死率：無治療では86％以上、適切な治療で50％
・診断
　　鼻腔内スワブ、喀痰、血液、胸水、髄液の各種検査（検鏡、染色、培養、PCR法等）
・予防
　　ワクチン（日本では入手不可）
　　曝露後抗菌薬予防内服（曝露後60日間）
・治療
　　抗菌薬治療（シプロフロキサシン、ペニシリン、レボフロキサシンなど）
・医療機関における感染予防
　　標準予防策、皮膚炭疽や腸炭疽では症状に応じたプレコーション

表4－3－7　ペストの特徴

・宿主：野生のげっ歯類（国内にはいない）
・感染経路
　　腺ペスト：感染源となるげっ歯類から、ノミを介し感染
　　ペット（イヌ、ネコなど）を介した感染
　　肺ペスト：肺ペスト患者からの飛沫感染
・潜伏期間：1～7日
・症状
　　腺ペスト：ノミ刺部位の所属リンパ節有痛性腫脹、高熱、黒い皮下出血斑
　　▶腺ペストから敗血症ペストや肺ペストに進展
　　▶敗血症ペスト：急激な敗血症、DIC
　　▶肺ペスト：高熱、咳、漿液性血痰

病原体を吸入した場合：原発性肺炎

致死率：未治療であればほぼ100%

- 診断

血液、喀痰などの検鏡、病原体の特定、血清抗体検査

- 予防

ワクチン（曝露後は効果なし）

曝露後抗菌薬予防内服（曝露後7日間）

- 治療

抗菌薬治療（テトラサイクリン、ドキシサイクリン、シプロフロキサシンなど）

- 医療機関における感染予防

標準予防策、接触感染予防策、飛沫感染予防策

表4－3－8　野兎病の特徴

- 宿主：多種類の野生哺乳類、鳥類、マダニ等
- 感染経路

感染動物、蚊、ダニ等を介して感染

汚染された飲食物、塵、エアロゾルを介した感染

ヒト－ヒト感染はない
- 潜伏期：平均4日（1～14日）
- 症状：突然の発熱、悪寒、筋肉痛、関節痛

リンパ節型：病原体の進入部位の所属リンパ節の腫脹

眼リンパ節型：結膜の潰瘍と眼症状、所属リンパ節腫脹

鼻リンパ節型：鼻粘膜の痂皮形成、所属リンパ節の腫脹

扁桃リンパ節型：扁桃腫脹と、所属リンパ節の腫脹

チフス型：発熱、悪寒戦慄、髄膜刺激症状

肺炎型：発熱、咳、胸痛、肺炎症状

致死率：無治療では5～30%
- 診断

リンパ節膿汁、血液などから病原体検出、血清学的検査
- 予防

ワクチン（日本では入手不可）

曝露後抗菌薬予防内服（曝露後14日間）
- 治療

抗菌薬治療（ストレプトマイシン、ゲンタマイシン、シプロフロキサシンなど）
- 医療機関における感染予防

標準予防策

6　日常の感染症危機管理とBテロ対策

　Bテロでは、感染症による直接的な健康被害や社会的な混乱を起こすことが目的であるから、恐怖心をあおる重症度が高い感染症が用いられることを想定すべきである。意図的な散布により、通常発生のない地域で、通常あり得ない規模の発生もあり得る。遺伝子操作により、新たな病原体が用いられることも予想される。実行犯は、社会的混乱の増大や

調査・捜査のかく乱を図る可能性もある。健康被害、医療機関や社会へのインパクトも甚大になる可能性があり、特別な備えが必要である（表4－3－2）。

一方で、感染症患者の治療、院内感染予防、蔓延防止、リスクコミュニケーション（クライシス・コミュニケーション）等の対策は、通常の感染症対策と本質的に変わらず、日常のアウトブレイク対応、感染症危機管理の延長線にある。新たな病原体によるBテロ対策は、エボラウイルス病、中東呼吸器症候群（MERS）、新型インフルエンザ、重症急性呼吸器症候群（SARS）等の新興感染症対策と共通部分が多い。

すなわちBテロ対応は、日常の感染症危機管理システムを、テロ対策の枠組みの中で整理したものといえる。特に、発生後の初動対応の際には、診断、感染源、感染経路などを確定していない可能性が高く、Bテロ特有の対応、例えば、天然痘ワクチンの集団接種や、禁止区域の設定と除染などは不可能となる。Bテロの初動対応は、日常の感染症危機管理（アウトブレイク対応）、すなわち事例探知、リスク評価、疫学調査と対策の実施、対策評価、リスクコミュニケーション等が連動したオペレーションがベースとなる（図4－3－2）。

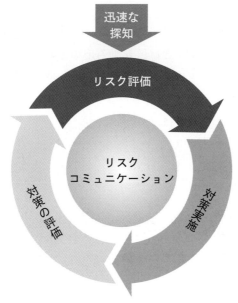

（WHO：Rapid Risk Assessment of Acute Public Health Events. 2012を一部編集して引用）
図4－3－2　感染症危機管理におけるリスクアセスメント

7　発生探知と通報

秘匿的攻撃によるBテロの多くは、消防や医療機関により探知されると想定される。最も重要とされる天然痘、炭疽、ペスト、野兎病といった感染症は、今日、国内で見ることはない。事前に医療従事者への研修や訓練を行い、これらの感染症に対する認知度を高めておくことが、迅速な探知には欠かせない。Bテロを疑った医療従事者は、保健所や警察に相談・報告することとなるが、その際、報告を受け手が正しく対応することを含め、確実な報告ルートを構築することも重要である。

8　現地調整所における初動体制

「NBCテロその他大量殺傷型テロ対処現地関係機関連携モデル（H13.11.12（R3.3.5改訂2版））」には、Bテロが疑われる事件や患者発生の通報があった場合には、警察、消防、保健所が相互に連絡し、情報共有を行うことが示されている。現地調整所は、警察、消防、保健所、医療機関などの関連機関が情報共有を行う場であるが、「健康被害（被害者）の最小化」、「社会的混乱の最小化」、「国民の信頼の確保」などの共通の目的・目標も共有すべきである。

感染症危機管理において、事例探知後、対策の立案実施のための重要なプロセスがリスクアセスメントである（**図4-3-2**）。リスクアセスメントは、時間経過に伴う状況変化により変わってくるものであり、適宜、現地調整所で共有すべき情報である。また、現地、地方公共団体の対策本部、国といった行政レベルにより、情報の質や量、有する専門性、役割などの違いから、アセスメントの結果が異なることがある。異なる行政レベルでの対応がスムーズに連携して行われるためには、それぞれのアセスメント結果を共有し、統一することが重要となる。

初期対策には、初期の迅速なリスクアセスメントが重要である。鍵となる設問、すなわちリスククエスチョンを想定することは、初動対応の方向性を明確にし、関係者で優先課題を共有するのに有益である。リスククエスチョンの一例を示す。

- 感染症・病原体は何か？
- 感染者数、重症者数、死亡者数は？
- 感染源、感染経路は何か？
- （初期）曝露者数は？
- 今後も患者発生は増加するか？
- 治療法や予防法はあるか？
- 二次感染は起こり得るか？
- 医療体制、診断体制は確保できているか？
- 汚染状況は？　除染は必要か？

リスククエスチョンの良し悪しは、経験や専門性によって左右される。

9　リスクアセスメント

リスクアセスメント手法に定まった方法はないが、欧州疾病予防管理センター（ECDC）やWHOのガイドラインから、リスクの特徴分析とリスクマトリックスの二つの方法を紹介する。

リスクの特徴分析は、事件の特徴を、①原因物質・病原体（hazard）、②曝露・人（exposure）、③背景・環境（context）の要素別に情報を整理し、全体像を把握する方法である（**図4-3-3**）。hazardアセスメントでは、原因物質や病原体の特定に関連する情報を整理し、鑑別疾患を挙げ、可能性の高い病原体を推定する。症状、病態、一般検査・特殊検査結果、行動歴、人口動態情報、動物の罹患状況などが用いられる。exposureア

第3節　Bテロ災害　125

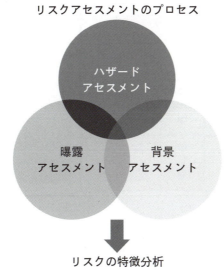

（WHO：Rapid Risk Assessment of Acute Public Health Events. 2012を一部編集して引用）
図4－3－3　リスクの特徴分析

図4－3－4　リスク評価

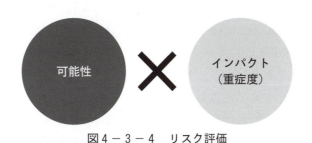

（ECDC：Operational tool on rapid risk assessment methodology. 2019を引用）
図4－3－5　リスクマトリックス：可能性とインパクトの評価

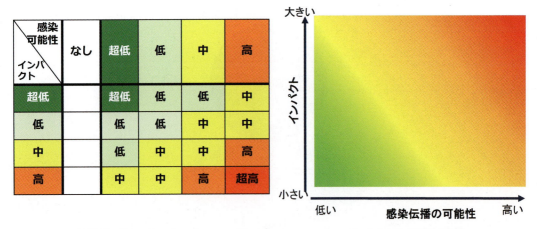

(ECDC：Operational tool on rapid risk assessment methodology. 2019を引用)
図4−3−6　リスクマトリックスによるリスク評価

セスメントでは、被曝露者、感受性人口を推定する。疾患の重症度、致死率、住民の免疫保有状況を考慮する。contextアセスメントでは、地域環境や周辺状況を評価する。人口密集地か農村地域か、人口移動の状況、社会インフラ、文化的特徴等が考慮される。最終的に、hazard、exposure、contextの分析結果を統合する。

　リスクマトリックス手法は、リスクの大きさを、可能性（likelihood）とインパクト（impact）の積で評価するというコンセプトに基づいている（図4−3−4）。ECDCの手法（2019）では、発生する可能性を「持ち込まれる経路は存在するか」、「更なる曝露は起こり得るか」、「人々の感受性は高いか」、「感染伝播はありそうか」という四つのリスククエスチョンを用いて評価する。また、インパクトは、「疾患は重症となりそうか」、「相当数の人々に被害が生じるか」、「治療法やコントロール策は入手可能か」の三つのリスククエスチョンで評価し、リスクマトリックス上で合わせることにより、全体のリスクを半定量化する手法である（図4−3−5、4−3−6）。

10　疫学調査と対応

　アウトブレイクの存在が確認された後、初期のリスクアセスメントに基づいて、初期対応と同時に疫学調査が開始される。初期対応は、疫学調査の結果に基づき適宜修正される（図4−3−7）。

　病原体、感染源、散布方法、感染経路、被曝露者等を特定するため、実験室検査や疫学調査が行われる。カテゴリーAの疾患が確定された場合には、Bテロと特定することは比較的容易であろうが、疾患によっては、通常の感染症発生とBテロの区別が困難な状況もあり得る。また、テロの実行犯が、情報のかく乱を図ることもあり得る。通常、感染症危機管理においては、保健所が中核的な役割を担うが、高い専門性が求められるときには、国立感染症研究所等の専門機関との連携や専門家の支援が必要となる（図4−3−8）。

　初期対応の重要な対象が、医療支援と二次感染防止である。他の医療機関での患者発生状況や患者管理に関する情報、速やかな検査室診断結果を医療機関に還元することは、適

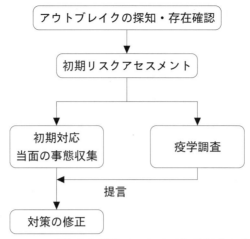

図4−3−7　感染症危機管理における初動対応と疫学調査

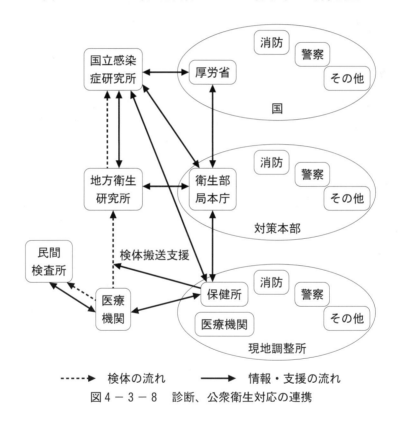

図4−3−8　診断、公衆衛生対応の連携

切な治療、安全な感染防止に必要である。患者の受入れが、医療機関の対応能力を超えた場合には、直接的な支援や診療医療機関の変史が必要な状況も起こり得る。保健所及び衛生部局は、医療機関に対し情報提供を行い、初期医療の確保を行う必要がある。

　二次感染予防は、疾患に依存する。天然痘や肺ペストは、二次感染を生じるため、医療機関や市中における蔓延防止策が重要であるが、炭疽や野兎病では問題とならない。

　禁止区域の設定や除染などの散布された生物剤による一次感染防止は、病原体の種類、散布形態、時期、規模等に依存するため、疫学調査や病原体検索により、病原体の特定、

感染源、感染経路が特定されることが必要である。屋外における天然痘ウイルスの散布の場合には、紫外線や屋外環境でのウイルスの死滅、大気への希釈効果を考慮すると、必要性は低いであろう。対策はむしろ、集団ワクチン接種の対象者の決定と実施が重要となる。一方、高度に兵器化された炭疽菌芽胞が屋内の限定的な場所で散布されたような場合では、禁止区域の設定と除染は重要な活動となり得る。また、消化器感染症の病原体が、飲食物へ混入された場合には、残品の回収や処理が重要となる。

11　サーベイランスの強化

　患者数をリアルタイムで把握し、被害の実態をつかむために、事件に特化した症例定義を用いたサーベイランスを構築することが必要である。その際、アウトブレイクの症例定義は、臨床診断の診断基準や、感染症法に基づくサーベイランスの症例定義と同一である必要はない。症状から同一の感染症が強く疑われるが確定検査が不可能であった者や、軽症例を含めることも可能である。アウトブレイク調査では、しばしば、疑い例、検査確定例などの段階を設けた症例定義を作成する。

12　終息の確認

　感染症アウトブレイクによる終息の定義に統一されたものは存在しない。

　一次感染の可能性がなく、ヒト－ヒト感染のみが感染伝播のリスクである場合には、経験的に、最大潜伏期の2倍の期間、新たな患者が発生しない場合に、終息とすることが多い。例えば、天然痘であれば、最大潜伏期間は17日であるため、34日以上、新規患者の発生がないことが終息の条件となる。ただし、サーベイランスを徹底していることが必要である。

　病原体散布による一次感染の可能性がある場合には、安全に感染源が取り除かれるまで新たな曝露は起こり得る。感染源の除去を必要条件とし、さらに一定期間（最大潜伏期の2倍など）新規患者が発生しないことが必要となる。

　Bテロの実行犯が間欠的に病原体を散布する場合には、散布に応じて患者が発生することになるため、注意が必要である。

13　リスクコミュニケーション

　感染症発生時のリスクコミュニケーションが、対策の中核的な役割を果たす。現代では、マスコミと並び、SNSによる情報も市民への影響力がある。市民がひとたび感染症発生を認知すると、大きな不安を抱くこととなる。不正確な情報、情報の齟齬、流言に触れると、不安は政府や対策実施者への不信に発展しかねない。信頼が得られなければ、提案された対策が遵守されず、不要な経済的、社会的、政治的混乱を引き起こすこととなる。WHOは、2005年に発表した、「アウトブレイクコミュニケーションガイドライン」において、信頼（Trust）、速やかな公表（Announcing early）、透明性（Transparency）、市民（The public）、計画策定（Planning）を、コミュニケーションの柱としている。古

いタイプのリスクコミュニケーションは、決まったことを伝えるというものであった（decide and tell戦略）。今日では、双方向の対話（dialogue）と考えられている。構築した信頼関係を維持するためには、説明責任を果たし、透明性を確保することが大事である。

　リスクコミュニケーションは、リスク評価やリスク管理と連携して実施されたときに最も効果を発揮する。アウトブレイクへの準備やアウトブレイク対応計画（preparedness planning）に事前に組み込まれるべきであり、公表直前になって準備しはじめるものではない。

14　最後に

　Bテロ災害は、現実の問題として備える必要がある。Bテロ対策の多くは、普段の感染症危機管理、感染症アウトブレイク対応と重なる。日常の感染症対策の強化が重要である。さらに、関係者に対する啓発や訓練を重ね、認識を高めるとともに、普段から部署間の連携を図ることが重要となる。

◆コラム：新型コロナウイルス感染症パンデミックに対する法律に基づく対応

　感染症に対する対応は、通常、感染症の予防及び感染症の患者に対する医療に関する法律（感染症法）、検疫法、予防接種法等に基づいて行われるが、感染症のパンデミックにおいては、時間の制約の中、緊急に医療や公衆衛生の枠組みを超えた社会全体での対応が必要となる。政府は、新型コロナウイルス感染症（COVID-19）パンデミックに対する対応のため、新型インフルエンザ等対策特別措置法（新型インフル特措法）に基づき、新型コロナウイルス感染症対策本部を設置し、社会全体に対する対応を省庁横断的に行った。新型インフル特措法は、その第1条にて、「新型インフルエンザ等が全国的かつ急速にまん延し、かつ、これにかかった場合の病状の程度が重篤となるおそれがあり、また、国民生活及び国民経済に重大な影響を及ぼすおそれがあることに鑑み、（中略）国民の生命及び健康を保護し、並びに国民生活及び国民経済に及ぼす影響が最小となるようにすること」とその目的を示している。新型インフル特措法に基づき政府は、行動計画の作成、国・都道府県等の対策本部の設置、水際対策の強化を行うとともに、緊急事態宣言のときには、外出自粛や興行・催事等の制限の要請、予防接種の実施、医療体制や緊急物資の確保、財政的支援等様々な対策を実施した。健康危機管理においては、様々な要因に対し、共通の枠組みで迅速に対応する All Hazard Approach が重要とされている。災害大国である日本では、様々な自然災害に対する備えと対応の枠組みが長年にわたり構築・整備されてきた。対策の緊急性や広汎性等において、自然災害と感染症パンデミックの共通点を指摘する声もある。今回のパンデミックにおいては、災害対策基本法に基づく災害対応の枠組みは活用されなかったが、今後のパンデミックへの備えと対応を強化するうえで、検討することも有意義であろう。

参考・引用文献

・CBRNE テロ対策研究会編：必携 NBC テロ対処ハンドブック．診断と治療社．2008年
・NBC テロ対策会議幹事会：NBC テロその他大量殺傷型テロ対処現地関係機関連携モデル　平成13年11月22日（令和3年3月5日改訂2版）
・厚生労働科学研究事業「健康危機管理における効果的な医療体制のあり方に関する研究」班編：救急医療機関

における CBRNE テロ対応標準初動マニュアル．永井書店．2009年

・平成13年度厚生科学研究費補助金新興・再興感染症研究事業「大規模感染症発生時の緊急対応のあり方に関する研究」総合研究報告書（研究代表者：山本保博）

・全国消防長会編：実戦 NBC 災害消防活動－災害事例に見る活動の実際　3訂版．東京法令出版．2012年

・加來浩器，妻鳥元太郎監修：自衛隊衛生のための感染対策マニュアル2015．防衛医学振興会．2015年

・特殊災害における患者対処の概要－中毒・化学剤・生物剤・放射線障害－．自衛隊災害医療研究会．2000年

・中島一敏：国際的危機管理としてのウイルス感染症対策，小児内科　49（11）

・World Health Organization：Public health response to biological and chemical weapons － WHO guidance 2 nd ed. 2004年

・Recommendations of the CDC Strategic Planning Workgroup：Biological and Chemical Terrorism：Strategic Plan for Preparedness and Response, MMWR. 49 (rr- 4). 1 -14. 2000年

・Heymann D. ed.：Control of communicable diseases manual 19th ed. American Public Health Association. 2008年

・World Health Organization：WHO Outbreak communication guidelines. 2005年

・World Health Organization：WHO アウトブレイクコミュニケーションガイドライン（日本語版）．一般社団法人日本環境感染学会．2020年

(中島一敏／大東文化大学)

第4節　Rテロ災害　131

第4節　Rテロ災害

放射線及び放射性物質を用いたテロ災害について、その基本的形態と対処について述べる。

1　基本的形態

(1)　被ばくと汚染

放射線を浴びることを被ばくといい、被ばくには身体の外から放射線を浴びる外部被ばくと、放射性物質を体内に取り込み、体内から放射線を浴びる内部被ばくとがある。汚染とは、放射性物質が身体表面や資器材、環境に付着することである。身体表面、特に頭部、顔面に汚染がある場合は、汚染した環境にいたことが原因と考えられ、同時に経口や経気道から放射性物質を体内に摂取し、内部被ばくが生じることになる。

外部被ばくは、さらに身体の大部分を被ばくする全身被ばくと、手指や四肢など身体の一部分を被ばくする局所被ばくに分けられる。全身被ばくでは様々な臓器障害が出現し、短時間で 1 Gy 以上の被ばくをした場合は、急性放射線症を発症する。局所被ばくでは、被ばくした部位の皮膚障害、軟部組織の障害、骨萎縮などの障害が出現する。放射性物質が身体表面に付着した場合、その部位には放射性物質から放出される放射線を検知するが、放射線管理区域からの持ち出し基準程度の表面密度（汚染の濃度）であれば、皮膚に外部被ばくを生じることはない。ただし、β線放出核種による高濃度の皮膚汚染では、皮膚障害を生じる場合がある。これは、β線が表皮の基底細胞層まで透過して影響を及ぼし、基底細胞の機能が障害されるためである。

内部被ばくでは、体内に放射性物質が存在する限り持続して被ばくするが、低線量率の被ばくであるため、急性障害を生じることはなく、晩発性の影響である発がんのリスクが高くなる。

(2)　確定的影響と確率的影響

放射線の人体への影響を放射線防護の立場では、確定的影響と確率的影響に分類する。確定的影響にはしきい値が存在し、これは、1％の人々に異常（症状）が生じる線量のことで、このしきい値以下では異常は生じない。しきい値を超えた被ばく線量では、線量に依存して組織、臓器障害が出現する。確率的影響にはしきい値が存在しないと考えられており、人体影響としては、発がんである。被ばくした集団でがんの発生率が増加する。

(3)　放射線テロ災害

放射線テロ災害では、密封線源と非密封線源のいずれも使用される可能性があり、次のシナリオが想定される。被害の形態としては、被ばくと汚染がある。

- 放射性物質を使用した汚い爆弾（ダーティボム）や発散装置（RDD：Radiological Dispersal Device）の使用
- 線源の放置、放射線照射装置（RED：Radiological Exposure Device）の使用

- 放射性物質を積載した車両等の事故あるいは破壊行為
- 特定の場所、施設等あるいは食料、上水道の放射性物質による汚染

汚い爆弾を使用したテロ災害では、放射線あるいは放射性物質による影響の他に、爆発による外傷が生じる。このため、放射線による被ばく、放射性物質による表面汚染よりも重篤な外傷への処置を優先させる必要もある。

2 対処要領

⑴ 放射線防護

放射線テロ災害では、確定的影響を防止し、確率的影響を低減するための放射線防護を実践する。

ア 外部被ばく防護

外部被ばくの防護の三原則は、「時間」「距離」「遮蔽」である。

放射線にさらされる時間を短くすることで、被ばく線量を低減させる。また、放射線量は線源からの距離の2乗に反比例して小さくなるので、線源から離れることで被ばく線量を低減させる。さらに、放射線は密度の高い金属等で遮ることができるので、線源との間に遮蔽体を置き、被ばく線量を低減させる。

イ 内部被ばく防護

内部被ばくの防護は、経口あるいは経気道からの放射性物質の体内への取り込みを防止する。

経口摂取の防止は、汚染された食物や飲料水等の摂取制限の他に、汚染した手指で食品や口の周囲を触らないようにすることも重要である。

経気道摂取の防止には、呼吸保護をする。大気中に放射性物質が拡散している状況で活動する際には、粒子あるいはガス用のフィルタや吸収缶を備えたマスクを着用する。

ウ 汚染拡大防止

汚染拡大防止対策として、汚染がある区域（ホットゾーン、汚染検査エリア、除染エリア等）では、タイベックスーツなどの防護衣、ゴム手袋、靴カバー、マスクといった個人防護装備を着用する。要救助者と活動隊員の汚染は、汚染検査と除染の区域が設定されているウォームゾーン（準危険区域）より外側に拡大させないように、汚染検査を実施し、必要に応じて除染する。

資器材の汚染拡大防止には、汚染検査を実施して除染する他に、汚染する可能性がある資器材等にはあらかじめビニール等でカバーを装着し、資器材本体に放射性物質が付着しないようにする。

⑵ 被ばく線量管理

電離放射線障害防止規則による線量限度を**表4-4-1**に示す。国家公務員の場合は、人事院規則10-5（職員の放射線障害の防止）で被ばく線量限度が定められており、電離放射線障害防止規則による線量限度と同じである。各組織でこれらの線量限度を参考に活動時の被ばく線量限度が定められており、放射線テロ災害対応時の活動は、線量限

第4節　Rテロ災害　133

度以下となるように計画する。放射線テロ災害対応時には、必ず個人線量計を装着し、活動中の被ばく線量を記録する。

表4－4－1　電離放射線障害防止規則による線量限度

区分		被ばく線量限度
放射線業務従事者の実効線量限度		100mSv/5年 （50mSv/年を超えない） 女性　5 mSv/3 月
妊娠と診断された時から出産まで（妊娠中の女性）		内部被ばくによる実効線量 1 mSv 腹部表面に受ける等価線量 2 mSv
等価線量の線量限度	水晶体	50mSv/年又は100mSv/5 年
	皮膚	500mSv/年
緊急作業時の被ばく限度		実効線量　　100mSv 水晶体等価線量　　300mSv 皮膚等価線量　　1 Sv
特例緊急被ばく限度※		250mSv

※　厚生労働大臣は、事故の規模、周囲への影響その他の事情を勘案し、緊急作業において100mSv の被ばく限度での作業が困難であると認めるときに250mSv を超えない範囲で特例緊急被ばく限度を定めることができる。この特例緊急被ばく限度が適用される作業に従事する労働者は、原子力事業者により指定されている原子力防災要員、原子力防災管理者又は副原子力防災管理者に限られている。

国際放射線防護委員会（ICRP）が2011年4 月に発表した「組織反応に関する声明」では、計画被ばく状況にある職業被ばくに関する水晶体の等価線量限度について、「定められた5 年間の平均で20mSv/年、かついずれの1 年においても50mSvを超えない」ことを勧告し、また、その勧告内容は、国際原子力機関（IAEA）の「放射線防護と放射線源の安全：国際基本安全基準」に取り入れられた。

公衆の防護については、国際放射線防護委員会（ICRP）の勧告が、国際的な放射線防護規制の基盤になっており、2007年の勧告では、「どれだけ線量が低くてもその線量に応じたリスクが存在する」という考え方に基づいて、可能な限り合理的に被ばく線量を低減しようとする「防護の最適化」という考え方の原則により、経済的、社会的要因を考慮して、計画被ばく状況における公衆の個人被ばく線量限度、緊急被ばく状況及び現存被ばく状況での公衆被ばくの参考レベルを示している（表4－4－2）。

表4－4－2　ICRP Publication 103の公衆被ばくの勧告
A．計画被ばく状況

限度のタイプ	個人線量限度
実効線量	1 mSv/年
以下の組織の等価線量 　水晶体 　皮膚	 15mSv/年 50mSv/年

B．緊急時被ばく状況と現存被ばく状況

状況の種類	参考レベル
緊急時被ばく状況	計画では、状況に応じ一般的に20mSv/年から100mSv/年の間
現存被ばく状況	状況に応じ１mSv/年から20mSv/年の間

⑶　放射線検知活動

　放射線等が関与するテロ災害が疑われる場合は、出動時から放射線検知活動を開始する。放射線は五感で感じることができず、要救助者が被ばくや汚染をしていても被災直後は何も症状を示さないため、現場の状況だけでは放射線による危険性の判断ができず、現場で測定器の電源を入れた途端に数値が上昇した場合は、既に対応者が被ばくしてしまったことになる。現場に近づくときには、初めから放射線検知をして早期に放射線の有無を確認し、無用な被ばくの危険を回避する。

　放射線検知活動には、空間線量率と表面汚染の検知がある。また、放射線測定器は、経年劣化するので、測定器の性能を確認するために最低でも年１回の校正が推奨される。

ア　空間線量率

　外部被ばくの危険性を判断するためには、滞在する空間の放射線量を測定する必要がある。使用する測定器は、空間線量率として時間当たりの放射線量を測定し、単位は、μSv/h、mSv/h、Sv/h などになる。環境中のγ線（ガンマ線）の測定器としては、シンチレーション式サーベイメータ、電離箱式サーベイメータ、GM 管式サーベイメータなどがあり、中性子線の測定器としては、レムカウンターなどがある（101頁参照）。それぞれの測定器は、測定できる放射線の種類、測定範囲が異なる。外部被ばくはγ線、X線（エックス線）、中性子線の被ばくによるため、放射線テロ災害対応では、これらの空間線量率を測定する。しかし、X線は放射線発生装置から放出され、中性子線は原子炉での核分裂や臨界時に放出されるため、このような特殊な状況でなければ、放射線テロ災害を疑う場合は、まずγ線の検知活動を行う。

　放射線危険区域は、IAEA や消防庁のマニュアル、ガイドラインで100μSv/h 以上の区域と示されている。危険区域への進入時は、個人防護装備、個人線量計を着用し、入域、退域の管理を徹底する。なお、活動現場の空間線量率が100mSv/h を超える場合は、その区域では救命活動のみ30分を限度とすることが望ましい。また、被ばく線量管理は、個人線量計での管理となるが、現場活動において、空間線量率からおおまかな活動時間の目安を勘案し、活動計画を立てる。空間線量率と線量限度との時間の関係は、**表４－４－３**のとおりである。

第4節　Rテロ災害　135

表4－4－3　空間線量率と線量限度と時間の関係

通常の消防活動	1回の線量限度＝10mSv（アラーム9mSv以下で設定）						
空間線量率 （mSv/h）	30	20	10	5	2	1	0.1
活動時間	20分	30分	1時間	2時間	5時間	10時間	100時間
緊急時の活動	線量限度＝100mSv（アラーム30～50mSvで設定）						
空間線量率 （mSv/h）	1,000	500	300	200	100	10	1
活動時間	6分	12分	20分	30分	1時間	10時間	100時間

イ　汚染検査

　　表面汚染の有無と程度の検知は、表面汚染サーベイメータを使用して、対象物の表面から約1cmの距離で測定器の検出部をゆっくり毎秒5～6cm程度動かしながら、表面全体を測定する。このため、人の体表面汚染検査で、頭からつま先まで全身を検査する場合、1台の測定器では10分以上の時間を要する。2台の測定器で前面と背部を同時に検査した場合は、2分の1の時間で可能だが、測定器と測定員が2倍必要となる。また、ゲートモニタを使用すると汚染検査の時間を短縮できる。人の汚染検査は時間がかかるため、汚染検査の前に要救助者の状態として緊急性の高い重篤な外傷や呼吸・循環の異常等がないことを確認する。医療処置の緊急性が高い場合は、汚染検査をせずに、迅速な脱衣とシーツ等による全身の被覆をして、医療処置、応急救護を行うエリアあるいは医療機関への搬送を行う。

　　表面汚染サーベイメータも測定できる放射線の種類が決まっており、β（γ）線とα線の検知器は異なることがほとんどである。放射線テロ災害では、基本的に表面汚染はβ（γ）線の検知を行えばよいが、核物質を使用したテロ災害の場合は、α線の検知も必要となる。

　　また、現場の状況によっては、大規模かつ多数の被災者がおり、短時間で多数の汚染検査を実施する場合は、頭部、顔面、手指のみの簡易検査を行い、汚染の有無と内部被ばくの可能性を確認する。簡易検査で汚染があれば除染し、その後内部被ばくのフォローアップができるように登録等を確実に記録する。

　　表面汚染は、単位表面積に存在する放射能（Bq/cm²）で表され、これを表面密度という。法令では、放射線管理区域内の物の表面密度限度が定められている（表4－4－4）。また、管理区域から持ち出される物品は、一般公衆と直接接触するおそれがあるため、表面密度限度の10分の1を超えているものは持ち出さないこととされている。

表4-4-4　放射線管理区域での表面密度限度

核種	表面密度限度	持ち出しの表面密度限度
α線を放出する核種	4 Bq/cm²	0.4Bq/cm²
α線を放出しない核種	40Bq/cm²	4 Bq/cm²

　表面汚染の測定器によって得られた計数（min⁻¹）から、次の計算により表面密度を求める。

$$表面密度（Bq/cm²）= \frac{（測定された計数率（min^{-1}）-バックグラウンドの計数率（min^{-1}））／60}{機器効率×測定器の入射窓面積（cm²）×線源効率}$$

- ・機 器 効 率：標準線源に対して一定の条件で測定したときのα線又はβ線表面放出率に対する測定器の正味の計数率の比（線源から放出される放射線の量と測定器で検出される放射線の量の比率）。測定器ごとに異なり、測定器の校正をしている場合、校正証明書に記載されている。
- ・線 源 効 率：汚染表面の材質、状態等によるα線やβ線の散乱や吸収の程度を示す。この効率が明らかでない場合には、**表4-4-5**に示した線源効率を用いる。
- ・バックグラウンド計数率：通常の状態での計数率で、自然界の放射線による。出動前あるいは汚染検査の活動開始前に測定する。
- ・入射窓面積：測定器の取扱説明書に記載されている。

表4-4-5　線源効率

核種	線源効率
β線最大エネルギーが0.4MeV 以上	0.5
β線最大エネルギーが0.15から0.4MeV	0.25
α線放出核種	0.25

　同じ汚染を測定しても、測定器が異なると測定器の機器効率、入射窓面積が異なるため、実際に表示される計数は異なる。そのため、同じ現場で、異なる種類の表面汚染の測定器を使用する場合、除染の適応のレベルを同じ表面密度で統一するには、あらかじめ測定器ごとに計数を設定しておく必要がある。

　原子力防災では、OIL（Operational Intervention Level：運用上の介入レベル）により除染を行うレベルが定められているが（**表4-4-6**）、これは放射性ヨウ素及び放射性セシウムが汚染の原因であることが前提であり、他の核種が使用された場合の対応の基準値は定まっていない。放射線テロ災害時には前述の管理区域からの持ち出し基準が参考となることも考えられる。

　表面汚染測定器がない場合は、空間線量計を使用して除染の必要性を判断する。体表面から10cmの距離で、1μSv/h 以上の放射線量を検出した場合は、全身の除染を行い、1μSv/h 未満の汚染であれば簡易的な除染を行う。

表4−4−6　OIL（Operational Intervention Level）

	基準の種類	基準の概要	初期設定値	防護措置の概要
緊急防護措置	OIL 1	地表面からの放射線、放射性物質の吸入等による被ばくを防止するため、住民等を避難や屋内退避等を講じるための基準	地上1mでの線量率 500μSv/h	数時間内に区域を特定し、避難等を実施
緊急防護措置	OIL 4	経口摂取、皮膚汚染からの被ばくを防止するため、除染を講じるための基準	β線：40,000cpm β線：13,000cpm（1か月後）	避難者のスクリーニング、除染
早期防護措置	OIL 2	地表面からの放射線、放射性物質の吸入等による被ばく等影響を防止するため、地域生産物摂取を制限、生産等を1週間程度内に一時移転させるための基準	地上1mでの線量率 20μSv/h	生産物の摂取制限、1週間程度内に一時移転
早期防護措置	飲食物のスクリーニング基準	OIL6による飲食物の摂取制限を判断する基準とし、飲食物中の放射性核種濃度測定を実施すべき地域を特定する際の基準	地上1mでの線量率 0.5μSv/h（BGによる寄与も含めた値）	数日内に飲食物中の放射性核種濃度の測定区域を特定
飲食物摂取制限	OIL 6	経口摂取による被ばく影響を防止するため、飲食物の摂取を制限する際の基準	（下表参照）	基準を超えるものは摂取制限

OIL 6 初期設定値

核種	飲料水 牛乳・乳製品	野菜類、穀類、肉、卵、魚、他
ヨウ素	300Bq/kg	2,000Bq/kg
セシウム	200Bq/kg	500Bq/kg
プルトニウム、超U元素α核種	1Bq/kg	10Bq/kg
ウラン	20Bq/kg	100Bq/kg

138　第 4 章　CBRNe テロ災害の基本的形態と対処要領

⑷　除　染

　放射性物質の除染には、脱衣、清拭、流水といった方法があり、基本的には化学剤の除染と同様である。ただし、化学剤の除染とは異なり、救命処置にはつながらない。

　脱衣では、露出部以外の部分の除染が可能であるが、脱衣時には衣類に付着している放射性物質が舞い散らないように注意が必要であり、脱衣後の衣類は汚染が拡大しないようにビニール袋等に封入する。清拭では、乾いた布等よりも濡れた布等の方が除染の効果があり、除染に使用した布には、放射性物質が付着（汚染が移動）しているので、使用は 1 回限りとし、使用後は汚染のあるゴミとして取り扱う。流水による除染は、汚染のある部分のみに水をかけるようにし、除染に使用した水は極力回収する。シャワーによる除染は、大量の水を回収し、処分する課題があること、薄まってはいるものの、放射性物質の濃度の薄い汚染した水が周囲に飛び散ることで汚染が拡大し、さらに身体の汚染のない部分にまで汚染を拡大する可能性が高いため実施しない。

　放射性物質の除染は、中和や無毒化することができず、除染後に別のものへ放射性物質が移動しただけである。そのため、除染後には大量の放射性物質が付着した廃棄物が発生し、その廃棄物を保管し、処分することも考慮すべきである。原子力施設や事業所での事故であれば、発災元が汚染のある廃棄物を引き取ることになるが、テロ災害の場合は、汚染のある廃棄物の処理については、国の方針が決定されるのを待つことになる。その間の保管場所の確保は、計画時に考慮しておくべき事項である。東京電力福島第一原子力発電所事故では、放射性物質を含む廃棄物は、放射能濃度に応じて処分方法が示された。

⑸　核種分析

　放射線テロ災害時には、核種の特定も治療や防護にとっては重要な情報である。放射性核種は壊変に伴って固有のエネルギーを持つ α 線、β 線、γ 線などの放射線を放出するため、この放射線の量とエネルギーを測定して核種を特定する。そして、放射線の種類に応じて検出器を選択する。

　多くの放射性核種が γ 線を放出すること、γ 線の透過力が高く、自己吸収が少ないこと、試料の前処理が必要ないことから、エネルギー分解能が良い検出器であれば γ 線放出核種の特定は容易である。ヨウ化ナトリウム（NaI）若しくはヨウ化セシウム（CsI）のシンチレーション検出器、ゲルマニウム（Ge）半導体検出器などがあり、可搬型のものもあるため、現場での核種分析も可能である。

　一方で、α 線は物質透過力が小さく、α 線エネルギーは 3 MeV ～ 8 MeV 程度であり、試料中での自己吸収を小さくするため、試料中の不純物を除き、比放射能を高めた極めて薄い試料を作成する必要もあり、α 線放出核種の特定は難しい。

　核種分析は、研究機関、専門機関で実施することになるため、現場で採取した試料を汚染拡大防止措置をして、分析する機関へ搬送する。

参考・引用文献

- U.S. Department of Health & Human Services：Radiation Emergency Medical Management（REMM）
  https://remm.hhs.gov
- 日本原子力研究開発機構　核不拡散・核セキュリティ総合支援センター
  https://www.jaea.go.jp/04/iscn/index.html
- 日本アイソトープ協会：ICRP Publication 96　放射線攻撃時の被ばくに対する公衆の防護
- 日本アイソトープ協会：ICRP Publication 103　国際放射線防護委員会の2007年勧告
- 原子力規制委員会：管理下にない放射性物質を見つけたら
  https://www.nsr.go.jp/nra/gaiyou/panflet/houshasen.html
- IAEA：Manual for First Responders to a Radiological Emergency

（富永隆子／放医研）

第5節　Nテロ災害

　Nとは核兵器を指し、かつてはNBC兵器としてくくられ、生物兵器B、化学兵器Cと並び大量破壊兵器（WMD）とも呼ばれ、通常兵器に比して大量の死傷者が発生することから非常に恐れられていた。また、条約によりBC兵器は保有を禁じられ、N兵器は抑止力として限られた国のみが保有し、使用することができない兵器とされていた。しかしながら、CBRNeとくくりが変わり、核爆弾Nと放射性物質Rが区別されると共に爆発物eが加わり、蓋然性の高いテロの攻撃手段としてCBRNeが認識されるようになった。特に、使用されたときの被害規模が最も甚大であるNテロ災害は、テロ組織への核兵器及び核技術の移転拡散、また、核保有国における偶発事故、サイバー攻撃による制御システムの乗っ取り等、脅威が現実のものとなっている。

1　Nテロ災害の脅威

(1) 核保有国の現状

　国際的に保有が認められたアメリカ、ロシア、中国、フランス、イギリス以外にも北朝鮮、インド、パキスタン、イスラエルが核を保有しており、特に我が国周辺には核の使用をいとわない国が存在している。ロシアはアメリカを上回る5,580、中国は500、北朝鮮は50もの核弾頭を有しており、大陸間弾道弾（ICBM）、潜水艦発射弾道弾（SLBM）等に搭載し、いつでも我々の頭上に核爆弾を投下できる態勢にある。

(2) 戦術核爆弾

　核兵器は射程で区分され、5,500km以上が戦略核兵器、500～5,500kmが戦域核兵器、500km以下が戦術核兵器と定義されている。この戦術核兵器には、核砲弾、ロケット弾、短距離ミサイル、核地雷、航空機搭載の核爆弾等があり、紛争地域で使用され、戦略核兵器に比して使用のハードルが低く、まさにウクライナの紛争においてロシアが戦術核兵器の使用も辞さないと言及している。

(3) 核技術の流出と拡散

　原子力発電に必要な技術と原材料のウラン又はプルトニウムがあれば、テロ組織が核爆弾を保有することは可能である。また、かつてソ連が保有していた小型の戦術核兵器もソ連崩壊時にその行方が不明となったものも少なからずあるといわれている。

写真4−5−1　特殊核爆破資材（SADM）
重量：68kg、威力：10 t ～ 1 kt

2 核爆発の効果

(1) 核兵器の威力

　核爆発のエネルギーは極めて大きく、TNT爆薬の換算でその威力を評価している。我が国は世界で唯一の被爆国で、広島に投下された原爆の威力は16kt、つまりTNT爆薬16,000kgに相当し、街は廃墟となり14万人の住民が死亡、長崎に投下された原爆の威力は21kt、死者は7万人を超えた。威力の大きな原爆による長崎の被害が広島に比して少ないのは、山の起伏によりその影響が軽減されたものといわれている。その後、核分裂によりエネルギーを発生させる原子爆弾から、核融合によりエネルギーを発生する水素爆弾へと進化し、その威力はさらに100倍以上のメガトン級（TNT換算で数百万トン）となっている。

　核兵器の威力は、爆風だけでなく、放射線や熱線、電磁パルスも発生し、爆発により巻き上げられた粉塵は放射化され、放射性のフォールアウトとなって広範囲に降下する。

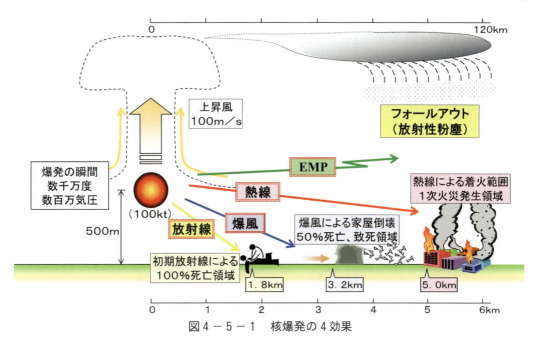

図4－5－1　核爆発の4効果

(2) 放射線

　核反応に伴ってα線、β線、γ線、中性子線などの電離放射線が放出される。これを初期放射線といい、強度は爆心地ほど強く、数km以内にいる人員は急性放射線障害の致死線量に達する。この初期放射線は距離が離れるにしたがい急速に減衰するが、この初期放射線により放射化された粉塵や核反応生成物の微粒子は、フォールアウトとなって広範囲に流動拡散して沈降し、地域や人員を放射性物質で汚染する。しかしながら、24時間後には3万分の1程度にまで減衰すると考えられる。

(3) 爆風

　核爆発のエネルギーの50%は爆風となる。核反応によって形成された高温の火球が音速を超える速度で膨張するため衝撃波が発生し、その到達地点では急激な圧力上昇で建

物を潰し、人員の鼓膜、眼球、内臓等を圧壊する。その後の300m/sもの爆風により周囲の建物を破壊し、高速で飛散する瓦礫やガラス等の破片による手足の切断や重度の切傷により、大量出血を伴い死に至る。さらに、爆風は立姿の身体を吹き飛ばし強打、骨折等により重度の外傷を引き起こす。この爆風の影響範囲は数kmに及び数秒間持続する。その後、爆心地から外側へ空気が拡散するため真空状態になった爆心地の方向に吹き戻す強風となる。

(4) 熱線

　核爆発のエネルギーの35％は熱線として放出される。核爆発時に発生する火球の中心温度は100万℃を超え、爆心地周辺の温度は3,000～4,000℃に達するため、爆心地周辺では瓦、鉄、ガラス等は溶融してしまい、人であれば一瞬のうちに身体が炭のようになってしまう。熱線による被害が最も広範囲に及び、数km離隔した人員でも閃光を受けた素肌は重度の熱傷を負う。さらに、熱線による火災の発生により広範囲まで被害が拡大する。

　火災は、風が流入することにより高温を発する旋風火災と通常の燃え広がる火災があるが、旋風火災は非常に火力が強く多くの人員に熱傷を与え、酸素の欠乏により窒息死に至らしめる。熱線の影響は、物体の色の違いによる温度吸収に大きな差が生じ、衣服の色の濃淡の違いにより熱傷の度合いに差が生じる場合がある。

(5) 電磁パルス（EMP）

　発生したγ線と大気の相互作用で大量の反跳電子が放出され、瞬間的に極めて強力な電磁パルスが発生する。この電磁パルスにより広範囲の電子機器に過大な電流が発生して使用不能又は誤作動を生じさせ、社会機能を麻痺させる。高層圏における核爆発では、大気が希薄であることからγ線が遠方まで届く。高度100kmの高層圏核爆発ではほぼ我が国全域に電磁パルスの影響が及ぶことになる。近年、あらゆる器材に半導体チップが使用されており、さらに、作動電圧の極小化傾向はこの電磁パルスによる急激な電圧の上昇に一層脆弱となっている。

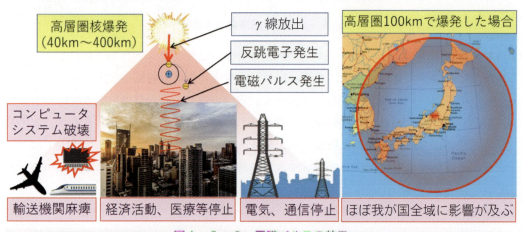

図4－5－2　電磁パルスの効果

第5節　Ｎテロ災害　143

3　Ｎテロ災害からの防護

⑴　積極的防護

ア　ミサイル防衛体制

　　ミサイル発射に備えて人工衛星及びレーダーで常時警戒監視体制を維持し、発射された場合は直ちに落下地点を予測し、国民への警報を全国瞬時警報システム（Ｊアラート）により発する。迎撃を要する場合は、防衛大臣の命令に従い現場指揮官が躊躇なく迎撃ミサイルを発射できる仕組みを整備している。

　　迎撃に当たっては、ミッドコース段階（ロケットエンジンの燃焼が終了し、慣性運動によって大気圏外を飛行している段階）において日本近海に展開したイージス艦が迎撃し、ターミナル段階（大気圏に再突入して着弾するまでの段階）において国内に展開したペトリオット（PAC‐3）が迎撃することとなる。

イ　反撃能力

　　我が国周辺では、超音速兵器や複数ミサイルによる飽和攻撃等、ミサイル戦力が質・量ともに増強され、今後、ミサイル防衛という手段だけに依存した場合、完全に対応することが困難になりつつある。このため敵のミサイル発射基地を攻撃する反撃能力が必要となる。

　　このため、スタンドオフミサイル（長射程ミサイル）の整備を進め、武力行使の新三要件、

　　① 　我が国に対する武力攻撃が発生したこと、又は我が国と密接な関係にある他国に対する武力攻撃が発生し、これにより我が国の存立が脅かされ、国民の生命、自由及び幸福追求の権利が根底から覆される明白な危険があること

　　② 　これを排除し、我が国の存立を全うし、国民を守るために他に適当な手段がないこと

　　③ 　必要最小限度の実力行使にとどまるべきこと

　　を満たした場合、有効な反撃により敵の更なる武力攻撃を防ぎ、安全を確保する。

⑵　消極的防護

　　弾道ミサイルが発射され、我が国の領域又は我が国の上空を通過する可能性がある場合、Ｊアラートにより携帯電話等に緊急速報メールの配信及び地方公共団体の防災行政無線やテレビ・ラジオ等により瞬時に緊急情報を該当地域の住民に伝達する。この警報を受けた住民は、政府が示す「弾道ミサイル飛来時の行動について」に従い行動することとなる。

　　① 　屋外にいる場合は、近くの建物の中又は地下に避難

　　② 　近くに建物がない場合は、物陰に身を隠す又は地面に伏せ頭部を守る

　　③ 　屋内にいる場合は、窓から離れる又は窓がない部屋に移動する

　　いずれの行動も地面がえぐられるような爆心地直下では生存は望めないが、比較的深い位置を走る地下鉄のホーム等に避難することができれば、相当の防護効果が期待できる。

また、爆心地より2km程度以上離隔し地表面の高さが維持された場所であれば、地表面より低い場所に身を託することにより、火球からの影になり熱線から防護され、爆風は地表面を通過し、初期放射線も地面により減衰するため防護効果が高く、生存確率は確実に向上する。このときに手で耳と目を塞ぐことは、衝撃波から耳目の損傷を防ぐために効果がある。爆風が通過した後は、速やかに風上方向に退避することもフォールアウトによる被ばくや火災に巻き込まれることを防止するために必要である。

核爆発から完全に防護するためには、核シェルターが必要である。日本の核シェルターの普及率は0.02％とされ、ごく僅かな富裕層が秘密裏に建設したものに限られ、世界では、スイス、イスラエルが100％、ノルウェー98％、アメリカ82％、ロシア78％、イギリス67％、シンガポール54％（日本核シェルター協会資料）となっている。令和6年3月に政府から「武力攻撃を想定した避難施設（シェルター）の確保に係る基本的考え方」が示されたが、対象地域が南西地域であり、シェルターとしての要件も不明確であり核ミサイルからの防護としては不十分な内容である。核ミサイルは全日本国民の脅威であり、既存地下施設の活用促進や新設建造物への設置の義務化等、法整備や資金的な補助施策も真剣に検討すべき時期に来ている。

(3) 核爆発後の救助活動

首都圏においてNテロ災害が発生すると、数十万人の被災者が一度に発生し、重度の全身熱傷、重篤な外傷による大量出血、急性放射線障害等、惨烈を極める重症の被災者が大量に発生する。そして、爆心地付近は強い放射線と火災により近づくことも困難となる。しかしながら、助けることが可能な被災者は一人でも多く救助しなければならない。

混乱を極める状況の中、行政による現地対策本部を中核とし、周辺の地域を含めた地方自治体、消防、警察、自衛隊、医療機関等が連携する態勢を確立することが重要である。

対処活動に当たっては、被災地域のゾーニングがまず必要となる。

① 被害が大きな爆心地ゾーン
② 一定の破壊・火災が見られ、放射能汚染リスクが高い中間ゾーン
③ 爆心地から数km以上離れた被害の小さい周辺ゾーン

爆心地ゾーンは、地上には生存者がいないか救命が困難な状況であり、救助者もこの地域に入ることは危険を伴うため、原則立入りを制限する地域となる。しかしながら、比較的深い地下に避難していた被災者は無事か軽傷のため、フォールアウトが収まり放射線強度が低減し、火災が収まるまで地下にとどまり救助を待つか自力で安全な地域へと退避することになる。

中間ゾーンは、空間線量率や火災の状況を確認し、フォールアウト地域を避けながらの活動となる。活動の基準としては、空間線量率が100mSv/hを超える地域での活動は避け、風上方向に100km以上にも及ぶフォールアウト降下地域に関する情報の共有が重要となる。活動間は個人線量計を装着し、被ばく線量を100mSv以下に抑えるよう注意

が必要である。被災者は大量に存在することが予測され、トリアージが重要となる。この際、身体の8割を超える重度の熱傷、大量出血による心肺停止、10Gyを超える大線量被ばくと思われる急性放射線障害の前駆症状の発現等、助かる見込みがない被災者よりも救命の可能性がある被災者を優先する判断も必要となる。

　周辺ゾーンでは、現地調整所や除染所、救護所等を設け、関係機関が連携して被災者の対応に当たる地域となる。広域患者搬送及び多方面からの支援を必要とする多くの関係者の連携による救援活動となる。このため共通対処マニュアルの整備と関係者による日頃からの連携訓練が重要である。

◆コラム：核ミサイル

　ミサイルとは、飛翔体に推進装置と誘導装置を備え、遠距離目標に正確に弾着させる兵器で、弾頭に核を搭載したものを核ミサイルと呼ぶ。発射のプラットフォームは、地下格納サイロ、車両・鉄道による地上移動式、艦艇、潜水艦、航空機から発射することができ、地下サイロは頑強に地中に防護されており、移動式はその位置を正確に特定することは容易ではなく、敵基地攻撃（反撃）によりミサイルの発射を完全に阻止することは簡単なことではない。

　射程は短いもので数十km、長いもので1万km以上に達する。

　我が国周辺における核ミサイルの脅威の対象国としては、北朝鮮、中国、ロシアがある。

① 北朝鮮

　高い頻度でミサイルの発射を繰り返し、我が国上空を通過又は我が国の排他的経済水域に落下させる等、国連決議に反する挑発を続けている。さらに、長射程化、低空を変則的な軌道で飛翔する弾道ミサイル、極超音速ミサイル等、性能向上に加え、同時複数発射による飽和攻撃等の運用面でも向上し、兆候把握・探知・迎撃が困難な奇襲的攻撃能力の強化が図られ、従前よりも一層重大かつ差し迫った脅威となっている。

② 中国

　核戦力の近代化を継続しており、2030年までに核弾頭保有数が1,000発を超え、対艦弾道ミサイル、長射程対地巡航ミサイル、超低空音速滑空兵器等、最新技術の開発導入を続けている。新しいICBMサイロは300か所を超え、射程延伸型弾道ミサイル搭載の原子力潜水艦や長射程対地巡航ミサイル搭載の爆撃機の配置等、量・質ともに著しく増強させ、南シナ海、第二列島線を含む広大な領域を「接近阻止・領域拒否（A2/AD）戦略」の対象地域として、軍拡を進めている。

③ ロシア

　ソ連時代に配備した大量のICBMを段階的に退役させ、長射程、高速飛翔、多弾頭化、核出力の強化等、最新型の核ミサイルへと代替配備をさせている。ロシアは核兵器が使用された場合の報復攻撃のみならず、通常兵器による侵略が行われ国家存続の脅威にさらされた場合、核兵器による反撃を行う権利を有すると明言し、これまでの使えない抑止のための兵器から戦力として使用する兵器との認識を示している。極東地域においても弾道ミサイル搭載原子力潜水艦や戦略爆撃機を配備しており、我が国の大きな脅威であることに変化はない。

参考・引用文献

・厚生労働省：原爆放射線について

　https://www.mhlw.go.jp/bunya/kenkou/genbaku09/15e.html

- 内閣官房国民保護ポータルサイト：弾道ミサイル落下時の行動
  https://www.kokuminhogo.go.jp/kokuminaction/action_case.html
- 防衛省：ミサイル攻撃などへの対応，令和5年版防衛白書
  https://www.mod.go.jp/j/policy/defense/bmd/pdf/r05_05.pdf
- 防衛省・自衛隊：統合防空ミサイル防衛について
  https://www.mod.go.jp/j/policy/defense/bmd/index.html
- 内閣府：武力攻撃を想定した避難施設（シェルター）の確保に係る基本的考え方
  https://www.kokuminhogo.go.jp/pdf/240329_Kihontekikangaekata.pdf
- 広島市：核兵器攻撃被害想定専門部会報告書
  https://www.city.hiroshima.lg.jp/uploaded/attachment/54635.pdf
- フリー百科事典　ウィキペディア日本語版：特殊核爆破資材．2024年6月29日（土）08：24　UTC
  https://ja.wikipedia.org/

（岩熊真司／放医研客員研究員、元陸上自衛隊化学学校副校長）

第6節　Ｅテロ災害

1　はじめに

　テロリストの使用手段として最も多用されているのが爆発物である。爆発物によるテロ（Ｅテロ）はテロ手段の約8割を占めている状況にあり、特に中東では、通常の砲弾等を加工して作成される爆弾のほか、パイプ爆弾、スーツケース爆弾、車両爆弾など多種多様であり、これらを総称して即製爆弾（IED：Improvised Explosive Device）と呼称している。写真4－6－1に諸外国で使用されているIED等の例を示す。

　イギリスAOAV（Action on Armed Violence）の報告によると、2023年における爆発物による民間人の死者数は3万4,791名とされている。ここでは、Ｅテロの特性、爆発物の種類、効果範囲と飛散距離、人体に与える影響等について簡単に紹介する。

写真4－6－1　IEDの一例（「軍事研究2017年10月号：戦争を変える現代の超兵器Vol.3」から引用）

2　Ｅテロの特性等

(1) 概　要

　　Ｅテロの特性としては、主要な空港、駅、歓楽地等不特定多数の人が集まる場所や朝夕等の人が多数集まる時間帯、オリンピックやコンサート等の大規模イベントに代表されるソフトターゲットが狙われやすく、1回のみの爆発ではなく、爆発によって現場に集まった多数の者を殺傷することを意図した第二の爆発（セカンダリー攻撃）を企図することがある。また、爆発物の特性上、ビル屋内、列車、地下街等の閉鎖空間では、少量の爆発物であっても多数の傷病者が発生する可能性が高く、爆発物に放射性物質や化学剤、生物剤等の危険物質を使用した複合的なテロも懸念されている。

　　人体に対する影響としては、爆発に伴う衝撃波による直接的な人体損傷、飛散したがれき等による損傷、爆風により吹き飛ばされることによる外傷、その他熱傷等による傷病者が発生するほか、爆発発生後、建物等の倒壊やパニックにおける避難者同士の転倒などの災害発生の危険がある。

(2) セカンダリー攻撃（二次攻撃）

　　Ｅテロ発生現場では、二次攻撃を仕掛けてくる可能性を常に考慮すべきである。セカンダリー攻撃とは、現場で活動する部隊や関係者などに時間差で被害を与え、対応進行中の現場をさらに混乱させ、パニックを引き起こすためにとられる手段である。

　　通常、二次攻撃で使用される方法としてはIEDが多いが、それらはカモフラージュの上、隠されているので発見されにくくなっている場合が多い。起爆装置が時間差で設定されていたり、無線や携帯電話などによる電波で起動するようにセットされている可

148 第4章 CBRNe テロ災害の基本的形態と対処要領

能性もある。また、起爆させる人間が現場付近で様子をうかがいながら作動させるケースもあるため、注意が必要である。

⑶ **CBRN の有無**

Ｅテロが発生した場合、先着部隊が留意しなければならない点が放射性物質や化学物質、病原性微生物の散布手段としての爆発物使用の可能性である。このため、爆発現場において CBRN 関連物質の痕跡、症状等の有無を確認することが重要である。

⑷ **爆発現場での関係機関等の対応**

Ｅテロ発生現場では、各関係機関が各機関の任務、優先順位に基づく対応を行うことが予想される。すなわち、警察から見た場合、犯罪発生現場であり、証拠の保全、押収が重要な任務となるが、消防からは被災者の救出・救護が最も重要となる。

被災者の救出・救護に関して異論を唱える者はいないであろうが、被災者の中に実行犯がいる可能性や、証拠保全という観点から現場で警察・消防の調整が重要で、かつ、緊急時に間に合わないリスクもある。一方、多数傷病者発生時に、傷病者受入れ可能病院の確認も重要であるが、一般的に病院の受入れ可能数は低いため、病院確保に時間を要する可能性も否定できない。したがって、爆発事案発生時の対応の考え方等については平素から関係機関相互間でよく検討しておくことが重要である。

Ｅテロ現場は、爆発物の種類、量、設置場所の状況等により異なるが、一般的に多数傷病者が発生する阿鼻叫喚の状況となっている場合が多い（10頁**写真１−３**参照）。

3　爆発物の種類

⑴ **組成による分類**

火薬類は、その目的により各種の分類法があるが、最も一般的と考えられる組成による分類を提示する。なお、RDX（ヘキソーゲン）及び HMX（オクトーゲン）は組成的にはニトラミン系であるが、火薬類取締法ではニトロ化合物として分類されているため、ニトロ化合物としている。**表４−６−１**に組成による分類を示す。

表４−６−１　組成による分類

大分類	中分類	小分類	具体例
化合火薬類	爆　薬	硝酸エステル	ニトログリセリン、ニトログリコール、ニトロセルロース、ペンスリット
		ニトロ化合物（高性能爆薬）	TNT、テトリル、RDX、HMX
		起爆薬に属するもの	DDNP、アジ化鉛、テトラセン、トリシネート
混合火薬類	火　薬	硝酸塩を主とする火薬	黒色火薬
		硝酸エステルを主とする火薬	無煙火薬

		過塩素酸塩を主とする火薬	過塩素酸アンモニウム系コンポジット推進薬
		酸化鉛、過酸化バリウム、臭素酸塩又はクロム酸塩を主とする火薬	コンクリート破砕器の破砕薬
	爆　薬	硝酸塩を主とする爆薬	アンモン爆薬、硝安爆薬、硝安油剤爆薬、含水爆薬
		塩素酸塩又は過塩素酸塩を主とする爆薬	カーリット
		硝酸エステルを主とする爆薬	ダイナマイト
		ニトロ化合物を主とする爆薬	TNT 系爆薬

⑵　テロに使用される爆発物

　　テロリストが使用する爆発物について簡単に紹介する。彼らは表4－6－1に挙げた爆発物のほか、原材料が比較的容易に入手可能で簡単に合成可能な化合物を爆発物として使用する場合が多い。その代表的なものが、トリアセトントリパーオキサイド（TATP）やヘキサメチレントリペルオキシドジアミン（HMTD）であろう。我が国では、火薬・爆薬の類は非常に入手困難であるが、これらの原材料は我が国においても比較的容易に入手可能である。一方、TATP や HMTD は比較的容易に合成可能であるが、非常に敏感で取扱いは容易ではなく、未熟な取扱いの中で爆発事故が発生している。このほか、硝安や黒色火薬の原材料も比較的容易に入手可能である。

⑶　高性能爆薬について

　　爆薬は、組成による分類では表4－6－1に示すとおりであるが、一方で一次爆薬、二次爆薬及び三次爆薬と分類される場合がある。一次爆薬は非常に敏感な爆薬であり、通常、起爆薬として使用されるが、その取扱いには十分な注意が必要である。また、TNT や RDX、HMX 等は比較的鈍感で取扱いが容易なため、二次爆薬として用いられる。

　　なお、TATP 等について「高性能爆薬を用いて……」等と記述する報道を目にする機会があるが、「高性能爆薬」を明確に定義づける資料は確認できなかった。また、筆者は TATP を「高性能爆薬」と位置づけることには大きな違和感があり、個人的見解ではあるが、「高性能爆薬」とは爆速が大きく、取扱いが容易な爆薬、すなわち軍用で使用される二次爆薬が「高性能爆薬」に当たるものと考えている。

4　爆発の威力と避難距離について

　　爆発物の威力と被害距離は、実験に基づくパラメータが示されている。爆発物の威力に関しては、薬量の3乗根に対する距離の比は、換算距離と呼ばれ、通常K値で表される。K値を用いた被害距離と被害程度は表4－6－2に示すとおりである。簡単に言えば、1kgの爆発物が爆発した場合、K値の欄に示す離隔距離に存在した人・建物の被害程度が記述されているとみることもできる。

150　第4章　CBRNe テロ災害の基本的形態と対処要領

表4－6－2　被害距離と被害程度

K値 ($m \cdot kg^{-1/3}$)	入射過圧 (kPa)	被害程度（建物と人に対する被害のみ）
2.38	186.1	建物は破壊される。人は爆風、破片による直撃、あるいは吹き飛ばされて壁面等に激突し死亡する。
3.57	82.7	建物は全壊に近い重大な構造上の損害を受ける。人は爆風の直接作用、建物の倒壊、又は吹き飛ばされて重傷あるいは死亡する。
4.36	55.3	建物は全壊に近い損害を受ける。人は爆風、破片効果、又は吹き飛ばされて重傷になる可能性がある。鼓膜が破裂する可能性は15％である。
7.14	24	建物に対する損害は総交換費用の約50％以上を占める。人が鼓膜の損傷を受ける可能性は2％である。人は破片、火球、その他の物体により重傷を負う可能性がある。
9.52	15.8	建物は交換費用の約20％の損害を受けることが予想される。建物内の住居者は一時的難聴となるか、又は爆風や建物の破片、あるいは吹き飛ばされて傷害を受ける可能性がある。屋外にいる人は爆風で死亡又は重傷を負う可能性はないが、破片効果で多少の負傷を受ける場合がある。
11.9	11.7	建物は交換費用の10％程度の改修が必要となる。建物内の住居者は建物の破片落下等の二次的な爆風作用で損傷する可能性がある。屋外にいる人は爆風の影響で死亡又は重傷を負う可能性はないが、一次及び二次破片で多少の負傷を受ける可能性がある。
15.78～19.8	8.3～6.2	建物は交換費用の約5％近い損害を受けると予測される。建物内の住居者は死亡又は重傷にはならないが、ガラスの破損や建物の破片で多少の負傷を受ける場合がある。屋外にいる人は爆風で重傷を負う可能性はないが、一次及び二次破片で多少の負傷を受ける可能性がある。

（火薬学会爆発物探知専門部会編『爆発物探知・CBRNE テロ対策ハンドブック』（丸善出版）を一部編集して引用）

　また、薬量が判然としない不審物が存在した場合、安全距離をいかにとるかが問題となる。その場合、K値を安全係数として一定の値に定め対応することとなる。表4－6－3にその一例を示す。表4－6－3は、あくまで一例であり、爆発物の状態・周囲の状況によって安全距離は変更されることを承知されたい。

第6節　Ｅテロ災害　151

表４－６－３　不審物に対する安全距離確保の一例

爆弾の大きさ	TNT 換算推定量	無防護で安全な距離（K＝200）	遮蔽物等の防護ありで安全な距離（K＝100）
手りゅう弾程度 約70ml	約100 g	約100 m	約50 m
缶コーヒー程度 約200ml〜300ml	約300 g 〜500 g	約160 m	約80 m
ペットボトル程度 約500ml	約800 g	約180 m	約90 m
牛乳パック程度 約1,000ml	約1.5kg	約230 m	約115 m
ボストンバッグ程度	約10kg	約430 m	約215 m

備考　計算式　$D = K\sqrt[3]{W}$ にK値及び薬量を入れ、避難距離を算定している。
　　　ここで、D：避難距離［m］、W：爆薬の質量［kg］、K：安全計数であり、
　　　アメリカにおいては遮蔽物が存在する場合の安全係数を100、無防護の場合の
　　　安全係数を200として、不審物に対する避難距離を算定している。

5　人的被害について

　爆発による人的被害は、通常「爆傷」と呼称しており、第一次爆傷から第四次爆傷に区分される。損傷メカニズムによる爆傷分類は、表４－６－４のとおりである。いずれにしても爆発現場は凄惨な状況であり、これらの被災者を受入れ可能な病院においても、被災者数に比較し収容可能数が著しく小さくなることは想像に難くない。

表４－６－４　損傷メカニズムによる爆傷分類と外傷の特性等

爆傷分類	外傷の特性等	備考
一次爆傷	・爆発による圧外傷　衝撃波 　▶鼓膜損傷 　▶爆傷肺　→　空気塞栓 　▶中枢神経損傷 　▶腸管損傷	狭小な空間（室内、車両内等）で発生すると衝撃が増す
二次爆傷	・飛散物による損傷 ・穿通外傷 ・体内異物 ・眼損傷	爆発物に金属物等を混入し、被害の拡大を図る場合がある
三次爆傷	・爆風によって飛ばされ、叩きつけられ ・倒壊建物による下敷き ・鈍的外傷、穿通外傷 ・骨折、四肢断裂 ・脳損傷（開放性・閉鎖性）	

	・クラッシュ症候群	
四次爆傷	・その他、爆発に伴う損傷 ・熱傷 ・中毒（有害物質の吸引）等	・気道熱傷に注意（特に閉鎖空間での爆傷） ・大量輸液は一次爆傷の肺損傷による低酸素血症を増悪

6　Ｅテロ対策について

　Ｅテロに限らず、全てのテロ対策について言えることであるが、最も重要なことはテロ発生の未然防止である。我が国においては2004年8月の閣議において「テロの未然防止に関する行動計画」が、2008年12月には犯罪対策閣僚会議において「犯罪に強い社会の実現のための行動計画」がまとめられており、その中においてＥテロ対策の未然防止策としては、「Ｅテロに使用される原料の管理強化」が挙げられているが、原材料はその他の使用目的でも入手可能なものであるため、実態としては監視の目が届かない可能性が高い。したがって、原材料の製造・販売業者や使用者等は、原材料の管理について、より一層の配慮が必要である。

（中村勝美／陸上自衛隊OB）

第5章　現地調整所の運営
～現地調整所的な機能、現地合同調整所からのつなぎ目なき運営とは～

　現地調整所が有効に機能すればこれほど頼もしいことはないはずだが、現地調整所が公的な文章に初出してから20年たった今でも関係者の間にいまだに様々な疑問や誤解があり、その基本概念が定着しているとは言い難く、誠に残念としか言いようがない。それがまさに本書の執筆動機であった。この章では、現地調整所をいかに運用するかを具体的に記載してゆく。いわば、「現地調整所の在り方」ならぬ「現地調整所のやり方」を示したい。筆者が内閣官房内閣安全保障・危機管理室で国民保護訓練に関わるなかで様々な声を聞いたが、それらの声一つひとつに答えるつもりで執筆した。この章を読んでいただいて、「なるほど、現地調整所ってこのようなものだったのだ」という気づきがあれば、筆者にとってこれ以上の喜びはない。

1　現地調整所の歴史的変遷

　そもそも、現地調整所なる言葉が公式文章の中に初出したのは、平成13年に内閣官房NBCテロ対策会議幹事会名で出された「NBCテロ現地対処関係機関連携モデル」（その後、平成28年に改訂し、「NBCテロその他大量殺傷型テロ対処現地関係機関連携モデル」となった。）である。国民保護法制施行前のことである。次に現地調整所が公的な文章に出てくるのは、平成18年の総務省消防庁が出した国民保護法制施行に伴う「市町村国民保護モデル計画」であり、その後、より詳しい解説として、内閣官房から平成19年に「国民保護措置を円滑に実施するための現地調整所の在り方について」が出された。これらは、国民保護に関わる全ての関係者には必読の文章である。本章は、この文章をさらに具体的にかみ砕いた記載を試みた。

2　国民保護訓練に見る現地調整所

　前述したように、筆者が内閣官房内閣安全保障・危機管理室で国民保護訓練に関わるなかで、設置される現地調整所を見てきたが、その時の所感を述べたい。

　まずは良い例であるが、参加者が情報を積極的に共有する意識を明確に持ち、はきはきと声をよく出している訓練には感心したものだった。また、ホワイトボードや地図で情報を共有しながら調整を行っていることも実に印象深かった。

　一方、現地調整所の表示がなく、どこにあるのか分からない上、どこの誰だか分からない人がいる訓練には問題を感じた。また、前進指揮所、現地医療指揮本部から離れている例では、情報の連携が悪い訓練も散見した。さらに、残念ながら災害医療従事者に現地調

整所の意義が理解されておらず、現地調整所に医療からの派遣者が最後まで現れなかったこともあった。東京都における東京DMATは、東京消防庁の指揮下にあり、他の地域と事情が異なるが、それでも他の機関から医療的な相談や質問がある場合、その都度消防を介するのではリアルタイムなやり取りは望めず、医療を代表する担当者は現地調整所に同席すべきである。

これらの所見を踏まえ、現地調整所でいかなる活動を行うかを具体的に考察してみたい。

3　現地調整所へのご意見の数々

まずは、国民保護訓練で聞かれたご意見の数々を紹介したい（**表5−1**）。「そもそも現地調整所なんかいらない」という極端なご意見もあった。テロの際には国から現場へ適切に具体的指示を出すべきであって、現場はその指示を待っているのだという。「現地調整所に人を派遣する余裕などない」という意見も聞かれた。これでは取りつく島がない。また、地方公共団体職員からしばしば、「実動機関の輪の中に入っていけそうにない」というご意見をお聞きした。いわゆるテロ災害でなくとも、通常の事故、事件の際に地方公共団体職員が現場に出向くことがあるのだが、そういった場合に、実動機関の職員に「何のつもりだ、何しに来た？」と言わんばかりの対応をされ、その場にいられなくなった経験を持つ者が少なからず見られた。これではほとんど、トラウマに近い経験である。

「現地調整所は誰が仕切ればいいのか」という質問もよく受ける。「現地調整所はどこに設置すればよいのかが分からない」、「現地調整所には具体的に何が必要なのか」、「現地調整所といっても、そんなに早く設置できないのではないか」、「国民保護の事態認定を待って立ち上げるのか」、はたまた、「設置するまで調整はできないのか」という質問も寄せられた。また、インシデント・コマンド・システムのことと混同している者もいるようである。さらに、災害医療関係の指導的立場にある者が、「現地調整所など実際に立っているところを見たこともない、そんなものが役に立つのか？」、「現地調整所から各都道府県・市町村の首長に情報を上げる意味はない」などと、愕然とする意見がご開陳される場合も

表5−1　寄せられた質問、ご意見の数々

・現地調整所なんかいらない。国から現場へ適切に指示を出せばよい。
・現地調整所に人を派遣する余裕などない。
・実動機関の輪の中に入っていけそうにない。（地方公共団体職員より）
・現地調整所は誰が仕切るのか？
・現地調整所はどこに設置すればよいのか？
・何が必要なのか？
・現地調整所といっても、そんなに早く設置できないのではないか。
・国民保護の事態認定を待って立ち上げるのか？
・設置するまで調整はできないのか？
・インシデント・コマンド・システムのことなのか？
・現地調整所など実際に立っているところを見たこともない、そんなものが役に立つのか？
・現地調整所から各都道府県・市町村の首長に情報を上げる意味はない。

あり、災害医療の世界では現地調整所の理解が全く得られていないことを痛感する。現地調整所に関わる関係機関のうち、現地調整所についての理解が最も立ち遅れているのが医療であろう。

4　現地調整所で最低限これだけは共有、調整すべき内容

　では、現地調整所で何をするのかという、最も根本的なことから押さえたい。そこで、最低限、これだけは共有、調整すべきだという情報の項目を挙げる。前述した「国民保護措置を円滑に実施するための現地調整所の在り方について」には、表5−2のとおり、現地調整所で共有、調整すべき内容の例が挙げられている。いきなりこの表を見ると、あれもやらないと、これもやらないと、と不安になる方もおられるだろう。そこで、筆者は、これを次の四つにまとめた。

　　①**あ**…安全に関わる情報
　　②**き**…危険に関わる情報
　　③**ひ**…避難に関わる情報
　　④**こ**…広報に関わる情報

　セミナーでは、この頭文字をつなげて、「あ、き、ひ、こ」と覚えるように紹介している。どこが安全でどこが危険なのかは、ゾーニングを決める上でも重要な情報であるし、被害の軽減の観点からも重要な情報である。特にテロの場合、二次攻撃には常に備えておかねばならず、危険に関わる情報もまた重要だ。それくらい当たり前だと言われるかもしれないが、米国同時多発テロ事件（2001年）においても次のような事例があった。米国同時多発テロ事件で航空機が突入した世界貿易センタービルツインタワーの現場を警察のヘリコプターが上空から観察したところ、鉄骨が赤熱していて、このままではツインタワー

表5−2　「国民保護措置を円滑に実施するための現地調整所の在り方について」で挙げられた現地調整所で共有、調整すべき内容

ア　現地関係機関の活動に関する情報
・現地関係機関の部隊等の編成状況（人員数等）
・現地関係機関の活動状況（作業の進捗状況等）
イ　災害に関する情報
・攻撃による被害の状況（火災の状況等）
・交通に関する情報（道路、線路、橋等の破損状況、交通規制の状況等）
・二次災害の状況（危険性に係る情報を含む）
・有毒物質の有無や大気中の放射線又は放射性物質の量
ウ　住民に関する情報
・被災者の数、負傷者等の状況
・住民の避難状況、避難施設の状況
・住民の安否に関する情報
エ　活動の安全を確保するために必要な情報
・現地で活動する職員や住民の安全に係る事態の展開等

崩壊の危険性があると判断し、警察には直ちにビルからの退避を呼びかけたが、消防にその情報が伝わる前にツインタワーは崩落し、多くの消防士が命を落とした。危機管理の先進国といわれ、インシデント・コマンド・システムで対応が標準化されているといわれる米国ですら、危険に関わる情報共有が行われなかったのである。また、秋葉原通り魔事件（2008年）でも、現場で既に犯人が確保されていたにもかかわらず、犯人確保の情報は、初期に消防、医療にもたらされず、現場での活動に支障を来した。警察にしてみれば、犯人はどうなったのかと尋ねられれば答えたはずだ。確かに、犯罪対策のための秘密保持を徹底している警察では自らああだ、こうだと情報を開示するわけにもいかなかった事情も理解できる。しかし、現地調整所で突っ込んだ情報のやりとり、共有が行われていれば、同じようなことは防げる。避難に関わる情報を警察、消防、行政が共有し、一丸となって住民避難を行わなければ、円滑な避難はできないことからご理解いただけるものと思う。広報の行い方にも課題が残る。関係各機関がバラバラに広報を行い、広報内容に違いが出てくるようだと住民は混乱する。少なくとも各機関でどのような広報を行っているかの情報共有、調整は重要である。また、広報対応は市町村、都道府県の対策本部に一元化し、現場の負担を軽減させることも重要かと思われる。この場合、現地調整所で統合された現場情報がリアルタイムで市町村、都道府県の対策本部に送られないことには広報ができないため、いずれにしても現地調整所の広報に関わる機能は重要であるといえる。

5　現地調整所の設置イメージ

図5−1に、現地調整所の設置イメージを示した。いわば、関係機関の現地指揮所、集結場所に囲まれる形で設置するイメージである。したがって、現地調整所は安全な場所に設置されることになる。現地調整所が関係機関の現地指揮所から離れていると好ましくない。また、設置した現地調整所は、関係各機関が容易に認識できるように、明快に表示さ

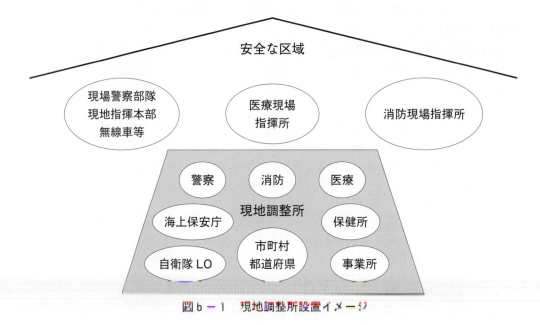

図5−1　現地調整所設置イメージ

れる必要もある。

6　現地調整所キット組みのすすめ

「現地調整所には何があればよいのか、そして何を用意しておけばよいのか」という質問もよく聞かれる。表5－3に、現地調整所キット組みの例を示した。重要度、必要度順に記してある。市町村、都道府県ではこれらの物品をキット化して用意しておくと、立ち上げが早くなる。実動訓練では、ホワイトボードを持ち込んでいる例（**写真5－1**）が多いが、実際には、持ち運びが困難であり、イーゼル型だと軽量、安価、容易に運搬・設置できる。これに関連して、イーゼルスタンドなどに立てかけて使用する商品もあり、画板サイズの台紙付パッド（**写真5－2**）で、1枚ずつ剥がして自由に掲示でき、どこにでも持ち込んですぐ使える。剥がした紙は、ポストイット仕様で、壁やクロス、ボードに長時間貼ることができる。現在ではスマートフォンが普及しているので、記録と本部への送信にはこれを使えばよい。透明のビニールシートを地図の上に被せて使えば、適宜、外した

表5－3　現地調整所キット組みの例

◎現地調整所であることを示す大きく分かりやすい看板
　（理想としては、現地調整所がテロリストに狙われれば更に現場は混乱するので、現地関係機関の間で符丁や記号が共有されれば、それを表示するとより安全である。）
◎自らの立場を明らかにする表示（ビブス等）
◎それぞれの組織の構成員は、それぞれの機関で使用されている無線機を持ち寄る。
　ない場合は、伝令が必要
◎マジック等（多色）の筆記具
◎情報を共有するための掲示板とイーゼル
◎折りたたみ机
◎記録用デジカメ（スマホで代用可）
○現地の地図
○ビニールシート
○マジックを消すベンジン
○十分な大きさのテント
○照明

写真5－1　ホワイトボードに貼り付けて使用する例

写真5－2　イーゼルスタンドなどに立てかけて使用する台紙付パッド

写真5－3　ビニールシート上に記入した例（地図の上にビニールシートを重ねている）

り、重ねたりできる。ビニールシートに記入した情報もベンジンがあれば、適宜、訂正できる（写真5－3）。

7　現地調整所に対するご意見の数々への回答

では、前記3で紹介した質問やご意見に、今までの記載の中で既に答えた事項（現地調整所の設置場所やキット組みについて）は割愛して、残ったご意見、ご質問に一つひとつ答えてゆきたい。

「現地調整所なんかいらない。国から現場へ適切に具体的指示を出せばよい」というご意見だが、CBRNeテロ災害を含む特殊災害は、とても自分たちの手に負えないので、国に助けてもらわないと困る、という気持ちなのだろう。しかし、国に丸投げし、国に全てを任せてそれで解決になるのであろうか。以前、さる防災の講演会で、さる有識者が、「自然災害では、自助、互助（共助）、公助が大切である。しかし、CBRNeテロ災害に対しては、自助、互助（共助）はあり得ない、公助のみである」と断言し、聴衆はうなずいていたのを見てビックリしたことがある。これは明らかに認識がおかしい。CBRNeテロ災害は、地域のコミュニティにおいては、とても手に負えない重大で厄介な事態であることは確かだが、公助、特に国が現場に助けに出るといっても時間がかかる。例えば自衛隊派遣にしても、都道府県知事、その他の要請権者が出動要請してからすぐに出動できるものではない。出動して現場到着までに、最低でも2～3時間はかかる。それまでの間、まずは、自助、互助（共助）で持ちこたえ、現場に何が足りないのか、国に何をしてもらいたいのかを明確かつ具体的にまとめておかないと、国も動きようがない。特に化学テロ災害においては時間との勝負であり、およそ発災後3時間で大勢は決してしまう。すなわち、そのような初動期においては、地域の対応力がものをいう。自助にしても、例えば化学テロ災害においてはどのように対処し、どのように避難すべきか、そもそも毒ガスとはどういうものなのか、除染はどうするのか、などの基本的な知識が事前に必要となり、その上で、エスケープフードなどの簡易的呼吸避難防護具などの機材も必要になる。このような機材を市民が自分で購入せずとも、互助（共助）で備えておくことも必要になってくる。「一生のうちに一度あるかないかの化学テロ事案に備えてそこまでするのか」という声が

聞こえそうだが、実はエスケープフードなどの簡易的呼吸避難防護具は化学テロ災害のみに使うものではなく、一般の化学災害や日常起こる火災におけるシアンガスや一酸化炭素などの有毒ガスにも対応できるものなのである（もちろん、化学災害の原因物質の種類やそれぞれの簡易的呼吸避難防護具の対象としている毒ガスにもよる。同じ簡易的呼吸避難防護具でもNBC専用のものと火災にも対応できるものとがある。）。実際、火災で亡くなる人の多くは、これらのガス中毒で亡くなるのである。そう考えると導入も現実的な選択であることがよくお分かりになっていただけるだろう。この他にも、地域の消防力、警察力、行政力、医療をCBRNeテロ災害に対応できるように既に各地方では努力されていることと思う。国が指示をするといっても、現場の状況が一番よく分かっているのは現場の実動機関であり、その実動機関による現場の情報が現地調整所でまとまり、都道府県・市町村の対策本部、政府の現地対策本部に情報が流れ、ひいてはその情報が国の政府対策本部に届けば、的確に国も現場の役に立てるのである。図5－2に、CBRNeテロ災害時における情報の流れを示した。その意味で、「現地調整所などいらない」ということと「国に助けてもらいたい」ということは両立しない矛盾した話なのである。一方、図5－3に、事態認定前後における初動措置の流れを示した。したがって、仮に突発的にテロが発生した場合、現場→市町村本部→県本部→国窓口（消防庁・警察庁等）→官邸→（安保会議）→閣議というルートを踏むだけでも、覚知から一定時間は国民保護措置の空白時間ができてしまう。さらに、それがテロなのかどうかが分からなければ、事態認定には更に時間がかかる。実際はその間、警察や消防などは現場で措置を行っていると考えられるし、逆に官邸側は現場情報（例えば消防警戒区域）を頼りに警報や避難指示の内容を決めていかざるを得ない。すなわち、国民保護は国主導といっても、特に初動では現場の対応に頼らざ

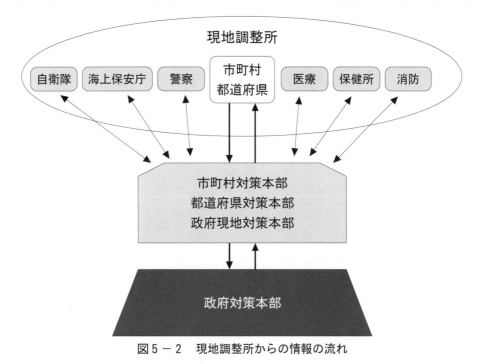

図5－2　現地調整所からの情報の流れ

160　第 5 章　現地調整所の運営

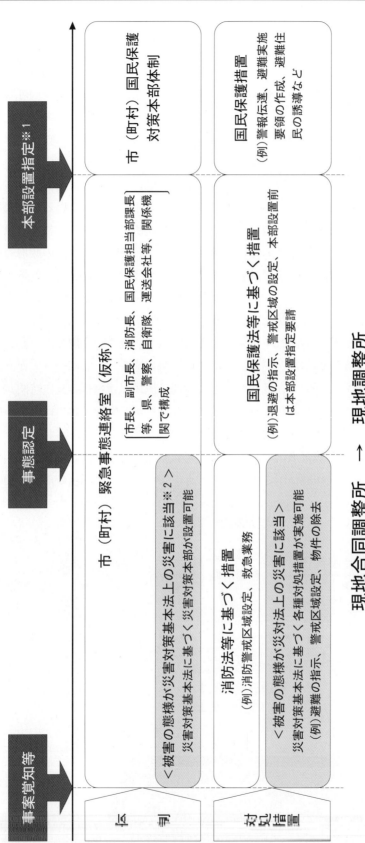

図 5 − 3　事態認定前後における初動措置

※1　事態認定と本部設置指定は、同時の場合も多いと思われるが、事態に応じて追加で本部設置指定する場合は、事態認定と本部設置指定のタイミングがずれることになる。
※2　災害対策基本法上の災害とは、自然災害のほか、大規模な火災・爆発、放射性物質の大量放出、船舶等の事故等とされている。

るを得ない。つまり、突発的な事案が発生した場合、平時の感覚でやみくもに消防が現場に出ると、起きなくていい二次被害が起きてしまったり、逆に武力攻撃を恐れるあまり、差し迫った危険がないのに現場への指示が一切できないようであると、消防、ひいては地方公共団体の存在意義が問われてしまう。事態認定前でも、職員の安全は確保しつつも平時の法令の適用により、首長以下地元の職員ができる限りの対応をする心づもりが必要となるわけである。その際、国民保護法どおり、国・県からの指示を待つのではなく、現地調整所で現地の警察、自衛隊等との連携を密接に保って情報を収集する姿勢が必要であろう。また、迅速な事態認定のためにも、現地調整所から速やかに県、国に情報を報告しなければならないわけである。

　「現地調整所に人を派遣する余裕などない」というご意見には、「常にはりついている必要はありませんよ」とお答えしたい。むしろ、現地調整所で有益な情報共有がなされていれば、現地調整所に自然に人は集まるのである。そんな現地調整所にしたいものである。

　主に、地方公共団体職員からの「実動機関の輪の中に入っていけそうにない」というご意見に対しては、むしろ、実動機関の職員の皆さんにこう訴えたい。基本的に市区町村、都道府県は対策本部を立てる。そのため、都道府県・市区町村の対策本部と現場を結ぶ役割が、地方公共団体職員にはある。いわば、現地調整所という横串に縦の中心の串、縦串を貫くのが地方公共団体職員の仕事になる。また、地方公共団体には、住民の安全を守るため、必要に応じて避難を呼びかけるという大切な責務や住民への説明義務もある。その役割をご理解くださいと。この点をご理解いただければ、実動機関の職員からも、「何のつもりだ、何しに来た？」という声は出なくなるだろう。お互いの使命を知ることが、お互いを尊重し合える関係の第一歩だ。現地調整所からの情報の流れを示した図5－2を見ていただければ、横串、縦串というのがお分かりになっていただけると思う。

　「現地調整所は誰が仕切るのか？」という質問には、「無理に仕切る必要はありません」とお答えしたい。現地調整所は、あくまでも現地で調整する場所であって、指揮命令系統とは無縁のものである。そもそも、日本の多機関連携は、「互いに指揮権は発動しない」というところから出発している。「仕切る」というのは、「指揮する」に通じるイメージがあるが、別に指揮するわけではない。もちろん、危機的な事態にあって類いまれな卓越した調整能力を発揮する人物が現れる場面を筆者は何度か見たことがあるが、自然発生的に、そういった優れた人物、いわゆる「仕切り屋」が出てくれば、それに越したことはない。しかし、そうそうそのような人物が都合よく現れてくれるわけではない。「仕切り屋」は訓練してできるようになる技能というより、多分に天性の能力、性格に係るものであるからである。その意味で、「自分が、仕切らなければ」、「自分が、仕切り屋にならなければ」と無理をしなくても、基本的に重要な情報が共有され、調整事項が生まれたのであれば、その都度話し合いを行って妥協点を探って調整できれば、それでよいのである。

　「現地調整所といっても、そんなに早く設置できないのではないか」という質問であるが、地方公共団体職員が現地調整所を立ち上げる前から、自然発生的に消防と警察が早期に情報交換を始めているはずである。これは、普段起きている局所災害、事件、事故時に

も行われていることである。あくまでも、正確な意味で「現地調整所」でなくても、実質的な「現地調整所的な機能」はその時点で既に始まっているのである。これは、防災基本計画（災害対策基本法に基づき、中央防災会議が作成する基本指針を示す防災計画で、防災分野の最上位計画）で定められている現地合同調整所に相当する。**図5-3**に示したとおり、これは、災害対策基本法や消防法、警職法（警察官職務執行法）などの平時対応の法体系から事態認定を経て国民保護法等への円滑でつなぎ目のない対応の中で、現地合同調整所から現地調整所へと名前が変わるのである。

「現地調整所は国民保護の事態認定を待って立ち上げるのか？」という質問にも関連してくることだが、消防と警察が情報交換を始めた時点で既に現地調整所機能は立ち上がっているわけで、現地調整所は実質的に事件か事故かテロかも分からない時期から立ち上がっているのである。むしろ、実質的に事件か事故かテロかも分からない時期から立ち上げなければ遅い。そして、国民保護法自体が重い法体系になるので、国民保護の事態認定の手続にはそれなりの時間がかかる。最低でも2～3時間はかかるものと考えてよい。そのため、事態認定を待っていては遅きに失するわけで、事態認定になりそうな事態を想定し、普段から幅広、前広に、「現地調整所的な機能」、すなわち現地合同調整所を立ち上げておくべきである。そうすることで、手遅れにならずに済む。別に、「現地調整所」という名前にこだわる必要はないのだ。その意味では、「現地調整所的な機能」というのが回りくどい言い方であれば、現地合同調整所とすればよい。「現地調整所的な機能」、すなわち現地合同調整所は、局所災害であればあらゆる事件、事故において期待され、国民保護を離れて、普段からの危機管理対応に応用してどんどん使っていただきたいと思う。

したがって、「設置するまで調整はできないのか」という質問に対しては、「地方公共団体職員が駆けつけたときには、既に少なくとも警察と消防の調整は始まっている。設置者（地方公共団体職員）は、続けて調整が円滑に進むように環境を整えてください」と答えたい。

最近日本でも、インシデント・コマンド・システム（ICS：Incident Command System）という言葉が、防災関係者の間で盛んに使われるようになってきた。ICS は、米国で開発された災害現場・事件現場などにおける標準化されたマネジメント・システムのことで、命令系統や管理手法が標準化されている点が特徴になっている。しかし、日本では、命令系統に関しては、前述した「互いに指揮権は発動しない」という大原則があり、命令系統は米国のそれとは違う。日本には日本の調整、情報共有のすばらしいシステムがあるのだ。それが、現地調整所なのである。国際的に似たシステムを探せば、国連の国際災害緊急援助のシステム、現場オペレーション調整センター（OSOCC：On-Site Operations Coordination Centre）に近いかもしれない。国際災害緊急援助では、支援受入れの調整を行う場合、被災地には OSOCC を設置し、各国・各機関の情報を集約し、調整を行う。災害発生直後は主に被害状況、被災地入りした国際救助チームの把握と活動サイトの振り分けを行うが、その後も保健、衛生など各分野の状況とニーズの把握などを行い、現地における情報プラットフォームとしての役割を果たす。各国機関や NGO は、この OSOCC

に来ることで被害状況やニーズを把握すると同時に、自らのチーム陣容や可能な支援などをOSOCCに伝えることが求められる。すなわち、様々な特性を持ったプロ集団を総合調整する意味で、現地調整所と極めて似ている。

災害医療の指導的立場にある者が、「現地調整所など実際に立っているところを見たこともない、そんなものが役に立つのか？」と言っていた話を紹介したが、これも実に頓珍漢な話で、前述した「現地調整所的な機能」

写真5−4　東京地下鉄サリン事件における「現地調整所的な機能」の立ち上がり

は既に今までの事例でも立ち上がっていたのである。その証拠写真をご覧いただきたい（写真5−4）。これはまさに、東京地下鉄サリン事件における「現地調整所的な機能」の立ち上がりを示す歴史的な証拠写真である。事件当日の地下鉄築地駅付近の光景であるが、警察、消防、事業者（当時の営団地下鉄職員）、自衛隊員が集まり、情報交換、調整を自然発生的に行っている様子である。このように、現地調整所とは、かつてこの世に存在しなかった机上の絵空事、架空のシステムではなく、既に過去から行われてきた機能をより分かりやすく、より実際的な形でまとめ直したものであることがよく分かる。

既にここまで読んでいただいた読者には、「現地調整所から各都道府県・市町村の首長に情報を上げる意味はない」ということが、いかに頓珍漢な意見であるかを理解していただけたと思う。

8　現地調整所の演練

以上、現地調整所に関して、解説や具体的な質疑応答の形で説明してきたが、これらのことが頭に入ったら次に何をするべきかであるが、まずは、現地調整所に的を絞った机上演習が挙げられる。警察、消防、地方公共団体、事業者、保健所、医療機関、自衛隊など現地調整所に集まる地域のメンバーが一堂に会して、シナリオに沿って、侃侃諤諤のやりとりを通して、互いに必要な情報は何か、調整すべきことは何か、それぞれの機関は何を考えてどういう活動をするのかなどを、顔の見える関係を築きながら演練を進めるのである。

我々は、2013年から毎年、国民保護CRテロ初動セミナーを放射線医学研究所の主催で開催している。幸い参加者にはご好評をいただいており、これまでに20回開催することができた。このセミナーは、CRテロ（化学テロ・放射線テロ）における有用な最新知見や基本手技、より多くの命を救い、被害を最小限にするためのポイントを共有するとともに、現地調整所に代表される各関係機関間の調整、連携を演練する場として開催している。机上訓練では、平成19年に内閣官房から出された「現地調整所の在り方」を受けて、「現地調整所のやり方」をブラインドのシナリオで演練する。写真5−5は、その開催の模様であるが、一つの机を関係各機関が取り囲んで、互いに意見を交換しながら、シナリオの展

開に応じて演練を行っている様子が分かる。このセミナーでの机上演習は、単に参加者自身が演練することだけを目的にしておらず、参加者が地元の地域に帰って、同様の訓練を導入することを最終目的にしており、現在では、千葉県や神奈川県にその波が広がっている。こういった現地調整所に的を絞った机上訓練が、全国に広がることを祈ってやまない。

「机上訓練で演練を重ねたら、次は」と我々がお勧めするのは、国民保護とは一見関係のなさそうな局所災害、事件、事故において、「現地調整所的な機能」、すなわち現地合同調整所を、是非、実際の事例で使っていただくことである。それは、正式には「現地調整所」ではないのだが、名前にはこだわらず、普段から現地合同調整所を立ち上げていただきたい。そうすれば、地域ごとの現実の問題点や課題がより明らかになり、地域における「現地調整所的な機能」、現地合同調整所の向上に寄与し、本来の「現地調整所」がいつでも展開可能な実力を勝ち得るものだと信じている。

写真5－5　国民保護CRテロ初動セミナーの様子

9　まとめ

以下、この章のまとめを箇条書きにしたい。
- 基本的には現地調整所的な機能、すなわち現地合同調整所は限局型事件、事故、災害に適用でき、国民保護事案に限ることなく幅広、前広に設置できる。
- 現地調整所は関係機関の現地指揮所に囲まれる形で設置するイメージ。
- 安全・危険情報、それに伴う避難と広報に関わる情報共有と調整が基本。
- 誰が仕切ってもよい。最悪の場合、誰も仕切らなくても、情報共有、調整ができていればそれでよし。
- 各機関から派遣された専任のスタッフがいることが好ましいが、情報さえ共有されていれば常駐する必要は必ずしもない。
- 米国のインシデント・コマンド・システムとは異なり、現地調整所は、関係各機関が互いに指揮権を発動せず、専ら情報共有と調整を行う。
- まずは、現地調整所に焦点を絞った切り出しの机上訓練から始めていただき、最終的には、普段からの局所災害、事件、事故対応に現地調整所的な機能である「現地調整プラットフォーム」を立ち上げ、「現地調整所」が必要時にいつでも直ちに立ち上げられるように演練を重ねていただきたい。

◆コラム：現場でのより実戦的な対応～PDCA サイクルと OODA（ウーダ）ループ～

OODA ループは、PDCA サイクルの次世代の業務改善行動の概念として広く知られている。当初は、朝鮮戦争に従軍した米軍パイロットが空中戦で実行していた意思決定手法が理論化され、「想定外の事案に臨機に対応できる意思決定力の向上」を目的とし、現在は米国陸軍、海軍、空軍、海兵隊に加えて NATO（北大西洋条約機構）などで用いられている。

O（Observe）監視・情勢把握⇒O（Orient）情勢判断⇒D（Decide）意思決定⇒A（Act）行動がループ（循環）し、より正しい意思決定力を醸成するための手法であり、権限委譲された現場の個々人が主体となる。

PDCA サイクルと OODA ループの比較

	状況	
	想定外のことが起きない	想定外のことが起きる
戦略	大量破壊・消耗戦 第1世代戦略から第3世代戦略（1970年代まで）	スピード・機動戦 第4世代戦略から第6世代戦略（次世代）

PDCA
指揮命令：想定外を気づかない

計画（Plan）

改善（Act）　評価（Check）　実行（Do）

統制：管理職が現場を管理する傾向になりがち

OODA
気づき：想定外を認める

みる(Observe)　わかる(Orient)
外部観察　次に反映　インテリジェンス　シチュエーションアウェアネス
誘導
内部観察　次に反映　ナレッジマネジメント　ウォールルーム

元に反映　元に反映　次に反映　誘導

行動（実験）　次に反映　論理を重んじた決定（仮説）　直観

うごく(Act)　きめる(Decide)

自律分散：リーダーが現場を支援する

行動

参考サイト

アイ＆カンパニー 入江仁之著「PDCA と OODA の違い」

https://iandco.jp/戦略モデル/pdcaとoodaの比較/

◆コラム：WISER® について

WISER® は、Wireless Information System for Emergency Responders（緊急事態対処者のためのワイヤレス情報システム）の略で、米国国立衛生研究所（NIH：National Institutes of Health）傘下の米国医学図書館（NLM：National Library of Medicine）が運営している化学兵器を含む危険な化学物質対応データベースのサイトとアプリである。とはいえ、化学物質ばかりでなく生物剤や放射性物質に関する情報も網羅している。医師のみならず、消防士、警察官、行政官、およそ全ての化学兵器を含む危険な化学物質対応に関わるプロフェッショナルを対

象にしている。対応に必要な様々な資料がここから閲覧できる。サイト上に展開するWeb WISER®とアプリWISER®（アンドロイド版及びiOS版）があり、いずれも無料だ。WISER®には、以下の資料（**表5－4**）が含まれている。残念ながら全て英語であるが、平易な英語だ。特筆すべき機能としては、原因物質が分からない段階で、被害者の症状や身体的所見から原因物質を絞り込む機能や、スマホアプリでは、ERGによる避難地域をGPSで地図上に表示できたりもする。更なる日本国内での普及には、日本語化が望まれるところだ。WISER®のホームページアドレスは、https://wiser.nlm.nih.gov/ である。

表5－4　WISER®に含まれている資料（一部）

- HSDB（Hazardous Substances Data Bank：危険な化学物質のデータベース）
- CHEMM（Chemical Hazards Emergency Medical Management：危険な化学物質への対応データベース）
- REMM（Radiation Emergency Medical Management：放射性物質による緊急事態対応データベース）
- ERG（Emergency Response Guidebook：危険物・テロ災害初動対応ガイドブック）
- WMD Response Guidebook（大量破壊兵器対応ガイドブック）

（注）　WISER®は2023年2月で改訂を終了している。既にダウンロードされたアプリは動作するが、内容は2023年2月現在となるので注意されたい。

参考・引用文献

- 消防庁国民保護・防災部参事官付，消防庁特殊災害室：平成25年度　消防・救助技術の高度化等検討会報告書　平成26年3月
    - 第1編　検討会の概要
    - https://www.fdma.go.jp/singi_kento/kento/items/kento113_79_houkokusyo1.pdf
    - 第2編　化学災害又は生物災害時における消防機関が行う活動マニュアル
    - https://www.fdma.go.jp/singi_kento/kento/items/kento113_80_houkokusyo2.pdf
    - 第3編　原子力施設等における消防活動対策マニュアル
    - https://www.fdma.go.jp/singi_kento/kento/items/kento113_81_houkokusyo3.pdf
    - 参考
    - https://www.fdma.go.jp/singi_kento/kento/items/kento113_82_sanko.pdf
- NBCテロ対策会議幹事会：NBCテロその他大量殺傷型テロ対処現地関係機関連携モデル　平成13年11月22日（令和3年3月5日改訂2版）
    - http://www.mhlw.go.jp/topics/2017/01/dl/tp0117-z02-01s.pdf
- 内閣官房：国民保護措置を円滑に実施するための現地調整所の在り方について　平成19年4月9日
    - http://www.kokuminhogo.go.jp/pdf/190409genchichoseisho.pdf
- 消防庁国民保護室：市町村国民保護モデル計画　平成18年1月
    - ※「現地調整所」の記載は、p.37〜39.
    - https://www.fdma.go.jp/kokuminhogo/assets/shichoson.pdf

（奥村　徹／法務省矯正局、国際警察協会日本支部会員、公共ネットワーク機構理事）

第6章 テロ災害での死者とその家族への対応

　本章では、テロ災害での死者とその家族への対応を解説する。今までのテロ災害対応の成書では触れられることはほとんどなく、本章は本書の中でも力点を置いた章であり、読者の皆様には是非とも熟読していただきたい内容が詰まっている。

　テロ災害では残念ながら、結果として死者を出すことも多い。もちろん、一人でも多くの命を救うことは重要な使命であるが、力を尽くしても死者が出てしまうこともある。各地の災害訓練でも、検視、検案訓練が行われているが、さる地方公共団体では、「ご遺体確認コーナー」と大きく掲示してあったこともあった。身内が生きているか死んでいるかも分からない、取るものもとりあえず駆けつけたご家族にとって、いきなり、「ご遺体確認コーナー」と書かれているのを見れば、その場で卒倒しそうなショックを受けるであろう。配慮を持って、「身元不明者確認コーナー」などと表示すべきであろう。もちろん、いささかも悪意はないのであろうが、この時、掲示をした地方公共団体職員に疑義を呈すると、「私に言われても困る」というような困った顔をされた。このように死者とその家族に対して鈍感になってしまうのは、単に知識がないからである。そこで、本章では、検視、検死、検案の違いから、家族への配慮に至るまで、本村あゆみ先生に検視、検死において各機関が配慮すべきポイントを解説していただいた。

　また、今まで、救急医療の世界では、命を救おうとするあまり、現場で心肺停止した被災者、特に外傷性の心肺停止例は、極めて蘇生する見込みがないため、ほとんど関心が払われてこなかった。特に救急医は、黒タグをつけるまでが仕事と思っていた。このことは、2005年のJR福知山線の列車事故で社会問題化した。黒タグにほとんど記載がなく、どのような経過で命を失うに至ったかさえも分からなかったのである。残された家族は無念な気持ちであった。そこで、このことを教訓に、被災者家族支援の一環としてのDMORT（Disaster Mortuary Operational Response Team：災害死亡者家族支援チーム）活動が始まった。既に西日本では、DMORT活動は社会的に認知され、警察機関における広域緊急援助隊の近畿ブロック訓練にもDMORT活動が取り上げられ、2016年の熊本地震では、警察と共に活動し、県警本部長表彰を受けるまでになっている。国民保護訓練でもDMORTの訓練が行われている。しかし、残念ながら東日本では、DMORT活動の認知度が低く、現場への立入りを拒否された事例も報告されている。本書は、多機関連携に焦点を当てているが、DMORT活動はまさに今まで連携が少なかった警察と医療の本来あるべき理想的な姿といえる。今後、ますます被災者家族支援の一環として充実されなければならない活動である。このDMORT活動を立ち上げから関わってこられた村上典子先

生にDMORT活動について解説いただき、最近、日本集団災害医学会DMORT検討委員会から出された「DMORT訓練マニュアル」についてもご紹介いただく。

(奥村　徹／法務省矯正局、国際警察協会日本支部会員、公共ネットワーク機構理事)

第1節　災害時の検案、身元確認作業のために各機関が配慮すべきポイント

1　はじめに

　医師法第21条では「医師は、死体又は妊娠4月以上の死産児を検案して異状があると認めたときは、24時間以内に所轄警察署に届け出なければならない」とされ、確実に診断された内因性疾患で死亡したことが明らかでない死体や、犯罪死体、変死体及びその疑いのある死体については警察等による「検視」が行われる（図6-1-1）。これはさらに、検察官あるいは司法警察員が変死（疑い含む。）の死体の状況をみる「司法検視」と、非犯罪死体を取り扱う「行政検視」とに分けられる。

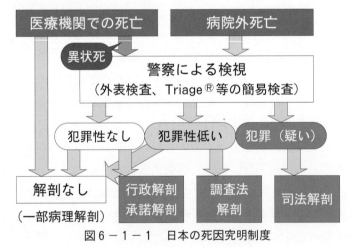

図6-1-1　日本の死因究明制度

　一方、医師が死体の外表を医学的に検査することを検案（検死）といい、体表の損傷や病変、皮膚や死斑の色調変化等の検索、事例によっては穿刺を行い、髄液の性状や胸腔、腹腔の貯留液の有無及び性状の評価により死因などを推定し、死体検案書を作成する。2024年7月現在、監察医による検案及び行政解剖が行われているのは、東京都、大阪府及び兵庫県の3か所であり、それ以外の地域では警察の嘱託を受けた臨床医によって検案が行われるのが一般的である。外表所見という限られた情報によって死因等を推定する必要があり、その判断には死体現象をはじめとした法医学的知識が必要なのは言うまでもない。

　2011年の東日本大震災では15,900人が死亡し、令和6年2月末現在2,520人が行方不明となっているように、地震、津波などの大規模災害時には多数の犠牲者が生じる。これらの災害犠牲者に対し行われる法医学的活動は、検視及び検案による死因調査と、身元確認

の2本柱で行われ、海外ではDisaster Victim Identification（DVI）と呼ばれる。死因を正確に調査することで、災害の態様を理解し、同様の災害への適切な対策を検討することが可能になる。また、災害においては多くの身元不明遺体が発生するが、犠牲者の取り違えはあってはならないことであり、100％確実な個人識別が要求される。遺族の元に戻れなかった犠牲者の心情もさることながら、別の遺族の元に取り違えられてしまったがゆえに行方不明者扱いとなり、大切な人を探し続けなければならない遺族が生まれることは決して許されない。保険や遺産など、金銭面でのトラブルにもつながる可能性があり、DVIという言葉が示すように、災害時には確実に個人を特定する努力が何よりも必要なのである。

地方公共団体等で開催される防災訓練では、犠牲者の設定は不謹慎などとして忌避される傾向があり、また実際の災害時には安置所と併設される関係から、現場から離れた施設に検案所が設置されることが多く、DVI活動の実際の流れについてはあまり知られていない。本節ではCBRNe災害にかかわらず、DVI活動全般について紹介したい。

2　黒タグ以降の流れ

トリアージにより災害現場で黒タグが付された患者は、いわゆる「心肺停止状態」である。もちろん医療資源が豊富にある状況であれば蘇生を試み得る状態であり、黒タグ＝死亡でないのはご存じのとおりである。

医師あるいは歯科医師によって死亡が確認されると、遺体として検案所／安置所へ収容される。逆にいうと、死亡が確認されるまで遺体として搬出することができないため、災害訓練などで黒タグの患者が現場に取り残される状況を見ることがある。このような事態に備えて、現場には黒タグ収容所と少なくとも医師一人の配置が必要である。死体検案書は検案所搬送後に警察による検視及び法医学的検索ののち発行されるため、死亡を確認した医師は、確認した時刻及び自身の名前を明記し、死亡の状況など検案所スタッフや遺族に伝達する事項があればタグ等に記載する（**写真6-1-1**）。

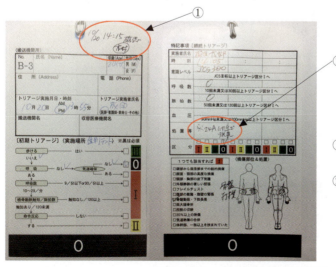

①：死亡確認時刻と確認医師のサイン
②：発見場所や死亡までの状況などを適宜記載しておくと、死因の推定や身元確認作業、遺族への説明時に役立つ

写真6-1-1　黒タグの記載例

3 検案所／安置所での活動

　2011年の東日本大震災では、沿岸被災地を中心に、岩手県で延べ38か所、宮城県で延べ32か所、福島県で延べ9か所に遺体検案所／安置所が設置された。多くは学校の体育館やスポーツ施設などの公的建造物であったが、寺院や民間の廃工場なども利用された。震災では特に被災した範囲が広域であったことから、地域での遺体の収容数や建物の安全性などによって、検案所の開所や閉鎖が変遷したという特徴があった。

　検案所／安置所は、主に警察によって設営される。検案に当たる医師、歯科医師や警察の動線と、遺体安置所を訪れる遺族の動線が交わらないように、卓球台などを用いてエリアを分割する（写真6-1-2）。

　検案所内では主に、①受付、②写真撮影、脱衣、所持品の確認、③検視検案、④歯科所見採取、⑤指紋採取、DNAサンプル採取、のように作業ごとにブースが設置され、遺体はこのブース間を警察官などにより順番に搬送されて安置に至る流れが多く見られるものの、検案所の設営について明文化されたものはなく、災害の規模や資源によって、配置は流動的に変化する（写真6-1-3）。以下、各ブースでの活動について解説する。

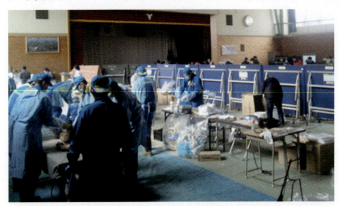

写真6-1-2　卓球台によって分割された作業スペース

写真6-1-3　検案所内のレイアウトの一例（岩手医科大学での訓練の様子）

(1) 受　付

検案所に搬送されてきた遺体について、検案所内での通し番号を振る。主に警察による作業であり、発見時の状況など搬送者からの情報について伝達を受ける。

(2) 写真撮影、脱衣、所持品の確認

着衣の状態と脱衣後の状態を写真撮影して記録する。災害時の多数遺体は基本的に身元不明として扱われるため、個人識別の観点から所持品や着衣は有力な情報となる。着衣のタグ、硬貨の一つひとつを丁寧に確認し記録する必要がある。特に、着衣のハングル語や中国語など外国語による表記は、死者が外国人であることを示唆する根拠として重要である。金品は紛失や取り違えによりトラブルになりやすいので、写真や書類による記録を確実に行い、番号ごとに遺体とともに慎重な管理を要する。

(3) 検視検案

警察による検視、医師による検案を行い、死因の推定、年齢、性別、死亡時刻等の検討を行い、医師はここで死体検案書を作成する。また、身元確認の一助として、ホクロの位置や手術痕などの身体的特徴を、「その他特に付言すべき事柄」の欄に記載しておく。

はじめにも述べたとおり、死因を外表調査のみで特定することはほとんど不可能である。死因のみならず、外傷の部位や程度の評価など、災害が犠牲者に与えた影響について詳細に調査するためにも、画像診断や解剖などの全身検索が必要であるが、死因調査の要否の決定権は検察あるいは警察にあり、犯罪性のない災害死の場合においては解剖の判断に至らないことがほとんどである。

(4) 歯科所見採取（写真6−1−4）

科学的個人識別法として有用なのが、歯科所見、指紋、DNA型の三つであり、DVIの根幹を担う重要な調査である。歯科医師によるデンタルチャートの作成、口腔内写真撮影、レントゲン撮影によって得られた死後データ（Postmortem data；PM data）と、生前のカルテ、レントゲン写真などの生前データ（Antemortem data；AM data）とを比較することで、犠牲者と対象者が一致するか否かを確認する。

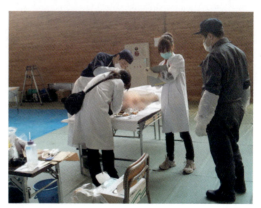

写真6−1−4　歯科所見採取（東日本大震災での様子）

(5) 指紋採取、DNAサンプル採取

個人識別の一環として行われ、主に警察により指紋が採取される。また、血液や爪などDNA解析用の試料を採取する。

4　海外と日本の災害時遺体対応の違い

日本と海外とでは平時から死因究明システムが全く異なっている。日本の異状死体の解剖率は9.8%（2022年）と先進国の中で最低レベルであるのに加え、先の震災でも個人識別手段の約9割近くが、顔貌や身体的特徴及び免許証などの所持品を基にした主観的手法によるものであった（図6－1－2）。

これに対し諸外国では、法病理医、法歯科医、検査技師、放射線技師などから成る独自のDVIチームが編成され、自国のみならず他国での災害においても現地へ赴き、遺体の収容、検案、個人識別のための試料採取を行っている。採取されたPMデータは、AMデータと比較され、科学的根拠に基づいた個人識別が行われる。これらの作業は国際刑事警察機構（INTERPOL）が推奨するガイドラインに準拠して行われ、死因検索のための解剖も積極的に行われる。日本では、解剖に至らない遺体に対し死因検索として死後CTが施行されることがあるが、海外においては、むしろ解剖の必要ない死体をスクリーニングするためにCTを利用しようという意見もあるほどである。

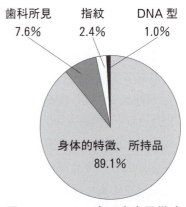

図6－1－2　東日本大震災時の個人識別の手段

また、チーム活動であるがゆえに、一人の遺体に対してそれぞれの専門家が所見を採取しながら、各専門家間での意見交換が容易に行われる。一方、日本のDVI方式では各作業間を遺体がベルトコンベア式に移動していくため、ブース間での情報共有がなされず、一人の遺体を包括的にみるというより、埋葬までに必要な書類、手続が粛々と進められるという機械的な作業になりがちである。DVI活動の精度を高め、遺体の尊厳を守り、遺族へのより正確な情報伝達を行うためには、犠牲者一人ひとりを丁寧に観察し、各専門家間でディスカッションを行って多角的な視点を持つことが重要である。

5　結　び

多くの災害を経験してきた日本であるが、黒タグ以降の流れについては警察による行政的対応に終始し、国際標準でのシステマティックな活動とは言いがたい状況であるがゆえに、死因究明、個人識別の精度が不十分な現状である。国際化により在日外国人が増加しており、現在の日本の災害時の遺体対応では、遺体の取り違えや、不正確な死因判断によって国際社会からの信用失墜にもつながりかねない。東日本大震災時には、協力受諾体制が不十分として海外からの検案支援の申出を断ったという経緯もある。今後も予想される自然災害やテロの脅威に備えるためにも、日常からの体制整備が喫緊の課題である。

参考・引用文献

・警察庁：平成23年（2011年）東北地方太平洋沖地震の警察措置と被害状況（2024年3月8日）

（本村あゆみ／国際医療福祉大学）

第2節　DMORT（災害死亡者家族支援チーム）　173

1　はじめに

　DMORT（ディモート）とは Disaster Mortuary Operational Response Team の略であり、「災害死亡者家族支援チーム」と訳される。災害急性期から精神医療を行う DPAT（Disaster Psychiatric Assistance Team：災害派遣精神医療チーム）も2013年度から運用されているが、DMORT がターゲットとするのは、あくまでも遺族・行方不明者家族である。

　DMORT は米国では DMAT と同様に災害時に活動するチームとして1990年代から組織化されているが、日本では DMAT・DPAT のような公的な運用システムはまだ確立されてはいない。しかし、2006年に日本 DMORT 研究会が設立され、2017年7月に一般社団法人日本 DMORT となり、様々な実災害で活動を重ねてきた。

　本節では DMORT の概念と日本 DMORT の活動について、日本集団災害医学会（現・日本災害医学会）DMORT 検討委員会が作成した「DMORT 訓練マニュアル」から黒タグの問題点と大規模事故・事件における遺族心理について紹介する。

2　日本 DMORT について

　2005年4月、兵庫県尼崎市で起こった JR 福知山線脱線事故（以下「JR 事故」という。）は死者107人、負傷者約550人という大惨事であったが、現場には複数の医療救護班が参集し、「現場トリアージ」が行われ、死亡者107人中少なくとも74人は黒タグをつけられ、病院に搬送されなかった。そのことが周囲の医療機関の混乱を防ぎ、重症度に応じた適切な傷病者の搬送が行われたと救急医療関係者の中では評価されていたが、遺族には無念の思いを残した。こうした遺族の思いに応える形で、兵庫県の災害医療関係者を中心に2006年10月、日本 DMORT 研究会が立ち上げられた（代表：吉永和正、事務局長：村上典子）。米国 DMORT をモデルに、日本でも災害医療に携わる者で遺族・遺体に関わる問題に取り組み、災害急性期から遺族へのグリーフケアも視野に入れたシステム作りを考えようというのが、日本 DMORT 研究会の目的である。

　日本における DMORT のあり方を模索していく中で、遺体の身元確認が最も大きな役割である米国 DMORT の活動と、それらは警察の仕事となっている日本の実情とは合わないことも判明してきた。よって日本では、「災害急性期からの遺族支援」が主な役割となると考えられた。

　現在、次の三つの役割が日本における DMORT の柱になっている。

① 　現場 DMORT（災害死亡者家族支援チーム）：災害現場（遺体安置所等）での死亡者の家族への支援と、遺族・遺体に関わる支援者の心的支援

② 　長期支援への継続〜長期支援の専門家・組織への引き継ぎ：グリーフケアの専門家や中長期支援組織に急性期の遺族の情報を伝える

③ 啓発・研修活動：黒タグの扱いや急性期からのグリーフケアに関する啓発活動

他の組織とDMORTとの連携を模式化した図を示す（図6－2－1）。

実際の災害活動においては「研究会」ではそぐわないことから、2017年7月に「一般社団法人日本DMORT」が発足した（理事長：吉永和正）。

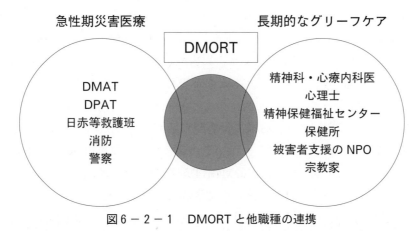

図6－2－1　DMORTと他職種の連携

3　現場DMORT（災害死亡者家族支援チーム）の活動

本項では「現場DMORT」としての実際の活動のイメージを持ちやすくするため、2009年の国民保護実動訓練参加の際の詳細な状況と、能登半島地震（2024年）での活動経験について述べる。

(1) 兵庫県国民保護実動訓練（2009年）

当時、内閣官房NBC災害対策専門官であった奥村徹医師の要請によって、DMORTとして初めての公的訓練参加となり、遺体安置所において兵庫県警被害者支援室と連携・協力しながらDMORTが遺族に対応することとなった。遺体の医学的状況や家族関係、その背景エピソードなど詳細なシナリオ（役割設定）を吉永が作成した。

犠牲者は60歳男性。仕事の営業先でサリンを吸入、救命センターにて治療を受けるも死亡となり、遺体安置所に移された。妻は病気で既に他界しており、家族は長女と次女。この家族（遺族）役は神戸赤十字病院職員、DMORT役は筆者と看護師が演じ、兵庫県警からは実際の被害者支援室の警察官二人が参加した。吉永は、訓練を視察に訪れた内閣官房、兵庫県、神戸市、消防、警察などのVIPへの説明者役となった。

DMORTの実際の対応としては、まず警察から紹介を受けて遺体に対面する場に立ち会う。警察官が遺体の顔にかかった布をとると、長女が「お父さん！お父さん！」と叫びながら遺体にとりすがる。次女はショックのあまり倒れこむ（写真6－2－1）。警察官と協力しながら次女を助け起こし、別室へと連れて行く。遺族と警察官は机をはさんで対面に座り、DMORTは遺族の横に寄り添うように位置する（写真6－2－2）。まず警察官が状況説明をする。長女は「ちゃんと治療はしてもらえたんですか？」、「苦しんで亡くなったんですか？」など質問し、それに対してDMORT役の医師（筆者）が丁寧に説明する。看護師は次女の血圧を測り、泣き崩れる次女の背中をさする。

遺族役の迫真の演技のおかげもあり、この訓練は関係者から高い評価をいただくことができ、その後の国民保護実動訓練でも遺族対応訓練は何度か取り入れられた。

写真6-2-1　遺族の遺体との対面場面

写真6-2-2　遺族に寄り添うDMORT

⑵　警察との連携、事前協定

2009年以降、日本DMORTは兵庫県警被害者支援室との協力関係を築き、2016年4月の熊本地震においては兵庫県警を通じて熊本県警被害者支援室に協力を申し出て、初めて遺体安置所におけるDMORT活動を受け入れていただいた。この経験から警察との連携の重要性が分かり、その準備段階として、2017年7月に研究会から一般社団法人となった。そして2018年1月に兵庫県警と「災害等発生時における死亡者家族支援に関する協定」を締結し、その後、順に愛知、福井、京都、岐阜、奈良、徳島、滋賀、愛媛の9府県警との災害時の活動に関する協定を締結している（2024年5月現在）。

また、協定がなくても被災地警察が受入れ可能なら、いずれの被災地でも活動を行ってきている。今までの活動実績は熊本（2016年熊本地震・2020年水害）、静岡（2021年熱海土石流災害）、大阪（2021年北新地ビル火災）、石川（後述）の4府県で、その他、行政機関による受入れとしては東京（2013年伊豆大島土砂災害）があった。

⑶　能登半島地震（2024年）

2024年1月1日16時10分に石川県能登半島でマグニチュード7.6、最大震度7の地震が発生した。直後から日本DMORT理事の間ではどのような対応をすべきかの議論が始まり、1月2日には日本DMORT愛知県支部から愛知県警に働きかけ、石川県警に連絡をとってDMORTの現地受入れをしていただくこととなった。以後、以下のメンバーで1月4日からの派遣が決まった。

　　第1班：4〜7日　　3人（救急救命士、看護師、歯科医師）　珠洲市
　　第2班：5〜9日　　3人（看護師2人、ロジスティクス）　輪島市
　　第3班：6〜9日　　2人（看護師、ロジスティクス）　珠洲市（1班から引継ぎ）
　　（10〜14日：第2班のロジスティクスが輪島市に残留）
　　第4班：11〜14日　4人（救急医、看護師2人、ロジスティクス1人）　輪島市

活動実績としては、1月4〜14日の11日間で12人（延べ56人）が活動。家族対応件数は珠洲市57件、輪島市69件の計126件。完全な自己完結での現場活動で、現地に応援に入った多数の府県警と連携できた。活動の流れであるが、ご遺体が搬入されて、霊柩車

や斎場の手配ができ次第、家族に引き取られてゆくが、これらの遺族支援から見送りまでをDMORTは担当した（写真6－2－3）。さらに、遺族支援のみならず遺体の整容にも関わった。

派遣メンバー以外も後方支援として各地元から様々なサポートを行った。その一つが「家族（遺族）支援マニュアル（2024年能登半島地震編）～医療救護班・行政職員・

写真6－2－3　DMORTメンバーによるお見送り

消防や警察の方などへ～」の作成であり、DPAT事務局を通じて必要なところで使用していただけるようにした。内容は後述するような急性期の家族（遺族）心理や具体的な対応のポイントであり、DMORTとして実際に関わる家族以外にも、災害時の遺族支援のための啓発活動に尽力している。

4　DMORT訓練マニュアルについて

死者やその家族への対応を取り入れた災害訓練の必要性への認識が高まる中、日本集団災害医学会DMORT検討委員会（委員長・吉永和正）によって、「DMORT訓練マニュアルver.1」が作成され、2017年から同学会ホームページ上で公開されている。

内容はDMORTの役割、黒タグの問題点、知っておくべき家族（遺族）心理、DMORT訓練の実際（企画、シナリオ作り、現場設定、進行、反省会等）などである。その中から、一部について紹介する。

(1)　黒タグの問題点

JR事故で使用された黒タグの調査から、黒タグ自体に多くの問題点が存在することが判明した。遺族の間には、本当に黒タグでよかったのか、赤タグではなかったのか、誰かが本当にみてくれたのであろうかという疑問が残っている。医療者の間でも黒タグへの認識の乖離がみられる。黒タグは看護師、救急救命士も使用し、医療の優先順位を決めるものであるが、その一方で、黒タグ＝死亡という認識もある。黒タグの記載が乏しいことも問題であった。黒タグの判断をしたときの状況は医療者のみならず、家族にも大切な情報である。黒タグにはいつ（日時）、誰が（職種、氏名）判断したかの記載は最低限必要であり、簡単に状況も記載すべきである。

トリアージにおける黒は、搬送、治療の優先順位を示したものであり、搬送に余力があれば搬送対象にもなる。決して切り捨てを意味していないことは、医療関係者のみならず一般市民も含めて正しい理解を求めていかねばならない。もちろん、医師により死亡と診断される場合もあるが、その場合はトリアージタッグに医師が死亡診断したことが分かるような記載の工夫が必要である。

(2)　知っておくべき家族（遺族）心理

大事故・大事件において遺族や行方不明者家族と接する際の心得は、現場活動する全ての人たちに知っておいてほしい素養である。ただでさえ苦悩の真っただ中にある遺族

（家族）を、二次的に傷つけないためである。本項では、家族（遺族）心理と具体的な対応のポイントについて解説したい。

① ショック、ぼう然自失：頭が真っ白になって、ぼう然とした状態
　→名前を呼びかける、手や肩など体に軽く触れる、現実感覚を取り戻すような声かけを行う。

② 感覚鈍麻：一見冷静に見える（後になるとその時のことを覚えていない可能性あり）
　→感情を抑圧することで、自身の心を守っている場合もあるので、感情表出を無理に促そうとはしない。

③ 怒り：やり場のない怒りを様々なところに向ける可能性がある。死別の状況に対する理不尽さ（「なぜ死ななければならなかったのか」）や、家族を含む周囲の人や第三者、中には医療従事者や警察、行政職員に対して「八つ当たり」的に、怒りが向けられることもある。
　→その怒りを理屈で説明して抑えこもうとはしない。怒りの矛先を向けられた場合は、穏やかな声で冷静に対応する。

④ 罪悪感と自責感：助けることができたのではないかという状況や、幼い子供を亡くした場合などでは特に強い。
　→「自分を責める必要はないですよ」、「その状況では無理もないことですよ」などの言葉かけはよいが、ご遺族の心には響かないこともあることは認識する。

⑤ 不安感：強い恐怖感や将来への不安、自分自身や他の家族の死の不安
　→不安な思いを表出するのを傾聴する。薬物療法が必要と思われるほどの強い不安の場合は、専門家チームに引き継ぐ。

⑥ 孤独感：他の家族や友人がいてもひとりぼっちだという感情

⑦ 無力感：大事故・大事件という圧倒的な出来事に直面し、自分は何もできないという無力感

⑧ 思慕：故人に対して、その存在を追い求め、会いたいと願う気持ち

⑨ 混乱や幻覚：生き返らせたいとか、過去に戻って助けたい、などの故人についての考えにとらわれてしまう場合もある。故人がまだ生きているように感じたり、その姿が見えたり声が聞こえるなどの幻覚が生じることもある。
　→故人の姿が見えたり、声が聞こえるなどの幻覚は、正常な悲嘆反応でも起こり得る。

5　おわりに

　筆者は、災害（大事故・大事件）の被災者・遺族には身体的・精神的・社会的・スピリチュアルな、全人的苦痛があると考える。身体的苦痛とは外傷や内因性疾患、環境変化によるもの（暑さ・寒さ）等、精神的苦痛とは恐怖、不安、悲しみ、怒り、抑うつ等、社会的苦痛とは家屋・家財道具の喪失や職業の喪失、経済的損失、コミュニティの喪失等である。そして、スピリチュアルな苦痛とは、愛する者との死別、生きる意味や苦難の意味への問いかけ、絶対的存在（神・仏等）の追求等が考えられる。

被災者・遺族の全人的苦痛に対するケアには、図6－2－2のように多くの職種・組織が携わることになる。医療は主に身体的苦痛に対して、心理関係機関は精神的苦痛に対して、行政・福祉は社会的苦痛に対して、宗教関係者はスピリチュアルな苦痛に対して等であるが、身体的・精神的・社会的・スピリチュアルな苦痛は、個々に独立したものではなく、互いに関連し合い、融合した全人的苦痛となっている。よって、被災者・遺族の全人的苦痛をまるごと受け止める「全人的ケア」には、各職種・組織の協力・連携が必要となってくる。

黒タグや死亡者、行方不明者家族や遺族の問題については、「救命医療を中心とした考え」では見過ごされていたことであったが、今後は現場で活動する全ての者に、「DMORTマインド」をもって対応していただけたらと切に願う。

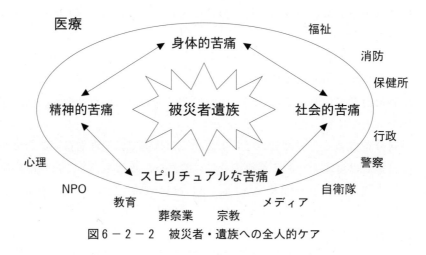

図6－2－2　被災者・遺族への全人的ケア

参考・引用文献

- 吉永和正，村上典子：大災害とDMORT，医学のあゆみ　239巻11号．1125-1126．2011年
- 日本集団災害医学会DMATテキスト改訂版編集委員会：DMAT標準テキスト　改訂第2版．231-236．2015年
- 村上典子，吉永和正，大庭麻由子ほか：災害急性期からの遺族支援〜遺体安置所でのDMORT活動から〜，トラウマティック・ストレス　9巻1号．81-85．2011年
- 村上典子，吉永和正，山崎達枝：災害時の遺族ケア〜日本DMORT研究会の活動から〜，日本災害看護学会誌　12巻3号．58-65．2011年
- 村上典子：災害における喪失・悲嘆への全人的ケア，心身医学　52巻5号．373-380．2012年
- 村上典子，吉永和正：災害遺族へのこころのケア：DMORT，レジデント　5巻7号．98-105．2012年
- 村上典子：災害における心身医学－心療内科医としての経験を通じて－，心身医学　57巻10号．1005-1012．2017年
- 日本集団災害医学会DMORT検討委員会：DMORT訓練マニュアル ver. 1．
  https://jadm.or.jp/contents/home/pdf/DMORT_manual.pdf
- 村上典子：被災者の心のケアと支援者の心構え，診断と治療　105巻4号．495-500．2017年

（村上典子／神戸赤十字病院，吉永和正／医療法人協和会）

第7章 テロ災害の訓練手法

　この章では、本来、直接現地調整所に関わる内容ではないが、参考のため、テロ災害における訓練の組み立て方について総論的に紹介する。

　本書の趣旨からいえば、各地域で、まずは現地調整所の切り出し訓練、現地調整所に的を絞った机上訓練から始めることを強くお勧めする。本章は、その先の訓練の組み立て方とご理解いただきたい。

　国民保護法の施行に伴って、テロ災害の訓練は国民保護訓練として各地で行われているところであるが、地方公共団体によっては、自然災害の対応訓練には慣れていてもテロ災害訓練にまだまだ慣れていない地方公共団体も多いと思われる。また、なかなかテロ災害訓練といってもどこから手を付けてよいものか分からない地方公共団体もあろうかと思われる。そんな場合には、本章を参考にしていただきたい。本章は、以前、内閣官房で国民保護訓練を企画していた國府田洋明氏に執筆していただいた。

（奥村　徹／法務省矯正局、国際警察協会日本支部会員、公共ネットワーク機構理事）

1　総　論

　訓練とは、発生が予想される事態への対処要領を理解するとともに、適正な行動がとれるようになることを目的に行う模擬体験をいう。理解するだけであれば机上で学ぶだけで事は足りるが、いざというときに行動できるようになるためには、疑似的な体験をしておくことが効果的である。身近な例でいえば、市民が行う救命処置の訓練では、AEDと心肺蘇生処置を医学的に理解した上で、人形を使って実際の行動（手技）を疑似体験し、現場で実践できるようにしている。まさに、ここに訓練の原点が凝縮しているといえよう。

　訓練は、日常的に発生している事柄ではなく、イレギュラーに起こる重要な事柄への対応をテーマとすることが多くなり、多岐にわたり課題が抽出される。これは決して悲観すべきことではない。むしろ多くの課題を疑似体験できたことを訓練成果として捉え、業務改善のためのPDCAサイクル（**図7－1**）により次回の訓練までに改善し、段階的に対応要領をブラッシュアップしていくことが重要である。このことを肝に銘じ、訓練を実行していただきたい。

　以下、効率的で効果的な訓練を実行する上でのポイントを述べる。

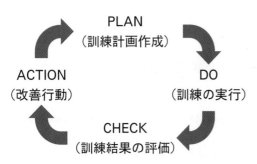

【PDCA サイクル】

業務改善のための PDCA サイクルに訓練を当てはめることで、「過去の訓練」、「現在の訓練」、「未来の訓練」が一連の継続性のあるものとなり、改善内容が確実に実感できるものとなる。

特に、CHECK と ACTION は、訓練後の事後評価と改善行動部分となり、これを訓練企画の最も重要な要素として捉える必要がある。

また、第三者や訓練参加者からの逆評価も加え、多角的な評価となるよう心がけ、次の訓練での具体的な課題と改善策を整理する。

図7－1　PDCA サイクルによる改善行動

2　訓練ロードマップの作成

限られた時間の中で効果的な訓練を実行するためには、計画的に訓練の準備をする必要がある。訓練を一つの業務として捉え、訓練ロードマップ（図7－2）のように五つのフェーズにより業務管理することで、効率的な訓練の進行管理が可能となる。訓練の内容や規模により各フェーズの作業量やかかる時間は異なるが、フェーズとしてはこの五つが基本となる。

フェーズ1は、資料収集や訓練概要案（以下「コンセプトペーパー」という。）作成など、訓練企画の基本事項の準備段階となる。

フェーズ2では、シナリオと情報系統図を作成する。ここで訓練の詳細な内容が決定され、情報系統図により訓練実施者（以下「プレイヤー」という。）と訓練統制者（以下「コントローラ」という。）も容易に区分できることとなる。

図7－2　訓練ロードマップ

フェーズ3では、状況付与一覧と個々の状況付与カードを作成する。訓練で直接使用するツールであり、準備段階で最も労力を使うフェーズである。

フェーズ4では、訓練実施規定で訓練上のルールを決めておく。訓練は全てを本番と同様にはできないので、訓練上のルールをここで決定しておく。

フェーズ5では、訓練後の事後評価と改善行動を行う。

3　各フェーズの作業要領

⑴　フェーズ 1

ア　基礎資料収集と検討

　　各種資料として、訓練に係る情報を収集する。会場の広さや通信インフラ、災害種別による適用法令及び参加機関の活動能力など、必要となる情報を収集し検討する。

イ　コンセプトペーパー作成

　　コンセプトペーパーは、訓練の基本設計図であり、関係者への当初の説明などに用いる。また、訓練企画がかなり進んだ段階で組織の幹部の思いつきで内容をひっくり返された場合、それまでの作業が徒労となるため、大まかに訓練概要が決まった段階でコンセプトペーパーを使用して、組織としての意思決定をしておくことが重要である。

　　具体的には、次の①～④の項目について整理・調整し、決定されたことを順にコンセプトペーパーに記載する（**図 7 － 3**）。

①　訓練のテーマ、目的決定

　　訓練の時間と回数には限度がある。そのため、これまでの訓練経験、組織又は地域として備えておくべき災害などを精査し、その中で緊急性の高いもの、優先度の高いものを選択し、訓練テーマを決定する（津波の来ない山間部では、津波高潮訓練は無駄である。）。

　　目的の明確化は大変重要で、訓練自体の手法や規模に影響する。例えば、都道府県の災害対策本部運営の円滑化を目的とした場合、災害対策室と県市職員が訓練に参加すればよいので、訓練手法は図上（机上）が向いており、参加人員もさほど多くなくて済む。しかし、警察、消防、自衛隊、保健所、医療機関などが現場で救助救出連携を目的に訓練を行う場合は、会場・日程の確保を含め大規模になる。したがって、最初の段階で何を訓練の目的とするかを明確にしておく必要がある。

②　訓練の日時、場所、参加機関の決定

　　訓練のテーマ、目的、訓練手法に連動して場所や参加機関等が決定されていく。特に他機関の協力が必要な訓練などでは、日時を含めて十分な調整が必要な項目となる。

　　警察、消防、自衛隊などは前年に訓練計画を樹立することが多いため、訓練への参加を求める場合には、早期に打診を行うことが必要となる。

③　訓練の図面等の添付

　　平面図や立体図などを添付し、ビジュアル的にも容易に理解しやすい資料とする。

④　訓練手法の決定

　　訓練手法は、**表 7 － 1** に基づいて、テーマや目的に合ったものを選択する。具体的には、分類からそれぞれ一つを選択していくことで、訓練手法は確定する。以下に、都道府県が行う対策本部運営訓練を計画する場合の訓練手法の選択手順を例示する。

182　第7章　テロ災害の訓練手法

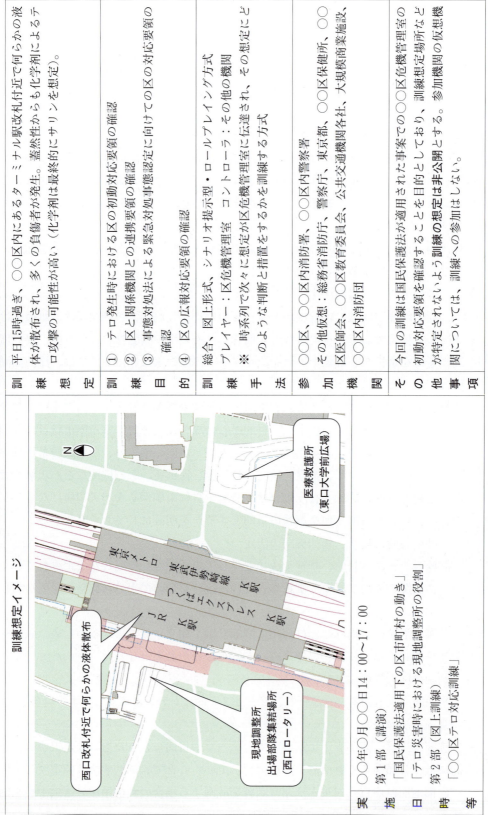

図7−3　訓練概要・コンセプトペーパー

表7−1 訓練手法の分類

分類	訓練手法	手法の詳細と特徴
①−Ⅰ	総合訓練	・いくつものタスクを組み合わせて行う訓練である。パソコンでいえば、インストールされている全てのソフトや機能を活用して資料を作成するようなものである。 ・機能別訓練が複数集約されて行う訓練が総合訓練となる。
①−Ⅱ	機能別訓練	・単一の組織や同一の任務を負っている人に限定して行う訓練である。パソコンでいえば、一つのソフトに習熟するための練習のようなものである。
②−Ⅰ	図上訓練	・実際に現場に出向くなどの大きな動きはなく、決められた部屋で情報収集をし、組織自体への指示命令や組織間の連絡調整などの手続きを訓練する。 ・主に机に向かって訓練することから、机上訓練ともいわれる。 【適用訓練】組織の本部などの運営訓練に効果的である。
②−Ⅱ	実動訓練	・実際に現場での活動を行う訓練である。現場対応訓練ともいわれ、各組織員の現場対応能力を向上させるほか、組織自体の指示命令や組織間の連絡調整などが、現場で実効性のあるものかを検証できる訓練である。防災訓練などで消防車やヘリコプターが活動する訓練がこれに当たる。 【適用訓練】警察、消防、自衛隊、医療機関等の現場と直結している組織の訓練に効果的である。
③−Ⅰ	シナリオ提示型	・作成されたシナリオを訓練前にプレイヤーに提示して行う訓練である。事態推移を事前に知ることで、プレイヤーが自分の行うべきことを確認した上で臨む訓練である。通称ブラインド訓練ともいわれる。 【適用訓練】マニュアルなどが新しくなった直後などに効果的である。
③−Ⅱ	シナリオ非提示型	・作成されたシナリオがプレイヤーに提示されない、より実戦に近い高度な訓練である。コントローラも十分な資料を準備する必要がある（訓練日時、場所、テーマ程度は提示可）。ただし、プレイヤーの対応が不確定で、プレイヤーが大きく入れ替わった場合などに効果的である。 【適用訓練】訓練やマニュアルなどに習熟したプレイヤーが多い場合に効果的である。
④−Ⅰ	ロールプレイング方式	・物語のように事態を推移させていく訓練で、実戦的である。多くの訓練に効果がある。 【適用訓練】広範に参加者や参加機関が見込まれる訓練に効果的である。
④−Ⅱ	課題提示方式	・訓練で重大ないくつかの局面にスポットを当て、検討、調整し、判断していく訓練である（机上訓練の本部運営訓練が該当する）。 【適用訓練】組織の意思決定をテーマとした訓練に効果的である。

▶分類①のカテゴリーでは、各機関との連絡調整が訓練の大きなテーマであることから、「総合訓練」が選択される。

▶分類②のカテゴリーでは、机上で行う訓練が望ましいため、「図上訓練」が選択される。

▶分類③のカテゴリーでは、あらかじめ想定が提示されているので「シナリオ提示型訓練」が選択される。

▶分類④のカテゴリーでは、時間とともに事態を推移させる「ロールプレイング方式」が選択される。

▶したがって、この訓練手法は「総合＋図上＋シナリオ提示型＋ロールプレイング方式」訓練となる。

　このように、訓練手法は、訓練想定、目的、参加機関、規模などの条件により決定される。

(2)　フェーズ2

ア　詳細シナリオ作成

　訓練の肝となる部分がシナリオである。時系列ごとに発生する事案想定とそれに連動した各機関の予想される対応を、マトリックス上に整理する（**表7-2**）。

　まず、縦軸1列目に時間軸を設定する。次に、縦軸2列目に想定軸を設定し、3列目以降には訓練に関係するであろう機関をそれぞれ記入する。そして、各機関が発生した事案にどう対応するか、対応した事柄が各機関にどう影響していくのかを予想し記載する。例えば、「サリンの散布事案が発生した」という想定に対し、市（区）の対応、消防の対応、警察の対応、都道府県の対応などを予想し記載する。

　この際、可能な限り各機関の対応は当該機関に考えてもらうことで、リアルなシナリオとなる。

　また、消防から市（区）に対し、「多数の要救助者あり。要救助者は視覚障害を訴えているとの報告あり」という情報があれば、市（区）の欄には事案に対する対応要領を順次記載していき、シナリオを作成する。

イ　情報系統図作成

　情報系統図（**図7-4**）は、①状況付与の作成、②プレイヤーとコントローラの明確な区分、③プレイヤーとなる機関を中心に、関連する機関の抽出とその関係、情報の流れの整理において、重要な資料となる。**図7-4**において、市（区町村）災害対策本部をプレイヤーとした場合、これ以外の関連する機関は全てコントローラとなり、その行動は、プレイヤーに対しての状況付与が必要となる。

　次のフェーズ3では、この詳細シナリオと情報系統図を見ながら、状況付与関係の資料を作成することとなる。

(3)　フェーズ3

　フェーズ2で作成したシナリオと情報系統図を基に、事態推移順に状況付与元（コントローラ側の担当）と状況付与先（プレイヤー側）を決定していく。訓練企画で、ここ

表７－２ 詳細シナリオ

一般状況（訓練開始時の前提案件）
想定日時 ○○年○月○○日（○）15：00時点 天候 晴れ 気温10度 湿度40% 風位風速 北西 5m
同年夏に東京で実施される国際スポーツイベント開催に当たり、東京都全域で各機関は警戒態勢強化中。

時間	想定	A区	国・都	警察署	消防署	K駅	自衛隊	消防団	学校	報道機関
15：45	ＡＡＡニュース ロップ「○○区Ｋ駅にて何者かが液体をまき、傷病者多数発生」			Ｋ駅西口ターミナル交番にて、騒動者から、負傷者数名を確認	Ｓ消防署からポンプ隊2隊、救助隊1隊、指揮車1隊及びＢ消防署から化学機動中隊出場中	Ｋ駅にて、何者かが液体をまき、傷病者が数名発生 119番通報				ＡＡＡニュース ロップ「○○区Ｋ駅にて何者かが液体をまき、傷病者多数発生」
15：47		警察・消防情報及びテレビニュース確認 ニュース確認 災害対策本部設置 区長への連絡と職員の招集	警察・消防情報及びテレビニュース確認 都災害対策本部設置及び官邸対策室設置	《110番通報 内容》Ｋ駅西口ロータリーミナル付近で多くの人が倒れている。【区災対へ連絡】	《119番通報 内容》駅務室より、西口ターミナルで何者かが液体をまき、傷病者数名【区災対へ連絡】					
15：50		第1回災害対策本部会議（危機管理調整会議兼ねる）情報収集と分析 区長指示の徹底		Ｓ警察署より、PC4台現場到着 消防と協議し、駅周辺半径300m以内を立入禁止区域に設定【区災対へ連絡】	Ｓ消防署大隊長「テロ災害と断定」【区へ職員派遣】現場負傷者のうち20名がCPA状態。他に負傷者100名程度。負傷者の多くが頭痛、吐き気、鼻水、流水、視覚障害を訴えている。駅周辺を協議し、半径300m以内を	Ｋ駅駅員により、構内アナウンス及び避難誘導実施 列車にあっては各社以全線不通		Ｓ消防団全団員出場指令	○○区内全小・中・高校下校見送り（保護者同伴での下校検討）	

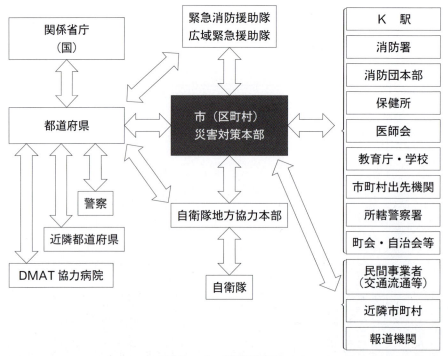

図7-4　情報系統図

が最も労力を要するところとなる。
ア　状況付与作成の原則

シナリオの記載内容がコントローラとプレイヤーのどちらからの情報や行動であるかを区別し、プレイヤーからの情報・行動であれば「プレイヤー事項」となり、状況付与の必要はないが、プレイヤー以外の情報・行動であれば「コントローラ事項」となり、プレイヤーに対し状況付与が必要になるという原則がある。

また、状況付与には、大別して次の三つのカテゴリーがある。
① 状況付与：定時
あらかじめ準備されたもので、定時に状況付与されるもの
② 状況付与：条件付
あらかじめ準備されたもので、訓練の進行状況からプレイヤーの行動が条件を満たした場合などに状況付与されるもの（時間は定時とは限らない）
③ 状況付与：追加
訓練進行中に新たな情報の提供が必要となり、訓練中に作成されるもの
※　例えば「緊急消防援助隊の派遣」においては、市町村長の要請が原則となり、市（区町村）災害対策本部がプレイヤーとして「緊急消防援助隊を要請」した場合に条件を満たすので、その後、「緊急消防援助隊の派遣」が状況付与されることとなる。したがって、この場合の状況付与は「状況付与：条件付」が該当することとなる。また、訓練中、なかなか「緊急消防援助隊の要請」が発出されず条件が満たされない場合は、消防庁からの打診として要請を催促する「状況付与：

追加」で、条件を満たすことも考慮する。

イ　状況付与一覧と状況付与カードの作成

　　「付与番号」、「時間」、「（付与）条件」、「付与元」、「付与先」、「付与方法」、「付与内容」、「その他処理」を確認し、訓練統制班の指示に従い、順番にこのカードによりプレイヤーに状況付与が行われる。当然ながら実動訓練では、状況付与方法は無線又は携帯電話などになる。

　　この状況付与一覧と状況付与カードは、表計算ソフトで作成し、各々をリンクの関係にしておくと便利である（一覧表をワークシート１に作成し、次いでワークシート２以降に状況付与カードを付与番号ごとに作成し、リンクを設定する。こうしておくと、"状況付与一覧の完成　イコール　状況付与カードの完成"となる。このリンクのフォーマットをしっかり組んでおくことが、仕事を効率的に進めるためのポイントとなる（**図７－５**）。）。

⑷　**フェーズ４**

ア　訓練実施規定作成

　　フェーズ４は、訓練当日に向けての仕上げ段階となる。訓練の趣旨やこれまでに作成した資料や調整事項を集約し、訓練実施規定により、訓練の取決め事を訓練参加者に周知するのがこの時期である。そして、災害を完全に再現するのは困難であり、ある程度デフォルメしたものとしなければならないため、次の項目について定め、実施規定を作成する。

　　　① 適用される訓練
　　　② 訓練実施日時
　　　③ 訓練実施場所
　　　④ 想定（シナリオ）
　　　⑤ 訓練の統制要領
　　　⑥ 訓練の目的
　　　⑦ 服装
　　　⑧ 資料の取扱い
　　　⑨ 緊急連絡先

　　フェーズ３までの資料は、訓練の中味に関するものであったが、訓練実施規定は訓練を進行する上での取決め部分、簡単にいえば該当訓練のルールブックであり、参加者に訓練のルールとして周知するために作成されるものである。

イ　訓練実施時の対応

　　訓練ロードマップ（**図７－２**）において、フェーズ４と５の間にある「訓練実施」時の対応の原則について説明する。

　　当然のことではあるが、訓練での対応は、状況により優先度が高いものから低いものへとシフトしながら処理されていく。そして、この優先度の決定とシフトチェンジの善し悪しが、訓練や実戦の出来栄えを決定するといっても過言ではない。

【状況付与一覧】

付与番号	時間	案件	付与元	付与先	付与方法	付与内容	その他処理
1	15：45	定時	テレビ局	プレイヤー	拡声器	「K駅にて、何らかの液体が散布された模様。」	テレビ画面に内容表示
2	15：46	定時	S消防署	プレイヤー	拡声器	「防災センターです。S消防署からの情報です。K駅にて多数の負傷者発生の119番通報がありました。詳細は確認中です。」	
3	15：48	定時	S警察署	プレイヤー	拡声器	「防災センターです。S警察署からの情報です。K駅にて多数の負傷者発生の110番通報あり、K駅にある交番でも多数の負傷者が確認されました。パトカー出動中で現場確認中です。」	
4	15：49	案件付	区長	プレイヤー	電話	「〇〇区長です。災害対策本部を設置し、災害状況の把握、情報収集集体制の強化に努めてください。」	
5	15：50	定時	S警察署	プレイヤー	拡声器	「防災センターです。S警察署からの情報です。西口ターミナル付近で何者かが液体をまき、負傷者が発生している模様です。S消防署と協議し、K駅周囲約300mに立入禁止区域を設定しました。詳細は現在確認中です。」	

ワークシート　1

【状況付与カード】

付与番号	時間	案件	付与元	付与先	付与方法	その他処理
1	15：45	定時	テレビ局	プレイヤー	拡声器	テレビ画面に内容表示

「K駅にて、何らかの液体が散布された模様。」

ワークシート　2

付与先	付与方法	その他処理
プレイヤー	拡声器	

......

……らの情報です。K駅にて多数の負傷者発生の119番……です。」

ワークシート　3

図7－5　状況付与一覧と状況付与カード

図7-6 訓練実施時の基本的な概念

　具体的な手法として、災害医療活動の原則である CSCATTT のサイクルを準用することが最適だと考えられる（図7-6）。この原則は、少し言葉の解釈を変えればどのような訓練（防災、国民保護、事業所の BCP（事業継続計画）など）にも応用できる基本的な訓練対応の概念となっている。ただし、忘れてはならないことは、訓練中、常に「C→A→T→T→T」の部分が繰り返されることである。

　なお、右の二次元コードにおいて図7-3～7-5、表7-2の訓練資料のひな型を提示するので、訓練実施時の資料作成に有効に活用いただきたい。

(5) フェーズ5

　ここでは、事後評価、課題抽出及び改善行動に当たる部分について説明する。訓練終了後の作業のためとかくおろそかにされがちな部分ではあるが、訓練を PDCA サイクルにより継続的に向上させるためには重要な部分となる。

ア　事後評価

　事後評価は、大別して二つの方向からの評価により検証する。

①　訓練などに精通した第三者的立場の専門家による評価

　訓練自体の進行管理を客観的に評価することを目的としたもので、シナリオに基づくプレイヤーの理想的な判断、指示、措置等と実際行われたこれらの行動を比較評価する。時間軸ごとに、次の内容について評価する。

・関係機関への応援要請の妥当性
・各事案への対応の妥当性
・法的な手続の妥当性
・指揮統制要領の妥当性
・情報の収集、優先度評価、共有化の妥当性
・広報対応の妥当性

　なお、ロールプレイング方式等では、初期、中期、後期の時間軸ごとに内容を評

価することが望ましい。

② 訓練参加者へのアンケート

評価において忘れてはならないのが逆評価、つまり実際に訓練に参加したプレイヤーやコントローラなどの意見である。意見の集約は、まず調査項目を大まかに「属性群」、「訓練企画群」、「全体統括」という三つのカテゴリーに分け、さらに「属性群」であれば「所属」、「訓練経験」、「年齢」などに細分化する。所属、訓練経験、年齢といった異なる属性などからの意見を集約することで、多角的な意見の集約が可能となり、訓練企画側にとってはその後の訓練に反映するための重要な情報となる。また、警察・消防等の実動機関と都道府県の行政などでは、同じ訓練を実施しても評価が異なる場合などがあるため、理由を分析することが重要である。

属性群	訓練企画群	全体統括
・所属 ・訓練経験 ・年齢 ・参加形態	・シナリオの適否 ・訓練資料の適否 ・訓練会場の適否 ・訓練時間の適否	・今後の参加希望 ・訓練全体評価 ・その他意見

イ 課題抽出と改善行動

PDCAサイクルのAの部分に該当するものが改善行動であり、すぐに解決できるものと、予算措置や更新時期を待たなければならないものとに分別する。

すぐに解決できるものには着手し改善を図るが、すぐに着手できないものは、理想的な改善のグランドデザインを描いておく必要がある。例えば、急きょの予算措置が行われる場合などにも即応が可能な状況としておくことである。

また、参加者へのアンケート調査はGoogleフォームなどを活用し、スマートフォンで調査すれば容易に集計できる。

なお、これまでに使用したアンケート調査票と国民保護共同訓練評価チェックリストを右の二次元コードから閲覧できるようにしたので参考としていただきたい。

（國府田洋明／帝京大学教授、元内閣官房参事官補佐）

第8章 テロ等の災害時における国民保護と関連法令

テロ災害の現場において、法的な問題は、いわば後から追いかけてくる問題であり、法律の知識があったからといって、現場ではやるべきことをやるべき時間内に行わなければならず、法的な論争を行う時間的余裕がないこともしばしばである。したがって、本章では、テロ災害に関して、これだけは知っておきたい、現地調整所で話題にのぼる重要な関連法令にとどめて、逐条解説のような細部には踏み込まない。

（奥村　徹／法務省矯正局、国際警察協会日本支部会員、公共ネットワーク機構理事）

1　国民保護に係る事態認定

⑴　武力攻撃等に対する事態認定とは

平成15年に「武力攻撃事態等における我が国の平和と独立並びに国及び国民の安全の確保に関する法律」（現・武力攻撃事態等及び存立危機事態における我が国の平和と独立並びに国及び国民の安全の確保に関する法律。以下「事態対処法」という。）が制定され、武力攻撃やこれに準ずる手段で攻撃を受けた場合と、その危険が切迫している場合にどのように対処するかの概要が定められた。

事態対処法での事態認定は「存立危機事態」が加わり3種類となっているが、国民保護法に関係する事態認定は2種類であり、①「武力攻撃事態と武力攻撃予測事態」（以下「武力攻撃事態等」という。）と、②「緊急対処事態」（大規模テロ）である。これらの事態認定要件は、

　　①−1　武力攻撃事態であれば

　　　　武力攻撃が発生した事態、又はその明白な危険が切迫した事態

　　①−2　武力攻撃予測事態であれば

　　　　武力攻撃事態に至ってはいないが、事態が緊迫し武力攻撃が予測される事態

　　②　緊急対処事態であれば

　　　　武力攻撃に準ずる手段で多数の人を殺傷する行為が発生した、又はその危険が切迫した事態であり、国が緊急に対応することが必要な事態

となる。

上記の二つの事態認定は、攻撃の規模と形態で区別されているが、攻撃の主体によっても区別されることとなる。「武力攻撃事態等」であれば、外部（外国や海外の組織等）からの攻撃に限定され、「緊急対処事態」（大規模テロ）であれば、外部だけでなく国内（邦人）の組織や個人からの攻撃も該当する。つまり、攻撃主体によってもこの2種類

の事態認定に分類される。事案によっては、大規模テロと特定され「緊急対処事態」に認定された後、攻撃主体が某国と特定された場合は、「武力攻撃事態」の適用に変わることもあり得る。また、武力攻撃やテロであっても上記の認定要件を満たさないと国が判断した場合は、事態認定されない可能性もある。

> ◆コラム：「存立危機事態」と国民保護法
>
> 　2015年、事態対処法に新たな事態認定要件として「存立危機事態」が加えられた。この新たな事態認定要件としては、①日本と密接な関係国に武力攻撃が発生し、日本の存立が脅かされる明白な危険がある、②他に適当な手段がない、③必要最小限度の実力行使の3要件とされている。この改正を受けての国民保護法第1条の法的適応の要件に変更はなく、従来どおり「武力攻撃事態等」のみが規定されている。「存立危機事態」では、直接的な我が国への被害が発生していない事案想定であることから、国民保護法の適用とされていないと思慮される。

(2) 事態発生時の各機関の活動根拠

　事態認定されるまでには、国としての安全保障の方針を決めるために事実確認と手続が行われることとなる。

　これにより、現場での事態の推移と国の事態認定までに時間的なギャップが生じることとなる。事態認定されるまでは、「災害対策基本法」や各機関の法令（消防なら消防法、警察なら警察法など）の枠組みで被害軽減の措置をスタートさせることとなる（事態認定がされない場合は、最後まで災害対策基本法の枠組み）。

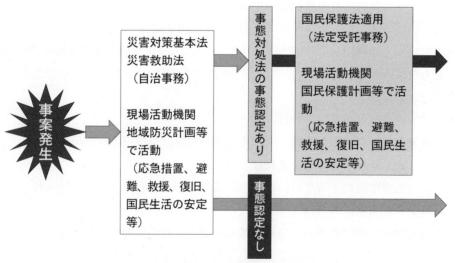

図8－1　法的な武力災害等への対応フロー図

(3) 事態対処法と災害対策基本法で活動する場合の差異

　事態認定がされた場合と、されない場合の差異は、責任の主体が変わることである。事態対処法の適用を受けた場合は、本来、国が責任を負うべき「法定受託事務」となる。災害対策基本法の適用であれば、地方公共団体が責任を負うべき「自治事務」になる。

つまり、「国が責任を持って対応する事態である」と宣言するのが事態対処法の事態認定と捉えていただいて結構である。

　事態認定された場合に国民の安全をどのように確保するかについては、国民保護法により、「警報」、「避難」、「救援」、「武力攻撃災害への対処（被害最小化）」、「国民生活の安定」及び「復旧等」などの措置が定められている。また、都道府県、市町村及び指定行政機関は、国民保護法に基づいて国民保護協議会を設置し「国民の保護に関する計画」を樹立して、住民への対応を具体的に定めることとなっている（国民保護法第33条～第40条）。この関係はまさに、災害対策基本法により都道府県と市町村が防災会議を設置し、地域防災計画を定めている関係に酷似する（災害対策基本法第11条～第23条の２・第40条～第45条）。

　つまり、現場の行政、警察、消防、自衛隊、保健所及び医療機関の事態発生時の活動は、事態認定の有無にかかわらず、「避難」、「救援」及び「被害の最小化」等に携わることとなり、活動の法令根拠が災害対策基本法の枠組みか、国民保護法の枠組みかの違いである。大きく変わる点は、自衛隊の派遣形態が「災害派遣」から「国民保護等派遣」、「治安出動」、「防衛出動」などの順に使用できる装備や武器の範囲が変わることである。

◆コラム：ゴジラの日本襲撃は、法的にどう対応？

　さて、日本映画の不滅の大スター「ゴジラ」への対処は法律上どのように適用されるべきかを考えてみる。ゴジラの破壊力は東京タワーを一撃で破壊するなど画面上凄まじく、「武力攻撃又はこれに準ずる手段での攻撃」となる。

　次に「多くの国民を殺傷する、又はその可能性が高い」、これも画面上逃げ惑う市民の姿から該当する。

　そして、「国が緊急に対応すべき事案かどうか？」についても、国が全力で対応する姿が描かれており、これにも該当する。したがって、事態対処法の適用を受けるべき要件は全て当てはまる。

　しかし、ここで問題になるのはゴジラを日本に差し向けた主体とその目的が不明確である点だ。A国の水爆実験（ゴジラ第一作）が原因だとしても、ゴジラ創出を意図しないものであれば、A国を攻撃の主体とは特定できない。これまでの映画では、人間に起因するものの自然界に発生した怪獣であり、災害対策基本法での対応となっていると推定される。

　しかし以下の場合は、事態対処法の適用となろう。

　ゴジラが某国の武力として意図的に創出された怪獣で、日本を侵略することを目的として襲来させたならば、「武力攻撃事態」になるだろう。

　また、国内のテロリストが日本を騒乱に陥れることを目的に創出した怪獣であれば、「緊急対処事態」となるだろう。このように実行主体とその目的によって、法的な適用は異なってくる。

　これまでのゴジラ映画での最大の法的な疑問は、災害対策基本法の適用を受けているにもかかわらず、自衛隊が最新の武器を使用してゴジラに立ち向かっている部分である。日本の成文法上は、災害対策基本法での自衛隊の武器使用は認められていない。ゴジラを侵害排除している自衛隊の武器使用の範囲は、「防衛出動」に該当する。

　では、法的にゴジラに対する自衛隊の武器使用についてだが、成文法では根拠が見当たらない。そこで「国家は存立を維持する権利」をそもそも保有しているという国際法上の通念から、超法規的な措置としてゴジラを侵害排除するために自衛隊の武器使用が認められたと解せば、一応の

理屈にはなる。

P.S.：日本は戦後映画史上繰り返し、ゴジラ、ガメラ、キングギドラなどの怪獣に甚大な被害を被っている。この状況からすれば、既に「ゴジラ等怪獣に係る特別侵害排除法」なる、防衛出動を認めた法律が制定されている、というシナリオでもよいのかもしれない。

2　具体的な国民保護措置

事態認定された場合は、「対処基本方針」（武力攻撃事態等の場合）又は「緊急対処事態対処方針」（緊急対処事態の場合）が国から示され、これに基づいて以下の事項が措置される（事態対処法第9条・第22条）。

(1)　警報の発令

警報は、国から通知されることとなるが、ミサイル攻撃の場合など瞬時に警報の発出が必要な事案については、Jアラート（全国瞬時警報システム）により事態認定の有無にかかわらず伝達されることとなっている。事態認定に関する所要の通知については、Em－Net（緊急情報ネットワークシステム）という行政専用回線でのメールにより通知されることとなる。前述したとおり、事態認定で「法定受託事務」（国の所管すべき事務）となることから、国としての対処の方針、事態認定地域の特定、警報の発令・避難・救援などのとるべき行動などが法定文書として発出される（国民保護法第44条～第51条）。

(2)　住民の避難

住民避難については、国（内閣総理大臣）による「避難措置の指示」、都道府県（知事）による「避難の指示」、市町村（長）による「避難実施要領」が作成される。災害対策基本法での住民避難は市町村長が指示を行うこととなっているが、武力攻撃事態などでは、状況の推移などによっては国防的な判断を加味しての避難が必要なことから、国から「避難措置の指示」が発出される（国民保護法第52条）。

これを受けての「避難の指示」は、都道府県知事が具体的な交通手段、経路、避難方法を付記し、当該市町村長に指示することとなる（国民保護法第54条）。当該市町村長は、「避難の指示」を受けて具体的な行動計画である「避難実施要領」を作成する（国民保護法第61条）。

避難の場所は、要避難地域外への「域外避難」と要避難地域内での「屋内避難」に大別される。「避難実施要領」では更に詳細に避難要領が示されることとなり、

① 避難方法では、集合場所、時間、交通手段や経路
② 住民の誘導では、誘導員の配置や連絡手段
③ 避難先地域の情報、施設の名称や所在など
④ 服装や携行品などの情報

などが示される。

国民保護措置の住民避難の特徴は、以下の三つである。

第一は、住民が域外避難時などに攻撃対象になることや身体的な汚染などを受けるこ

とを避けるため、域外への避難は危険と判断される場合などに「屋内避難」を発出できることである（国民保護法第52条）。これは他では、原子力災害対策特別措置法にも定義されており、災害対策基本法では「屋内での退避」として定められている。

第二は、「避難誘導」が定義されたことである。武力攻撃にしてもCBRNeでのテロにしても、住民の避難については十分な安全確保が必要になることから、災害対策基本法では明記されていない市町村職員、警察官、自衛隊員、消防吏員及び消防団員等による「避難誘導」が加えられている（国民保護法第62条・第63条）。

第三は、広域避難に対する「都道府県間の調整」が定められていることである。着上陸侵攻のように広域に避難を必要とする事案においては、被災地都道府県地域では避難が完結しないことを想定し、避難側と避難受入側の都道府県間での調整も行うことが定められ、これを実現するための手段として、指定公共機関や指定地方公共機関に対し、避難住民の運送を求めることもできることになっている（国民保護法第71条）。

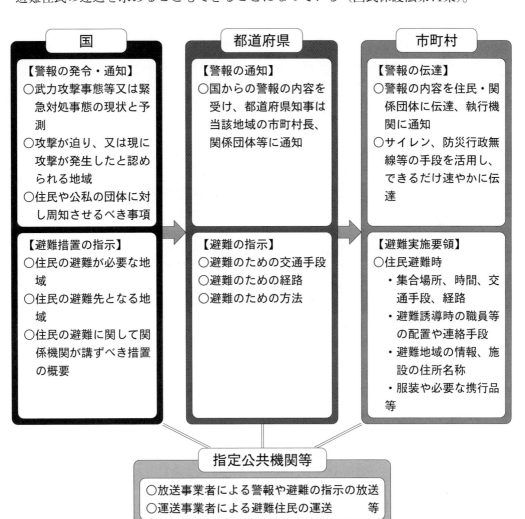

図8－2　住民の避難の仕組み

(3) 救　援

「救援の指示」は、国（内閣総理大臣）から都道府県（知事）に発出され、救援の現場での実行主体は都道府県知事となる。ここでのポイントは、被災地だけでなく、避難者受入地域の都道府県知事にも発出されるもので、受入側についても国が責任を持つことを明確にしている。

救援の項目は災害対策基本法の救援部分を補完する災害救助法及び同法施行令に規定される内容とほぼ同一である（災害救助法の現場での実行主体も都道府県知事）。

この他、都道府県知事及び市町村長については、「安否情報」の収集も責務とされている。救援については、被災市町村が現場での実行主体になることは現実的に困難であることから、広域の救援を調整できる合理性から、災害救助法と同一で都道府県知事が現場での実行主体になっていると考えられる（国民保護法第74条〜第96条）。

「避難措置の指示」、「救援の指示」には内閣総理大臣の是正措置が実行できることとなっており、都道府県知事がこれらを履行しない場合は、内閣総理大臣が直接これらを指示できる。これは、武力攻撃事態などでは、都道府県自体が機能喪失状態になることも考慮してのものと考えられる（国民保護法第68条・第88条）。

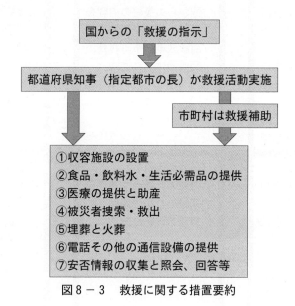

図8-3　救援に関する措置要約

(4) 武力攻撃災害への対処

ここでは、武力攻撃で発生した被害を軽減するための措置を定めており、そのために必要な措置を国は地方公共団体と協力して講じることとしている。ここで改めて、地方公共団体は国民保護法と既存の法令（警職法、消防法など）により被害の軽減を図っていくことが明記されている（国民保護法第97条）。

また、広域な対応や特殊な対応を必要とする事項等は、内閣総理大臣が直接関係大臣を指揮して必要な措置を講じることができる他に、都道府県知事がその措置能力を超えると判断した場合には、国にその措置を要請できるとされている（国民保護法第97条）。

ア　国が実行する措置（国民保護法第102条・第103条・第106条・第107条・第119条）
① 生活関連等施設の安全確保のための措置
② 危険物質等に係る武力攻撃災害の発生防止の措置
③ 原子炉等に係る武力攻撃災害発生等の防止のための措置
④ 放射性物質・危険物質による汚染及びその拡大防止措置
⑤ 消防庁長官による消防応援等の措置
イ　前記ア以外の応急措置
　　国民保護法以外の既存の法令で定められている応急措置が実施できることとなっている。
　　ここでは大きく三つに分類して被害を最小化するための措置が記載されており、第一に「通報」に関する事項、第二に「応急措置等」に関する事項、そして第三に「被災情報の収集等」に関する事項が定められている（国民保護法第98条～第128条）。
　(ア)　通　報
　　　「通報」では、「発見者の通報義務」、「緊急通報の発令」、「関係機関への緊急通報の通知等」及び「緊急通報の放送」が定められている。都道府県知事は国民保護計画に基づき、緊急の場合は武力攻撃災害緊急通報（以下「緊急通報」という。）を発令することになる。内容は、「武力攻撃災害の現状及び予測」、「住民等に周知すべき事項」となっている。警報が武力攻撃事態等で国民を保護するために概念的内容で発出されるのに対し、緊急通報は目前の危機など具体的な事象に対して発令されるものとなる。
　(イ)　応急措置等
　　　主な応急措置等は、次のとおりである。
　① 土地等への立入り
　　　　土地の使用についての通知は、「占有者又は所有者」としており、災害対策基本法にいう権原のある者全てへの通知に比べ迅速性を考慮したものとなっている。
　② 協力の要請に係る安全の確保
　　　　内閣総理大臣及び都道府県知事の責務としている放射性物質などの汚染物質の除去などの任務に当たる市町村職員、消防吏員、警察官などの安全を確保することが明記されている。
　③ 市町村長の事前措置等
　　　　武力攻撃事態発生時に、その被害を拡大させてしまう可能性のある設備や物件を事前に除去又は保安などの必要最小限の措置の指示が発出できることが明記されている。事前措置は市町村長の権限とされているが、都道府県知事もこの権限を有することがここでは明記されている。
　④ 市町村長の退避の指示等
　　　　ミサイル攻撃のように「避難の指示」を待ついとまがない場合は、市町村長が当該地域の住民の被害を軽減するための回避行動として発出できることが定義さ

れており、都道府県知事もこの権限を有することがここでは明記されている（海上保安官、警察官、自衛官等もこれを補完的に実行できる。）。これなどは、国民保護措置の即時性を担保するためのものである。

⑤ 応急公用負担等

これは災害対策基本法に定められたとおりで、被害軽減のため事態発生地域の土地、建物などの一時使用や土砂などの使用や収用ができるというものである。応急公用負担は市町村長の権限とされているが、ここでは都道府県知事もこの権限を有することが明記されている。

⑥ 警戒区域の設定

ここでは、市町村長のみならず都道府県知事もこの権限を有することが明記されている。

⑦ 消火、負傷者の搬送、被災者の救助等への協力

これは、市町村長・職員、消防吏員、都道府県知事・職員及び警察官等が、武力攻撃災害への措置を講じる場合に、住民に対し協力を要請できることを明記したものである。

災害対策基本法では、現場に居合わせた住民の協力命令の規定を設けているが、国民保護法では協力要請とし、強制力を排除している。また、協力者の安全確保

国、都道府県、市町村の各機関が協力して対処

【国民保護法における規定内容】

通　則	応急措置等	被災情報の収集等
・武力攻撃災害への対処の基本的事項 ・発見者の通報義務等 ・緊急通報の発令 ・関係機関への緊急通報の通知等 ・緊急通報の放送	・生活関連等施設の安全確保 ・危険物質等に係る武力攻撃災害の発生の防止 ・武力攻撃原子力災害への対処 ・放射性物質等による汚染拡大の防止 ・原子炉等に係る武力攻撃災害の発生等の防止 ・石油コンビナート等に係る武力攻撃災害への対処 ・協力の要請に係る安全の確保 ・市町村長の事前措置、退避の指示等 ・土地等への立入り、応急公用負担等 ・警戒区域の設定 ・消火、負傷者の搬送、被災者の救助等への協力 ・消防庁長官の消防応援の指示 ・各種特殊措置等	・被災情報の収集の努力義務 ・被災情報の報告 ・被災情報の公表等

図8－4　武力攻撃災害への対処

に十分配慮することも特徴となっている。

⑧　武力攻撃災害が発生した場合等の都道府県知事等の指示

これは、都道府県知事が管下の市町村長、消防長等に対し、緊急の場合に武力攻撃災害への措置を講ずべきことを指示できるとしたものである。また、消防庁長官も都道府県知事の指示を待ついとまがない場合には、直接指示できることが明記されている。

⑨　消防の応援等に関する消防庁長官等の指示

これは、災害対策基本法の適用される広域の消防応援を定めた消防組織法の緊急消防援助隊の仕組みとほぼ同じであるが、消防庁長官の消防部隊への応援の「求め」が、消防部隊への応援の「指示」となっているところに違いがある。

㈮　被災情報の収集等

被災情報の収集等については、現場での被災情報の収集を市町村長等が行って都道府県知事に報告し、都道府県知事が各市町村の報告を取りまとめ、総務大臣に報告することとなっている。収集内容は、

①　人的な被害（死者数、負傷者数等）

②　物的被害（被害建物数と被害状況、被害を受けた社会インフラの状況など）

となっている。ただし、侵害排除に関係する部分の扱いは、国防上の理由により情報収集の対象から除かれている。

⑸　その他

前記⑷以外でも「国民生活の安定に関する措置等」、「復旧、備蓄その他の措置」及び「財政上の措置等」などが定められているが、現地調整所での措置とは時間軸が異なることから、ここでは解説しない。

なお、東京都の特別区については、国民保護法の適用において、特別区それぞれを市とみなすこととなっている。東京都の特別区の多くがそれぞれ数十万人の区民を抱えており、特別区全体を一つの市とみなすことは余りに大規模になることから、このように定められたと考えられる（国民保護法第185条）。

3　結　語

簡単に事態対処法と国民保護法の関係について述べたが、現場での活動については法的な根拠が異なるものの、「避難」、「救援」、「武力攻撃への対処（被害の軽減）」などは、災害対策基本法を根拠に各機関が行う各種被害軽減措置とほぼ同一である。

したがって、現場活動する機関は、事態認定の有無にかかわらず、被害軽減のための措置を継続的に実行していくこととなる。

また、国民保護法で定められた現場での実行主体に捉われる向きもあるが、実はどの規定も「避難」、「救援」、「武力攻撃への対処（被害の軽減）」については、国、都道府県及び市町村がそれぞれにその任務を補完できるよう定めている。例えば、国民保護法の「救援」は都道府県知事を現場での実行主体としているが、総理大臣（国）は是正措置により

自ら指示命令する権限を有しているし、市町村長は「救援」を補助するとされている。つまり、武力攻撃事態のように広域でしかも即時の対応を迫られる事案では、どこの機関が現場での実行主体になっても速やかに措置が実行できるよう法律を構成したものと考えられる。

　ただし、事態認定後は、国民保護法等で定める措置が都道府県を越えての域外避難が想定されるなどの「広域性」、放射性物質やサリン等による汚染などの「特殊性」、現場活動を行う各機関や住民の「安全の担保」並びに自衛隊の国民保護等派遣、治安出動及び防衛出動などの観点を加味して措置されることに留意する必要がある。

参考・引用文献

・内閣官房国民保護ポータルサイト
　https://www.kokuminhogo.go.jp/gaiyou/shiryou/hogo_manual.html
・国民保護法制研究会編：逐条解説　国民保護法. ぎょうせい. 2005年
・国民保護法制研究会編：国民保護法の解説. ぎょうせい. 2004年
・防衛省：武力攻撃事態等及び存立危機事態における対応の枠組み, 平成28年版防衛白書
　https://warp.da.ndl.go.jp/info:ndljp/pid/11502835/www.mod.go.jp/j/publication/wp/wp2016/pdf/28020
　302.pdf

（國府田洋明／帝京大学教授・元内閣官房参事官補佐）

第9章　用語解説

〔C〕

CSCATTT

英国 MIMMS が提唱する「災害発生時に災害の規模や種類にかかわらず、医療機関が体系的な医療救護活動を行うための原則と優先順位」を示したもの。

C：Command & Control（指揮・統制）

S：Safety（安全）

C：Communication（情報伝達）

A：Assessment（評価）

T：Triage（優先度の決定）

T：Treatment（治療）

T：Transportation（搬送）

〔D〕

DMAT

Disaster Medical Assistance Team の略であり、「災害派遣医療チーム」と訳される。医師、看護師、業務調整員（医師、看護師以外の医療職及び事務職員）で構成され、大規模災害や多数傷病者が発生した事故などの現場に派遣され、急性期（おおむね48時間以内）に活動できる機動性を持った、専門的な訓練を受けた医療チーム。ただし、日本 DMAT は、CBRNe テロ災害現場へのチームの派遣は想定しておらず、医療機関での受入れのみの想定である。各地域の DMAT は、地域ごとの計画に基づき運用される。

DMORT

Disaster Mortuary Operational Response Team の略であり、「災害死亡者家族支援チーム」と訳される。災害現場（遺体安置所等）での死亡者の家族への支援と、遺族・遺体に関わる支援者の心的支援が主な任務である。米国の DMORT をモデルとして、日本では2006年に日本 DMORT 研究会が設立（代表：吉永和正、事務局長：村上典子）。2017年7月には「一般社団法人日本 DMORT」が発足した（理事長：吉永和正、所在地：兵庫県西宮市西宮浜 4 -15- 1 協和マリナホスピタル内）。

DPAT

Disaster Psychiatric Assistance Team の略であり、「災害派遣精神医療チーム」と訳される。急性期から精神医療を行うチームのことで、DMAT をモデルに2013年度から整備され、専門的な研修・訓練が行われている。都道府県及び政令指定都市によって組織され、発災当日から72時間以内に活動できる班を先遣隊としている。構成は、精神科医、看護師、業務調整員を中心に、児童精神科医、薬剤師、保健師、精神保健福祉士や心理士等も適宜含まれる。活動内容は、災害によって障害された既存の精神医療システムの支援を始め、災害のストレスによって新たに生じた精神的問題を抱える一般住民への対応や支援者の支援も含まれる。

DVI

Disaster Victim Identification の略。災害による死者の死因検索、身元確認といった活動を包括して指す。Postmortem（PM、死後）のフェーズ（段階）と Antemortem（AM、生前）のフェーズに分かれており、PM フェーズの活動は、主に現場で遺体や遺留品の収容、画像検索や解剖を含む死因検索、及び身元を確認するための歯科所見、指紋、DNA サンプル採取を行い、遺体を管理する。AM フェーズでは、PM データと対照するための生前の歯科診療録や指紋、DNA データの確認を行う。AM データと PM データを照合させることで身元を特定する。このような作業に必要な専門家によるチームを DVI チーム（アメリカでは DMORT）と称し、国内外での災害時に活動を行っている。

〔N〕

NSC

2013年に創設された国家安全保障会議（National Security Council、略称：NSC）は、日本の行政機関の一つであり、国家安全保障会議設置法に基づき、国家安全保障に関する重要事項及び重大緊急事態（武力攻撃事態等、存立危機事態、重要影響事態、国際平和共同対処事態及び重大緊急事態）等への対処を審議するために内閣に置かれている。構成は議長を内閣総理大臣とし、主要大臣で構成されている。

なお、この会議の補佐する組織として内閣官房に国家安全保障局が設置されている。

〔O〕

OIL

Operational Intervention Level の略であり、「運用上の介入レベル」と訳される。原子力災害対策指針において、原子力災害時の防護措置実施の基準として運用上の介入レベルが定められている。

体表面等に付着した放射性物質の除染基準は、OIL 4 で定められている。これは、不注意な経口摂取、皮膚汚染からの外部被ばくを防止するため、除染を講じるための基準で、基準を超える際は迅速に除染する。

β線40,000cpm は、主に放射性ヨウ素を想定しており、日本で広く用いられているβ線の入射窓面積が20㎠の検出器を利用した場合の計数率であり、表面汚染密度は約120Bq/㎠相当となる。他の計測器を使用して測定する場合には、この表面汚染密度から入射窓面積や検出効率を勘案した計数率を求める必要がある。

〔S〕

START 法

Simple Triage And Rapid Treatment の略。歩行の可否で選別後、自発呼吸の有無、呼吸数、脈拍の触知の有無、従命反応の有無によって、黒：呼吸停止・心停止、赤：重症、黄：中等症、緑：軽症に選別する。

〔V〕

VOC

Volatile Organic Compounds の略であり、「揮発性有機化合物」と訳される。塗料、接着剤等に含まれるトルエン、キシレン等が代表的物質であり、「有機溶剤一般」と考えることもできる。これらが環境中へ放出されると、健康被害を引き起こす原因となる。特に、ホルムアルデヒドによるシックハウス症候群や化学物質過敏症が社会に広く認知されてきているほか、光化学オキシダントや浮遊粒子状物質の主な原因として主要な排出施設への規制が行われている。

〔β〕

β 線

13,000cpm（1か月後の値）は、放射性ヨウ素が減少し、放射性セシウムが汚染の主体となることを想定しており、表面汚染密度は約40Bq/㎠相当となる。

〔あ〕

アウトブレイク対応

ある疾病の通常予想される発生レベル（ベースライン）以上に疾病が発生する状態をアウトブレイクという。発生がこれまで認められていない疾病の場合には、1例発生した場合でもアウトブレイクと考えられる。アウトブレイクへの対応としては、蔓延予防、診断と治療の確保、重症化の防止など被害の最小化を図ることが求められる。

〔い〕

インシデント・コマンド・システム

米国で開発された災害現場・事件現場などにおける標準化されたマネジメント・システムのこと。指揮命令系統や管理手法が標準化されている。日本では関係各機関が互いに指揮権を行使しない歴史があり、このシステムは存在しない。

〔う〕

ウイルス感染症

　ウイルスとは、タンパク質の殻と、それに包まれた核酸を基本単位とし、他の生物の細胞内でのみ自己複製を行う微小な微生物である。ウイルスの感染により起こる感染症をウイルス感染症という。

〔え〕

エアロゾル

　空気中に浮遊して存在する微小な液体や固体粒子のこと。

液滴汚染

　液体や液体のしずくによる汚染。

エスケープフード

　避難用の簡易的な呼吸防護具。一般的な防毒マスクだと訓練を要するが、知識がなくても簡単な説明で装着できる。

〔お〕

嘔吐剤

　上気道や眼を強く刺激し、催涙効果と激しい制御不能のくしゃみ、咳、吐き気、嘔吐、不快感を引き起こす化学兵器。くしゃみ剤と呼ばれる場合もある。

汚　染

　化学剤、生物剤、放射性物質が付着した状態のこと。液滴、粉末など視認できるものと放射性物質のように視認できないものがある。

〔か〕

化学兵器禁止条約

　1993年に署名され、1997年に発効した多国間条約で、正式名称は「化学兵器の開発、生産、貯蔵及び使用の禁止並びに廃棄に関する条約」。化学兵器の開発・生産・貯蔵・使用を全面的に禁止するとともに、既に存在する化学兵器及び化学兵器生産施設を条約発効ののち原則として10年以内に全て廃棄すること、一定の設備を持つ化学産業施設に対する検証措置を行うこと等を定めている。オランダのハーグに査察実施機関の化学兵器禁止機関（OPCW：Organisation for the Prohibition of Chemical Weapons）が設置されている。

核原料物質

　核燃料物質、核原料物質、原子炉及び放射線の定義に関する政令で、次のように定められている。

　　第2条　原子力基本法第3条第3号の核原料物質は、ウラン若しくはトリウム又は

その化合物を含む物質で核燃料物質以外のものとする。

核燃料物質

核燃料物質、核原料物質、原子炉及び放射線の定義に関する政令で、次のように定められている。

第1条　原子力基本法第3条第2号の核燃料物質は、次に掲げる物質とする。

(1)　ウラン235のウラン238に対する比率が天然の混合率であるウラン及びその化合物

(2)　ウラン235のウラン238に対する比率が天然の混合率に達しないウラン及びその化合物

(3)　トリウム及びその化合物

(4)　前3号の物質の1又は2以上を含む物質で原子炉において燃料として使用できるもの

(5)　ウラン235のウラン238に対する比率が天然の混合率を超えるウラン及びその化合物

(6)　プルトニウム及びその化合物

(7)　ウラン233及びその化合物

(8)　前3号の物質の1又は2以上を含む物質

核物質

ウラン、プルトニウム、トリウムなど、原子炉の燃料あるいはその原料として使用できる物質であり、その総称として用いられる。日本の法令では、「核燃料物質」と「核原料物質」という用語を用いている。

〔き〕

気管挿管

呼吸を維持するために、気管に管（チューブ）を挿入すること。

気管攣縮

気管が発作的に狭くなってしまうこと。

拮抗薬

受容体に結合することで、本来結合する生体内物質や薬物と受容体の結合を阻害して、生体応答反応を起こさないようにする薬物。

気　道

呼吸のために空気を吸ったり吐いたりする経路。鼻孔から鼻腔を経て咽頭及び喉頭に至るまでを上気道、それ以下の肺に至る気管と気管支を下気道と呼ぶ。

気道確保

気道が閉塞、狭窄したときに、呼吸気の通り道を得ること。

吸気性喘鳴

息を吸うときに、ぜいぜい、ひゅうひゅうという音を出し、呼吸困難となる障害。

急性放射線症

全身に短時間で1 Gy（グレイ）以上の放射線を被ばくしたときに発症する多臓器の被ばくによる障害の総称である。骨髄障害、消化管障害、皮膚障害、脳血管障害が出現し、被ばく線量が高くなると多臓器不全を惹起する。急性放射線症は、前駆期、潜伏期、発症期、回復期（死亡）に分類される。前駆期には、被ばく線量に依存して嘔吐、下痢、頭痛、発熱、意識障害などの前駆症状が出現する。前駆症状の出現時期、潜伏期の期間、発症期の重篤度は、被ばく線量に依存する。

行政解剖

非犯罪死体の行政検視により必要と判断された場合に、死体解剖保存法第8条に基づき監察医によって行われる解剖である。しかしながら、日本では監察医制度のない地域がほとんどであり、一部では準行政解剖として、遺族の承諾を得て承諾解剖を行っている。外表所見で事件性なしと判断して行政解剖が行われるが、解剖中に犯罪と関係のある異状があると認めたときは、速やかに警察に届出を行い、司法解剖への切替えの手続が執られる。

〔く〕

空気塞栓

血管に空気が入り込み血栓ができてしまうことで、最悪の場合、死に至る。代表的な症状として、意識障害、記憶障害、手足の感覚麻痺等がある。

クラッシュ症候群

建物の倒壊物やがれき等により四肢が長時間圧迫され、その圧迫から四肢が解放された後に発生する全身傷害をいう。壊死した細胞から大量の細胞内成分が漏出し、高カリウム血症による褐色の尿、急性腎不全、心不全などの症状を起こす。

グリーフケア（grief care）

グリーフ（grief）は「悲嘆」と訳され、大切な人や物を失ったときに生じる身体的、心理的、社会的な反応のことをいう。グリーフケアという言葉は、主に「遺族への支援」の意味で使われることが多い。

〔け〕

警察犯罪被害者支援室

各都道府県の警察において、「犯罪被害者支援室」が設置され、犯罪被害者本人や家族からの相談窓口となっている。専門機関等の紹介や、各都道府県に設置されている民間支援団体である「被害者支援センター」と協力しながら、犯罪被害者の支援に当たっている。臨床心理士等の専門職も勤務していることが多い。

血中酸素飽和度

動脈の血液中にどれだけ酸素が含まれているかを表す数値で、呼吸機能の指標の一つ。100%に近いほど酸素が多く含まれており、呼吸機能が保たれていることを意味する。

現地調整所

国民保護事態において、現地で関係機関が集まって、情報共有、調整を行う場所。

〔こ〕

校　正（放射線測定器の校正）

放射線測定器の校正とは、国家計量標準とつながる基準測定器の値（基準値）と、測定器の値（測定値）を比較し、測定器の指示値の正確さを確認する作業のこと。校正には、基準測定器あるいは基準測定器と比較した測定器が必要である。したがって、測定値から本来の値を求めるには、測定値に校正定数を乗じる。

骨髄路確保

点滴のルートの一つで、点滴は通常、静脈に入れられるが、緊急時に末梢静脈確保が難しいときに、骨髄に針を穿刺し、そこから薬剤を投与するもの。静脈に点滴を入れるのに比べて細かな作業ではないので、個人防護装備を装着していても容易に行える。

コリン作動性

アセチルコリンを神経伝達物質とし、自律神経のうち、副交感神経を刺激すること。

〔さ〕

サーベイランス

疾病の発生に関する情報を、系統的な手法により、持続的に収集、分析し、その結果を疾病対策のために適切なタイミングで還元すること。

細菌感染症

細菌とは、単細胞の微生物で、核膜をもたない原核生物である。細菌の感染により起こる感染症を細菌感染症という。

サイトカイン

細胞から分泌されるタンパク質であり、生理活性物質の総称である。標的細胞にシグナルを伝達して、細胞増殖、分化、機能発現など様々な細胞応答を惹起する。急性放射線症では、骨髄障害が出現し、白血球が減少して、感染症が誘発される。そのため、白血球の増殖分化を促進するサイトカインである顆粒球コロニー刺激因子（G-CSF：Granulocyte Colony Stimulating Factor）を投与する。

催涙剤

一般には催涙ガスとも呼ばれる。皮膚や粘膜に付着した場合、不快な刺激や痛みを与え、咳、くしゃみ、落涙、嘔吐などの症状を発現させる。

酸素利用系

人体が酸素を全身の細胞に送るシステムのこと。細胞が生きていくためには、酸素が必要である。

散布形態

テロリストが危険な化学物質、化学剤をばらまく方法。化学剤の入った砲弾やミサイ

ルを使ったり、ドローンや噴霧器を使ったりする。このほか、水源に毒を混入したり、空気中やビルの換気設備に散布すること等が想定されている。

〔し〕

自衛消防隊員

火災や地震等の災害時に初期活動や応急対策を円滑に行い、被害を最小限に抑えるために、防火管理が義務付けられている事業所が設置しなければならない自衛消防の組織を自衛消防隊という。自衛消防隊員はその一員。初期消火、通報連絡、避難誘導、応急救護、非常持出の各担当班がある。

指揮本部

災害発生時、各種情報を収集し、災害活動の方針を定め、活動指示を出すなど、事業所内災害対応の要ともいえる。事前に指揮本部長（事業所責任者）を定めておく。

事業継続計画

企業がテロ攻撃などの緊急事態に遭遇した場合において、損害を最小限に抑えつつ、事業の継続あるいは早期復旧を可能とするために、緊急時における事業継続のための方法、手段などを取り決めておく計画のこと。

死体検案書

診療中の患者が当該疾病で死亡した場合に発行されるものが「死亡診断書」、それ以外では「死体検案書」として、医師により作成され発行される。いずれも書式は同じであり、死者の氏名、性別、生年月日、死亡したとき、死亡したところ、死亡の原因、死因の種類、外因死や乳児の追加事項等について記載する必要がある。

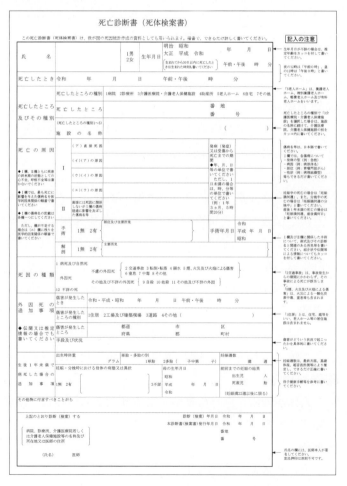

自動注射器（自己注射器）

autoinjector の訳。auto には、自動（オートマチック）と、自己（自分で打つ）という二つの意味がある。単数又は複数の薬剤をペン状の容器に入れ、大腿部に先端を押し付けると、自動（オートマチック）で自己注射できるものである。

死　斑

死亡によって全身の循環が停止すると、血液は血管内を重力に従って移動する。これが、死者の体勢が仰向け（仰臥位）であれば背中や下肢の後面に、うつ伏せ（伏臥位）であれば胸腹部や顔面に、血管内の血液の色調を透かして紫赤色の変色が発現する。死後2時間程度で観察できるようになり、死斑の部位を指などで圧迫すると色調が消退する。これは血管内を血液が移動することによるもので、圧迫しても消退しない皮下出血による変色との鑑別として用いられる。しかし、時間とともに消退しにくくなり、20時間以上経過するとほとんど退色しなくなることなどから、消退の程度や部位の移動の有無は、死後経過時間の推定に役立つ。

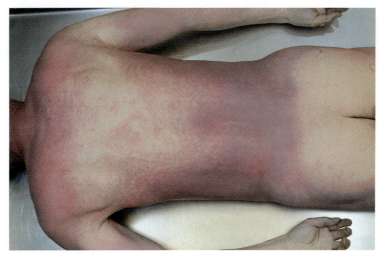

背部に発現した死斑。臀部など台に接している部分は蒼白調である。

縮　瞳

瞳が縮むこと。最もひどくなると点状に瞳が縮み、ピンポイント（針の大きさの）瞳孔となる。

新興感染症

1970年頃以降に新たに発見又は認知され、局地的、あるいは国際的に公衆衛生上の問題となる感染症。

シンパ

特定の主義・思想への賛同者・共鳴者を意味する Sympathizer（シンパサイザー）の略語。その主義に基づく活動そのものには参加しないが、活動家をかくまうなど様々な形で支援する人々のこと。

〔す〕

スクリーニング

ざっと網をかけ、情報をふるいにかけて選別すること。

〔せ〕

前駆症状

短時間で全身に1Gy（グレイ）以上の被ばくをした場合に、数時間から48時間経過後に出現する悪心、嘔吐、下痢、発熱、頭痛、意識障害等の症状である。被ばく線量が多くなるにつれ、症状が出現するまでの時間は短くなり、状態は重篤となる。

全人的苦痛

末期癌患者には身体的・精神的・社会的・スピリチュアルな全人的苦痛があるという考えが、癌医療の分野ではよく知られているが、災害においても同様の全人的苦痛があると言える。中でもスピリチュアルな苦痛は遺族によく見られるものであり、生きる意味・目的・価値の喪失、苦難の意味、死後の世界への思い、反省・悔い・後悔・自責の念・罪責感、超越者への怒り等が表出される。

穿通外傷

弾丸、砲弾破片やはさみ、錐等の鋭利な物体等により、人体が損傷を受けることで、損傷部位と組み合わせて呼称される。例えば頭部損傷の場合、穿通性頭部外傷と呼称される。

〔そ〕

即製爆弾（IED）

IED（Improvised Explosive Device）は、軍用砲爆弾のように規格化されているものではなく、有り合わせの爆発物と起爆装置で構成された簡易爆弾の総称をいう。即席爆弾と呼称されることも多い。通常、IED（アイ・イー・ディー）の略称で呼称される。

道路脇などに仕掛けられたIEDを一般に路肩爆弾、道路脇爆弾、路上爆弾（Roadside bomb）などと呼んでいる。基本的には正規の軍隊が使用する爆弾と異なり、材料は砲弾や地雷などの炸薬と筐体を流用して独自に作成する爆弾でもあることから、「自家製爆弾」（HME：Home Made Explosives）とも表現される。

〔た〕

体表面モニタ

体表面の各部位に検出器を配置して、効率よく短時間で身体表面の汚染の有無及び程度を測定できる装置。

タイベックスーツ

デュポン社が開発した高密度ポリエチレン不織布であるタイベック®で作られた使い捨ての作業着。

〔と〕

特異的解毒薬

特定の化学物質に対して解毒する働きのある薬剤のこと。

トリアージ

多数の被害者が同時発生した場合に、緊急度や重症度に応じて適切な処置や搬送を行うために、被害者の治療の優先順位を決定すること。一次トリアージは、傷病者の緊急度を歩行の可否、意識、呼吸、循環の有無等の生理学的兆候により短時間で判断する。二次トリアージは、生理学的、解剖学的に評価をして重症度を判断する。

トリアージタッグ

トリアージの際に被害者の手首等に付ける識別票で、番号、氏名、住所、トリアージした日時、症状、病名等が書き込まれ、色で重症度が判別できる（黒：呼吸停止・心停止、赤：重症、黄：中等症、緑：軽症）。

〔は〕

肺水腫

肺に水が溜まってしまう状態。溜まった水分により呼吸が障害される。肺自体や心臓の機能が低下した場合に起こる。

爆発的感染事案（パンデミック）

ある感染症や伝染病が急速に世界的規模で広がり、社会に甚大な影響を及ぼす事態又はその感染症のこと。

曝露経路

化学物質が作用を表す経路。例えば、経皮的曝露は、皮膚を通して物質が作用すること、経気道的曝露は、気道から化学物質を吸い込むことによって症状が起こることである。吸入曝露と同義。

ハロン消火設備（ハロゲン化物消火設備）

消火薬剤にハロンを使用するガス系消火設備。電気室や美術館、精密機械、電気通信機室に設置されるもので、消火剤による汚損が少なく、施設の復旧が早い。

〔ひ〕

被ばく

身体が放射線に曝露され、放射線を浴びること。身体の外から放射線を浴びることを外部被ばくといい、放射性物質を体内に摂取して、体内の放射性物質から放出される放射線を浴びることを内部被ばくという。

非密封線源

　気体、液体、固体の状態で存在し、容器に密封されていない状態の放射性物質のことであり、ガラスなどの割れやすい容器に入れられていることが多く、汚染の原因となる。

頻呼吸

　呼吸の回数が上がること。1分間に24回以上の呼吸をいう。

〔ふ〕

浮動性めまい

　フラフラするめまいのこと。

プロパガンダ

　特定の思想や宗教的教義に基づいて、個人や集団を一定方向に動かそうとする宣伝又は大衆操作のこと。

〔へ〕

変死体と変死の疑いのある死体

　けがや薬物中毒、火災などの外因による死亡のうち、犯罪性の有無が明らかでない死体を変死体という。変死の疑いのある死体とは、外因死か病死かの判断がつかないものを指す。いずれにせよ、犯罪性の有無については、正確な死因診断と、警察等による状況調査とを併せて総合的に判断する必要がある。

〔ほ〕

放射性物質

　放射性物質は、放射線を放出する原子から構成される元素あるいは物質である。気体、液体、固体、エアロゾル、液滴など様々な形態がある。

放射線

　放射性物質から放出されるエネルギーであり、電磁波と粒子線がある。

放射線管理区域

　放射線量が一定以上ある場所を明確に区分けして、人の不要な立入りを防止し、人が放射線により不要に被ばくすることを防ぐために設定される区域のことであり、法令（放射性同位元素等の規制に関する法律、医療法令、労働安全衛生法令、人事院規則）により定められている。

放射能

　放射性物質が放射線を放出する能力のこと。1秒間に壊変する原子の数の単位が Bq（ベクレル）と定義される。1秒間に1個の原子が壊変するのが 1 Bq である。

〔ま〕

末梢血幹細胞移植

　骨髄の中には、細胞分裂を行い、血液の細胞に分化する造血幹細胞がある。G-CSF〔サイトカインの項目を参照〕を投与すると末梢血に造血幹細胞が流出し、その末梢血の幹細胞を採取して、移植することを末梢血幹細胞移植という。

〔み〕

密封線源

　放射性物質が漏れないように腐食、温度、圧力、機械的外力から十分に耐えられる容器に密封されたもの。散逸して汚染が広がることはないが、放射線を放出しているので、外部被ばくの原因となる。容器が破損し密封性が保持できなくなれば、内部の放射性物質が漏えいし、汚染が拡大する。

〔む〕

ムスカリン（様）作用

　アセチルコリンによる神経刺激作用を指す。心拍数減少、腸蠕動昂進、分泌昂進、縮瞳などを示す硫酸アトロピンは、これらの症状を治療するのに使われる。

無力化剤

　アメリカ国防総省では、「一時的に生理的又は精神的な影響、あるいは両者を発生させ、彼らが目的を持った組織的な行動をできなくする。」と定義されている。2002年10月のモスクワの劇場占拠事件においては、ロシア特殊部隊が突入した際にKOLOKOL-1が使用され、人質922人のうち129人が中毒死した。

〔め〕

メディカルコントロール

　救急隊が救急活動時に使用するプロトコル、救急救命処置（特定行為）の指示体制、搬送先医療機関選定のための調整方法等のこと。

〔も〕

モニタリング

　環境の放射性物質や化学物質を測定して、分布状況を把握すること。

モニタリングポスト

　発電所等の周辺の放射線量を連続的に測定している設備。

〔ゆ〕

愉快犯

　世間を驚かせる事件を起こし、人々が驚くさまを見て楽しむ犯罪、あるいはその犯人。テロ事件であれば、殺傷や破壊行為そのものではなく、テロ事件の発生を受けて人々がパニックを起こしている様子を見ることが目的であるケースを指す。

〔り〕

リスクコミュニケーション

　リスクについて関係者間で情報や意見交換をして、その問題についての理解を深めたり、相互により良い決定ができるように合意を目指したりするコミュニケーション。

実戦 CBRNe テロ・災害対処
──事故・事件・テロでのよりよき現場対応のために──

平成30年6月1日　初 版 発 行
令和6年11月15日　　2 訂版発行

編　著　　事態対処研究会
発行者　　星　沢　卓　也
発行所　　東京法令出版株式会社

112-0002　東京都文京区小石川5丁目17番3号　03(5803)3304
534-0024　大阪市都島区東野田町1丁目17番12号　06(6355)5226
062-0902　札幌市豊平区豊平2条5丁目1番27号　011(822)8811
980-0012　仙台市青葉区錦町1丁目1番10号　022(216)5871
460-0003　名古屋市中区錦1丁目6番34号　052(218)5552
730-0005　広島市中区西白島町11番9号　082(212)0888
810-0011　福岡市中央区高砂2丁目13番22号　092(533)1588
380-8688　長野市南千歳町1005番地
　　　　　〔営業〕TEL 026(224)5411　FAX 026(224)5419
　　　　　〔編集〕TEL 026(224)5412　FAX 026(224)5439
　　　　　https://www.tokyo-horei.co.jp/

©Printed in Japan,2018
　本書の全部又は一部の複写、複製及び磁気又は光記録媒体への入力
等は、著作権法上での例外を除き禁じられています。これらの許諾に
ついては、当社までご照会ください。
　落丁本・乱丁本はお取替えいたします。
ISBN978-4-8090-2562-4